THÉORIE

DE

L'ÉDUCATION.

TOME TROISIÉME.

C. Lumont inv. et del. 1775.   P. Chenu Sculp.

THÉORIE
DE
L'ÉDUCATION;
OUVRAGE
UTILE AUX PERES DE FAMILLE
ET AUX INSTITUTEURS.

PAR M. GRIVEL.

Doctrina .... vim promovet insitam,
Rectique cultus pectora roborant. Hor. Ode III, Lib. IV.

TOME TROISIÈME.

À PARIS,

Chez M O U T A R D, Libraire de la Reine, de
Madame, & de Madame la Comtesse d'Artois,
Quai des Augustins, à Saint Ambroise.

M. DCC. LXXV.

Avec Approbation & Privilége du Roi.

TABLE

DES CHAPITRES

DU TOME III.

LIVRE QUATRIEME.
SECONDE PARTIE.

Où l'on traite de l'enseignement des Langues, des Beaux Arts et des Sciences.

CHAPITRE PREMIER.

De l'Instruction choisie.

CHAPITRE II.

DE LA FABLE.

CHAPITRE III.

DE L'HISTOIRE.

CHAPITRE IV.

DE LA CHRONOLOGIE,

CHAPITRE V.

DE LA GÉOGRAPHIE,

CHAPITRE VI.

DE L'HISTOIRE DU CIEL ET DE L'ASTRONOMIE,

CHAPITRE VII.

DE LA PHYSIQUE HISTORIQUE ET EXPÉRIMENTALE, 147

CHAPITRE VIII.

DES LANGUES.

CHAPITRE IX.

DE LA MÉMOIRE.

CHAPITRE X.

DE LA PHILOSOPHIE.

CHAPITRE XVI.

DU DROIT NATUREL DE L'HOMME.

CHAPITRE XVII.

DES VOYAGES.

Fin de la Table des Chapitres du Tome III.

THÉORIE

THÉORIE

DE

L'EDUCATION.

LIVRE QUATRIEME.

SECONDE PARTIE,

Ou l'on traite de l'enseignement des Langues, des Beaux-Arts et des Sciences.

CHAPITRE PREMIER.

De l'instruction choisie.

ARTICLE PREMIER.

Peu d'esprits sont universels.

Dans l'institution de nos Colleges, la forme d'instruction, toujours la même pour

Tome III.　　　　　　　　A

tous les Eleves, ne produit communément
de bons effets que sur un très-petit nombre
de sujets, parce qu'elle n'a que peu ou
point de rapport, & n'est pas proportion-
née aux besoins de la vie civile, à l'état
des peres & à l'esprit des enfans. Une
éducation publique bien combinée, si nous
en avons jamais, préviendra, sans doute,
ces vices d'institution en adoptant des
principes plus sages. En attendant, le plan
d'éducation privée que nous proposons,
sauvera tous les inconvéniens de la méthode en usage si on s'attache à me suivre. L'Education privée a par elle-même
l'avantage, non-seulement de rassembler
sur les sujets qu'elle forme, les soins &
l'instruction qu'on partage dans les Colleges ; mais de pouvoir se prêter au caractere, au tempérament & à la portée
d'esprit de ceux qu'on veut instruire. Je la
rends plus profitable, en distinguant l'instruction propre à tous les états & aux
esprits vulgaires, de celle qui convient
particuliérement aux grands, aux riches
& à tous ceux en qui d'heureuses disposi-

tions annoncent une imagination vive, un jugement solide, & une grande facilité à combiner des idées, à en saisir les rapports.

J'ai indiqué dans le Volume précédent les objets qui doivent servir à l'instruction commune. Passons à ceux qui regardent les premieres classes de la Nation. Les enfans de celles-ci, devant occuper dans la suite les postes éminens de l'Administration, de la Magistrature, de la Guerre, de la Finance, ont besoin d'un savoir plus étendu, d'une culture d'esprit plus soignée; afin qu'ils soient pourvus de toutes les connoissances & de tous les talens nécessaires dans les emplois auxquels ils sont destinés.

C'est à ceux-ci qu'il convient d'apprendre les Langues mortes & les Langues vivantes de l'Europe; c'est à eux qu'il faut donner une fleur de littérature, les élémens des Sciences civiles & militaires, une profonde notion de la politique & de l'histoire, enfin l'habitude de l'Eloquence & de la Philosophie, puisqu'ils peuvent sans cesse appliquer ces connoissances aux

uſages de la vie, à la conduite des affaires
& aux plaiſirs de la Société. Mais, pour
en rendre l'enſeignement avantageux, il
faut le diriger avec prudence, afin qu'il
n'excede jamais les facultés de ceux qui le
reçoivent, & ſe trouve toujours analogue à
l'état qu'ils veulent embraſſer : car prétendre
que l'eſprit d'un enfant, quelque facile qu'il
ſoit, quelqu'étendue qu'il ait, embraſſe tout
ſans diſtinction, qu'il apprenne tout, qu'il
retienne tout, c'eſt ſouvent moins un grand
deſſein qu'une folie.

Un jeune homme a l'eſprit vif & brillant, plus capable d'imagination que de
profondeur, c'eſt vous dire aſſez qu'il ne
faut pas le tourner vers les ſciences abſtraites : la Poéſie, l'Eloquence, l'Hiſtoire,
les Belles-Lettres lui conviennent de préférence. Un autre ſera méditatif, ſolide,
profond ; les graces légeres le toucheront
foiblement, tournez-le vers les connoiſſances qui demandent une attention plus
ſérieuſe : les Mathématiques, le Droit, la
Politique feront ſes plus douces occupations.

La Nature produit rarement de ces vaſtes génies, dont le coup-d'œil, rapide comme l'éclair, parcourt en un moment toute la chaîne des êtres & la meſure des poſſibles, qui en ſaiſiſſent les rapports, qui en calculent les effets. Il eſt peu d'eſprits capables de tout comprendre, il n'en eſt point, quelqu'étendue qu'ils aient, qui ne fuſſent infiniment plus utiles à eux - mêmes & à la Société, ſi en s'attachant de préférence à la partie qui leur convient le mieux, ils pouvoient ſé défaire de cette opinion trop répandue, qu'un homme, pour ſavoir quelque choſe, ne doit rien ignorer de ce qu'un homme peut ſavoir, & que s'il eſt beau de tout connoître, il ne l'eſt pas moins d'exceller en tout. On borne l'éducation à l'inſtruction, mais l'inſtruction ne ſe borne à rien.

Qu'un pere ſage prenne ſoin d'éviter ces excès. L'ambition ſcientifique n'égare pas moins que l'ambition politique, & eſt encore plus ridicule (a). Voyez la plupart

_____

(a) Un homme n'eſt-il pas ridicule quand il

A iij

de nos favans, ou pour mieux dire de
ceux qui veulent paffer pour tels. Leur
favoir n'eft qu'un amas indigefte de connoiffances incohérentes, leur tête qu'une
bibliotheque renverfée, tout cela ne met
dans leur efprit qu'une confufion étrange.
Plus ils favent, plus ils favent mal. N'ou-
blions donc jamais que l'efprit humain a
fes bornes, & que chaque efprit a les

---

fe trouve dans le cas de cette Epigramme?

> Ce qu'apprend ou lit Théodote,
> N'a nul rapport à fon devoir;
> Mais en récompenfe il n'ignore
> Rien que ce qu'il devroit favoir.

Que de gens ont cette manie! on a blâmé, à
jufte titre, *Folengo*, Réligieux Bénédictin, qui,
au lieu de s'appliquer aux devoirs de fon état,
s'amufoit à compofer des livres entiers de vers
burlefques qu'il nommoit *macaroniques*; & à former en latin un nouveau jargon rempli de pla-
tes bouffonneries. On a vu au contraire *Arnauld
de Villeneuve*, Médecin de profeffion, fe mêler
de dogmatifer & d'écrire de la Théologie. D'un
autre côté, un Magiftrat a compofé des traités
de Mufique. Ces forties font pitié.

siennes; qu'étudier tout, est le moyen de ne savoir rien: car la mémoire se surcharge, & l'esprit accablé confond les faits & les idées. Il seroit presque aussi avantageux d'être dans la pure ignorance, car l'erreur ne seroit pas de notre choix, & l'on auroit de moins le sot orgueil qui enivre les faux sages.

A R T I C L E I I.

Il ne s'agit pas tant d'instruire un Enfant, que de lui donner les moyens de s'instruire ensuite de lui-même.

PUISQU'IL est impossible de tout savoir, il faut s'arrêter de bonne grace à ce qu'il est possible de bien apprendre ; il faut faire en sorte que ce soient les sciences les plus utiles & les plus propres à notre état qui nous occupent de préférence. Les connoissances inutiles ou dangereuses doivent être rejettées.

Quelque génie qu'ait votre eleve, vous devez non-seulement vous abstenir de lui montrer ces poisons agréables, il vous faut prendre toutes les précautions imaginables pour l'empêcher de les connoître par lui-même ou par des voies détournées. Plus il auroit de capacité, plus elle lui seroit nuisible.

Faites-vous d'avance une regle, dont les Instituteurs ne devroient point s'écarter; c'est qu'il ne s'agit pas tant d'instruire un enfant, que de le mettre à même de s'instruire; qu'il n'est pas aussi important de lui donner une entiere connoissance des choses qu'on veut lui apprendre, que de le mettre dans le chemin qui y mene, & que ce n'est pas tout ce qu'il peut savoir, mais tout ce qu'il peut savoir d'utile qu'on ne doit pas lui laisser ignorer.

On se récrie quelquefois sur l'incertitude de nos connoissances, sur les bornes de l'esprit humain (a), sur les ténebres qui

_____

(a) Toutes les connoissances de l'homme sont bornées. Vouloir franchir les limites que la Nature a données à notre esprit, c'est se jetter tête baissée dans les ténebres; il faut se consoler de

nous environnent; c'eſt une petite ruſe de l'orgueil ſcientifique, pour perſuader aux

---

n'avoir pas reçu de plus grandes lumieres. Nous n'avons beſoin de connoître que ce qu'il importe de ſavoir ; à quoi bon deſirer l'inutile , ou l'impoſſible encore plus dangereux ? La Méthaphyſique a ſes profondeurs & ſes abymes ; la Phyſique a ſes phénomenes inexplicables ; la Matiere, comme on ſe plaît à le croire, & comme on prétend le démontrer , a ſa diviſibilité à l'infini ; la Géométrie a ſes lignes aſymptotes qui , s'approchant toujours & toujours prolongées , ne ſe couperont jamais. La connoiſſance de Dieu, par la ſeule raiſon , nous laiſſe à concilier dans ſes attributs la néceſſité d'être & la liberté. L'homme ſeul , ſans le ſecours de la révélation , eſt à lui-même le plus grand des myſteres. C'eſt la vue de ces nuages & de cette obſcurité, qui fait dire à M. de Voltaire :

La raiſon te conduit , avance à ſa lumiere,
Marche encor quelque pas ; mais borne ta carriere :
Au bord de l'infini ton cours doit s'arrêter,
Là commence un abyme, il le faut reſpecter.
Pourquoi donc m'affliger ſi ma débile vue
Ne peut percer la nuit ſur mes yeux répandue ?
Je n'imiterai point ce malheureux Savant,
Qui des feux de l'Ethna ſcrutateur imprudent,
Marchant ſur des monceaux de bithume & de cendre,
Fut dévoré du feu qu'il cherchoit à comprendre.

autres qu'il connoît tout ce qu'on peut connoître, & qu'on ne peut aller au-delà. . Il faut favoir réduire cette forfanterie à fa jufte valeur, fans trop s'inquiéter de notre infuffifance : on fait affez, quand on ne veut pas trop favoir. Ce n'eft que lorfqu'on veut franchir les bornes qui nous font prefcrites, qu'on fe jette dans l'incertitude & l'égarement, jufte fruit d'une vaine préfomption (a). Il fuffit qu'un pere fage

---

(a) Que de contrariétés dans l'efprit humain ! Dès qu'il ne fait pas fe contenir dans fes bornes, dès qu'il veut remonter au-delà des principes, il ne voit plus le vrai des chofes. Autant de têtes alors, autant de fyftêmes.

Hobbes confond le droit avec la force, ce qui anéantiroit toute vertu & toute juftice. Ce fentiment terrible, felon Montefquieu, eft rejetté hautement par M. Rouffeau. Quelques - uns rapportent l'origine du Droit public à l'autorité paternelle, d'autres à des conventions expreffes ou tacites. L'Auteur du livre de l'Efprit, ne reconnoît point de différence morale intrinsèque entre le vice & la vertu. Montefquieu établit cette différence fur des rapports de juftice & d'équité

conduife fon fils jufqu'au point de trouver
fon bonheur, & de contribuer à celui des

---

antérieurs à toutes les loix pofitives : d'un autre
côté, il prétend que la vertu n'eft pas néceffaire
dans les Monarchies. M. de Voltaire dit ingé-
nieufement, que ce feroit un grand malheur que
Montefquieu ait raifon fur cet article, & M. Rouffeau le condamne. Montefquieu donne beaucoup
au climat, Helvetius refufe tout au climat. Bayle
prétend que la Société peut fubfifter fans Religion;
Montefquieu réfute ce paradoxe. Plufieurs font
d'avis que la vie que les enfans ont reçue de leurs
parens, n'impofe aucun devoir aux enfans envers
leurs parens. M. Rouffeau ne veut plus qu'il foit
queftion d'obéiffance entre les hommes. Tel excufe
le fuicide ; tel fait l'apologie du duel ; tel préfente
le luxe comme néceffaire à un Etat ; tel autre le
reftreint aux grandes Monarchies. M. d'Alembert
& l'Ami des hommes le condamnent abfolument ;
tel réclame contre l'indiffolubilité du lien conju-
gal, tel juftifie l'union paffagere de deux perfonnes libres.

C'eft ainfi que le pour & le contre trouvent
également crédit dans l'efprit des hommes, &
qu'il n'y a point de vérité fi clairement démon-
trée qui n'ait trouvé des contradicteurs. Faut-il
s'étonner après cela qu'un efprit, qui veut frap-

A vj

autres par la science qu'il lui fait acquérir;
du reste il est inutile que son fils apprenne
beaucoup, il doit se borner à ce qu'il
saura bien, & qui lui sera nécessaire.

ARTICLE III.

Plus d'étendue d'esprit dans un Enfant,
exige une instruction plus étendue.

CEPENDANT lorsque les dispositions
d'un enfant donnent de lui de grandes es-
pérances, lorsque sa pénétration & son
intelligence annoncent un esprit rare, un
génie sublime, l'instruction qu'il recevra
doit s'étendre en raison de sa capacité,
puisqu'il peut embrasser plus de connoissances que les esprits ordinaires. Si vous avez
un éleve qui promette beaucoup, soyez
donc attentif à lui donner toutes les connoissances qu'il pourra saisir; mais dans ce

---

chir ses bornes, tombe dans l'erreur, & qu'il n'y
ait point d'opinion si folle qui n'ait eu des Apologistes?

deſſein tournez-le premiérement vers les choſes qui lui ſeront plus néceſſaires, & préſentez-lui ſucceſſivement tous les objets importans à connoître.

Il y a un ordre & un arrangement à garder dans l'inſtruction, qui fait que chaque choſe étant à ſa place, tout ſe tient & s'étaye mutuellement. Rompez cette chaîne, vous détruiſez l'union des connoiſſances entr'elles, la confuſion ſe met dans les leçons du maître, & s'empare de l'eſprit du diſciple. Il ne faut donc négliger aucune partie de l'inſtruction, mais on doit cependant la diſtribuer de telle maniere que ce qu'un enfant ſait déja, ne faſſe que l'enflammer davantage pour ce qu'il ne ſait pas encore, & que réſervant prudemment pour un âge plus avancé, ce qu'il ne ſauroit comprendre ſi jeune, on ne lui montre que de loin, & comme enveloppé d'une nuée myſtérieuſe, ce qui ne ſauroit être au niveau de ſon eſprit.

CHAPITRE II.
DE LA FABLE.

ARTICLE PREMIER.

De la Fable Mythologique, ou Allégorique.

LA vérité eſt par elle-même quelque choſe de ſi excellent, elle luit d'une ſi vive lumiere, lorſqu'elle ſe montre dans tout ſon jour, qu'elle ne ſemble point convenable alors à la nature imparfaite de l'homme. Plus ſes yeux ſont foibles, moins ils peuvent en ſoutenir l'éclat. Elle fatigue au lieu d'être agréable, elle éblouit au lieu d'éclairer.

Cependant la vérité eſt en même temps ſi néceſſaire à l'homme, elle correſpond de telle ſorte aux ſentimens de juſtice & de probité que la Nature a gravés dans ſon cœur, ou plutôt elle en eſt la regle ſi eſſentielle, qu'on ne doit point s'étonner qu'il ne trouve rien de beau dans le monde de tout ce qui l'en éloigne , & qu'il en faffe la mefure d'après laquelle il apprécie toutes chofes. Il aime donc la vérité, fans laquelle l'homme , la Nature & Dieu lui-même ne feroient rien ; il la cherche , il n'eft pleinement fatisfait que lorfqu'il l'a trouvée ; mais il veut qu'un voile tranfparent puiffe en modérer la lumiere , fans la lui dérober , afin d'en proportionner l'effet à la foibleffe de fes organes.

Il ne faut point chercher ailleurs l'origine des Fables Mythologiques & autres. Elles ne furent inventées que pour mettre la vérité à la portée de tous les efprits, en lui donnant une forte d'habillement qui , cachant ce qu'elle avoit de trop vif , rendoit plus agréable ce qu'il en laiffoit entrevoir. Ce furent les hommes qui avoient le plus de génie , d'expérience & de lumieres qui , dans l'enfance des fociétés , employerent l'allégorie , pour faire goûter au peuple groffier & ignorant les connoiffances qu'ils avoient acquifes. Ils avoient

compris qu'en donnant un corps à la vérité, en la rendant palpable, en la montrant fous les traits des objets connus &
familiers, elle feroit mieux accueillie, &
laifferoit dans les ames des traces plus profondes (*a*). Le fuccès de cette méthode la
fit étendre à tout. Dès-lors, les événemens
phyfiques, l'invention des Arts, la Morale, l'Hiftoire même, ne furent connus, ne

___

(*a*) Les premiers hommes n'avoient vu que le
monde phyfique, le Ciel & les Aftres, le Soleil
& la Lune, le jour & les ténebres; le retour des
faifons, la fertilité de la terre, les eaux qui l'ar-
rofent & la pénetrent, les hommes & les animaux qui naiffent pour mourir comme les feuil-
les pour tomber : ils ne connoiffoient rien au-delà.
Mais ceux qui parmi eux ayant reçu de la Nature un génie fublime, étoient parvenus à faifir
des rapports éloignés, qui voyoient la néceffité
de l'inftruction pour le genre humain, & en
même temps fon incapacité à comprendre & à
retenir des leçons abftraites trop rebutantes,
n'imaginerent pas d'autres moyens de rendre la
vérité plus fenfible & plus aimable, qu'en lui
donnant les traits & les couleurs des objets réels
& connus.

paſſerent de race en race & de peuple en peuple, qu'à la faveur de l'allégorie; les lettres, l'écriture, les cérémonies, les fêtes en emprunterent les ornemens ; elle devint ſur-tout l'ame & l'eſſence de la Poéſie, qui ſe plaît à embellir la nature de tous les traits du merveilleux (a).

(a) Les Poëtes prêterent au Soleil la figure humaine, le couronnerent de rayons lumineux, lui donnerent un char & des chevaux qui jettent le feu par leurs narines immortelles, lui aſſignerent une avant-couriere qui, avec ſes doigts de roſe, vient ouvrir les portes du jour. Chaque Saiſon eut ſa Divinité. Flore (*préſida au Printemps*), Cérès (*à l'Eté*), Pomone (*à l'Automne*); & ce vieillard tranſi, qui de ſes vêtemens humides ſecoue les frimats, les neiges & les glaçons (*fut l'emblême de l'hiver*). Les eaux virent naître Neptune, Thétis, Amphitrite & les Nayades. Les Forêts accoucherent des Faunes, des Sylvains, des Satyres & des Dryades. Pan eut ſoin des troupeaux. Il y eut un Parnaſſe, Apollon & des Muſes. Vénus avec les graces ne s'occupoit qu'à enflammer les hommes & les Dieux, & Jupiter du haut de l'Olympe exerçoit ſa puiſſance ſur toute autre puiſſance.

Plan d'Educat. pag. 184.

Le monde enfant avoit besoin d'être amusé comme l'homme enfant, & comme à celui-ci , il falloit lui faire passer sous le masque de la fiction , les leçons utiles qu'on avoit à lui faire. Il ne faut donc pas s'étonner si les Fables sont aussi anciennes que le monde, & si elles datent d'aussi loin que l'humanité. Mais comment ces fictions ingénieuses , inventées pour donner plus d'agrément à la vérité, & à l'instruction employée à la répandre, n'ont-elles servi au contraire qu'à amener l'erreur sur la terre, qu'à enfanter les Dieux des Gentils, & les rêveries absurdes de la Théologie payenne ? C'est qu'on en perdit insensiblement l'esprit, qu'on ne s'attacha qu'à ce qu'elles avoient de sensible , & que peu - à - peu l'éloignement des temps & un autre goût, jetterent autour de ces objets une vapeur qui n'a plus permis de les voir dans leur vrai jour.

De même qu'un enfant passe avec l'âge d'une nourriture légere à des alimens plus substantiels, de même que passionné d'abord pour les contes , les romans & les

fictions poétiques, son esprit qui se forme
insensiblement s'en dégoûte peu-à-peu,
pour s'attacher à des connoissances plus
sérieuses, de même le genre humain foible & ignorant dans son enfance, perdit
avec le temps le goût puérile des Fables,
pour s'occuper d'instructions plus directes;
des organes plus fermes lui permirent de
voir la lumiere de plus près.

Rien n'étoit plus rare dans les premiers
siecles que le savoir ; la nécessité impé-
rieuse de pourvoir aux besoins physiques,
fixoit presque l'industrie de l'homme aux
recherches de sa subsistance. Mais lorsque
les fruits du travail lui eurent procuré du
loisir, lorsque les forces de la société
l'eurent rendu plus tranquille, l'activité
de son esprit se tourna vers de nouveaux
objets; il observa & il réfléchit, & se rendant propre & familiere l'expérience des
autres, il s'en forma une masse de connoissances qui devint le flambeau commun. Dès-lors les hommes plus généralement instruits dédaignerent le voile allégorique; la dessuétude & le temps firent

oublier les vérités qu'il cachoit, en les rendant indifférentes; mais le peuple toujours groffier, n'en pénétrant plus l'efprit, s'en tint au fenfible & au matériel (a). Il

---

(a) Les connoiffances des Sociétés policées, font des connoiffances phyfiques, religieufes & morales. Toutes font de premier befoin, mais elles ne font pas également à la portée de tous. Les premieres n'ont befoin en quelque forte que des fens pour être apperçues; les autres exigent, au contraire, une habitude à raifonner, que la plupart des hommes, & fur-tout ceux qui font livrés à une vie active & laborieufe, ne peuvent acquérir. Cependant il falloit pour le bonheur de la Société & pour fa perfection, les leur inculquer à tous, afin qu'elles leur ferviffent de direction, & qu'ils concouruffent par leur pratique au bien général : il fallut donc rendre en quelque façon palpables aux fens, les vérités les plus fublimes. Delà les fpectacles anciens & les myfteres des Dieux qui, fous la figure d'objets phyfiques, donnoient les leçons les plus confolantes aux hommes, qui en revenoient amufés & inftruits.

Ce n'eft que lorfque la fcience forme une claffe à part, lorfqu'elle eft cultivée avec foin, & que les perfonnes les plus diftinguées par leur rang

se plut dans son idée à donner un corps
à des êtres imaginaires , & les respectant

& par leur richesse , ainsi que par leur goût, se
sont élevées à cet égard au-dessus de toute la
portion laborieuse de la Société , qu'on invente
de nouveaux amusemens plus analogues à leur
génie, plus relevés, plus intellectuels.

Mais plus la premiere portion de la Société se
perfectionne & s'instruit, plus l'autre portion retombe dans l'ignorance; car non – seulement elle
perd par la comparaison entre ses anciennes lumieres & l'accroissement de lumiere chez les
autres ; mais elle y perd tout , parce que l'on
ne pense plus à l'instruire , & qu'elle dédaigne
elle-même ces moyens d'instruction qu'elle voit
dédaignés & rejettés par ceux qu'on regarde comme les plus éclairés ; jusqu'à ce qu'il arrive des
sages qui, étonnés de voir tant de lumiere d'un
côté & tant de ténebres de l'autre , rétablissent
en quelque sorte l'égalité d'instruction par des
préceptes qui ramenent les Sociétés à cet ordre
primitif, sans lequel elles ne peuvent subsister,
& qui ne se trouve que dans l'instruction de
tous.

Dans les premiers temps , il fallut de grands
moyens , des moyens frappans pour instruire les
hommes, & l'on n'en put faire usage que pour

d'autant plus qu'une obfcurité plus profonde en déroboit l'origine, qu'ils tenoient
aux rites de la Religion, qu'ils étoient
peints dans les Temples, il vint peu-à-peu
à en faire des Divinités. Le Ciel que la Fable peignoit comme le chef & le pere des
êtres phyfiques, parce qu'il les couvre &
les environne; comme le mari de la terre
qu'il rend féconde, devint le Dieu *Cælus*
ou *Uranus*, le pere & le premier des
Dieux. *Saturne* qui prive fon pere *Cælus*
de la faculté d'engendrer, & qui repré-
fentoit l'hiftoire & l'invention du labou-

---

les objets les plus effentiels au bonheur des Sociétés.

Ces objets étoient le rapport de l'homme avec
la Divinité inftitutrice des Sociétés, & la deftination de l'homme relativement à la Société.

Mais on chercha moins d'abord à raifonner
qu'à émouvoir, qu'à plaire, qu'à étonner : on
voulut entraîner par le charme des objets plutôt
que par celui du difcours, afin que les peuples
fuffent inftruits en croyant n'être qu'amufés, &
qu'ils fuffent en quelque forte pénétrés de lumiere
par tous les fens.

rage, où le Laboureur qui ne laisse plus la terre abandonnée aux caprices du *Ciel*, fut un Dieu qui vengea sa mere de l'inconstance de son mari, qui s'empara du sceptre de la nature à la place de son pere. *Mercure*, ou l'invention de l'Astronomie & du Calendrier, si nécessaire pour régler les temps du travail, indiquer les Saisons, annoncer les Fêtes, fut regardé comme le Secrétaire de Saturne, le Hérault & le Messager des Dieux, & devint un Dieu lui-même. Enfin *Hercule*, & ses douze Travaux qui sont l'histoire du défrichement des terres & des travaux de la campagne, durant le temps que le Soleil parcourt les Signes du Zodiaque, fut honoré comme un Héros, fils du pere des Dieux qui, par ses travaux immortels, mérita après sa mort les honneurs de l'Apothéose, &c.

En voilà assez pour nous ramener sûrement à l'origine des Fables, pour nous en faire connoître l'esprit, pour nous en faire suivre la marche. Qu'on fasse attention ensuite au penchant qu'a l'homme ignorant à la superstition, aux révolutions

qui ont agité le monde & détruit les Empires, à l'intérêt des Prêtres payens d'entretenir les peuples dans l'erreur, enfin au
dessein des Poëtes d'animer leurs ouvrages
par le récit des choses merveilleuses, on
verra que les Fables en se perpétuant ont
dû se couvrir de plus en plus d'épaisses
ténebres, & que l'établissement de la Religion Chrétienne, sur les débris de celle
des Gentils, empêcha naturellement de
penser que la Théologie payenne portoit
originairement sur des vérités importantes.

Quoi qu'il en soit des Fables mythologiques & de l'idée qu'on s'en est faite, il
n'en est pas moins vrai que la connoissance en est utile & agréable, & qu'elle
doit entrer dans le plan d'une bonne éducation. Il est impossible sans elle d'avoir
l'intelligence des Poëtes, de l'Histoire &
des monumens qui nous restent des Anciens : c'est un guide nécessaire pour ne
pas se conduire en aveugle, dans la car-
riére des Arts & des Belles - Lettres, &
pour sentir sur - tout les allusions fines & délicates, que la Peinture & la

Sculpture

Sculpture favent répandre dans les tableaux, les ſtatues, les eſtampes ſous les traits des figures mythologiques.

Il eſt donc important de faire connoî- tre à nos Eleves les Fables mythologi- ques, telles que les écrits des anciens nous les ont tranſmiſes; mais il eſt encore plus néceſſaire de leur en découvrir l'eſprit; & heureuſement qu'après cent explications toutes plus fautives ou inſuffiſantes l'une que l'autre, le ſavant M. de Gebelin nous a ouvert le ſanctuaire de l'antiquité dans ſon *Monde primitif.* C'eſt là que diſſipant par ſes lumieres ſurprenantes l'obſcurité qui le couvroit depuis tant de ſiecles, il a montré toutes ſes énigmes dans leur vrai jour, & a fait pour ainſi dire, toucher au doigt la vérité qu'on n'avoit point en- core découverte. Il faudra mettre les ex- plications de M. de Gebelin (*a*) à la portée

_____

(*a*) En prévenant les enfans que les Fables ne ſont qu'une écorce qui couvre la vérité, en leur faiſant ſentir par des courtes explications le ſens qu'elles renferment, & ſur-tout en leur donnant

Tome III. B

de la jeuneſſe juſqu'à ce que leur eſprit
plus formé , & capable d'entendre les Poëtes , puiſſe faiſir de lui - même le ſens de
l'ouvrage de M. de Gebelin, & faire uſage
de la clef qu'il nous préſente.

ARTICLE II.

De la Fable proprement dite , ou de l'Apologue.

L'APOLOGUE fut inventé, dit-on, pour
faire ſans danger des leçons utiles au deſpotiſme. Pour moi je crois que , s'il a
ſervi quelquefois à faire entendre la
vérité à l'homme puiſſant & arbitraire ,
elle a été encore plus utile à l'ignorance

dans le livre figuré des notions certaines des objets phyſiques , on n'aura pas à craindre qu'ils
prêtent aux fictions plus de réalité qu'elles n'en
doivent avoir. Ces préalables ne laiſſeront ni
doutes , ni incertitudes dans leur eſprit , parce
qu'ils ſauront que l'enveloppe n'eſt qu'un voile
léger au-delà duquel eſt l'objet qu'il importe de
connoître.

& à la foibleſſe. Les idées abſtraites ne
reſtent pas dans la mémoire d'un homme
qui a peu de connoiſſances ; ces idées ont
trop peu de liaiſon à ce qu'il ſait déja ,
pour s'y graver fortement ; voilà pourquoi
elles déplaiſent à un enfant & à tous
ceux qui lui reſſemblent. Parlez-leur morale nuement , ils la trouveront ſeche &
rebutante ; les maximes générales n'en
ſeront point goûtées, ce ſont des diſcours
qui ne les touchent pas , ils ne les écou-
teront point.

M. Rouſſeau, preſque toujours oppoſé
aux idées reçues, prétend néanmoins que les
Fables ne ſont pas à la portée des enfans.
« L'apologue, dit-il , en les amuſant, les
» abuſe. Séduits par le menſonge, ils laiſ-
» ſent échapper la vérité, & ce qu'on fait
» pour leur rendre l'inſtruction agréable,
» les empêche d'en profiter. Les Fables
» peuvent inſtruire les hommes, mais il
» faut dire la vérité nue aux enfans ; ſi-tôt
» qu'on la couvre d'un voile , ils ne ſe
» donnent plus la peine de le lever ».

Les autorités & l'expérience prouvent

néanmoins contre ce sentiment , que les
vérités morales ne sauroient plaire aux
enfans, si on les présente nues. Platon ,
ce Philosophe si estimé dans la partie de
l'éducation , par M. Rousseau lui-même,
recommande aux nourrices de leur apprendre les Fables d'Esope. On ne les abuse
point en les amusant par d'innocentes
fictions ; un enfant qui entend , pour la
premiere fois , la Fable du Loup & de
l'Agneau, n'est point abusé. Il sait fort bien
que le loup & l'agneau ne se sont jamais
parlé. Le voile qui couvre cet apologue
n'a pas besoin d'être levé ; il est transparent, il laisse paroître la vérité , & ne fait
qu'en rendre les traits plus touchans. Dites sechement à un enfant que les puissans ne doivent pas opprimer les foibles ;
une vérité si nue ne fera que peu d'impression sur son esprit & encore moins sur
son cœur ; mais mettez sur la scene le
loup & l'agneau, le voilà aussi-tôt réveillé,
il ne demande pas mieux que de vous entendre , il vous écoute jusqu'au bout ,
toujours avec émotion , quelquefois avec

tranfport. Vous le voyez s'attendrir fur le
fort de l'agneau, il voudroit pouvoir l'ar-
racher de la gueule dévorante de l'animal
féroce; voilà l'effet que cette Fable produira
généralement fur tous les enfans. Il n'en
eft point en effet qui ne foit frappé du
contrafte que cette Fable préfente entre
la douceur de l'agneau & la brutalité du
loup. L'efprit de l'enfant apperçoit les rapports des différentes qualités de l'un &
de l'autre, il les diftingue & les compare.
Les idées qu'il s'en fait, font accompa-
gnées d'un vif fentiment qui l'intéreffe en
faveur de la foibleffe, & lui infpire de
l'horreur pour la cruauté, qui lui rend
odieux le puiffant injufte abufant de fa
force pour opprimer l'innocent. La vérité
toute nue n'auroit pas eu tant de force.

Parlez tout uniment à un enfant de la
beauté de la vertu, de la laideur du vice:
fon imagination ne fera point émue; elle
ne recevra rien & ne fera rien paffer à
l'entendement. Mais perfonnifiez la vertu
& le vice, mettez-les en action, faites-les
lui voir revêtus de leurs caracteres propres

dans la conduite du loup & de l'agneau ;
vous n'aurez pas befoin de dire à l'enfant
que la douceur eſt aimable , que la brutalité eſt odieuſe ; il le verra ; il le fentira,
& jugera de la différence de ces qualités
par la différente des impreſſions qu'elles
lui cauſent.

« Que les Fables d'Eſope ſuccedent aux
» contes des Nourrices , diſoit Quintilien ,
ce maître judicieux qui joignoit à un ſens
droit une expérience conſommée : » que les
» enfans apprennent d'abord à les rendre de
» vive voix , d'un ſtyle pur mais familier ,
» & qu'ils s'exercent enſuite à les mettre
» par écrit ».

　Le bon Rollin, digne émule de Quintilien, quoique avec moins de talent &
moins de Philoſophie , ne ſe déclare pas
moins ouvertement pour l'utilité des Fables. Il trace en peu de mots le caractere
des principaux Fabuliſtes.

« Les Fables d'Eſope , dit-il , ſont dé-
» nuées de tout ornement & de toute
» parure ; mais pleines de ſens & à la
» portée des plus petits enfans, pour qui

» elles étoient compofées. Celles de Phé-
» dre font un peu plus relevées & plus
» étendues , mais cependant d'une fimpli-
» cité & d'une élégance qui reffemble
» beaucoup à l'atticifme dans le genre fim-
» ple , c'eft - à - dire, à ce qu'il y avoit de
» plus fin & de plus délicat chez les Grecs.
» M. de la Fontaine qui a bien fenti que
» notre langue n'étoit pas fufceptible de
» cette fimplicité , ni de cette élégance ,
» a égayé fes Fables par un tour naïf &
» original qui lui eft particulier , & dont
» perfonne n'a pu approcher ».

On peut donc pofer en fait avec Rollin, que les Fables d'Efope font à la portée des enfans. Il feroit feulement à fou-
haiter que quelque bonne plume entreprît
de les mettre en françois, de la maniere
que Quintilien fouhaitoit que les enfans
appriffent à les rendre en latin, c'eft-à-dire,
d'un ftyle pur, mais fimple & familier. Il
faudroit dans cet ouvrage s'attacher fcru-
puleufement à la partie la plus effentielle
du langage , qui eft, fans contredit , la
propriété des termes ; toute expreffion figu-

rée ou ambigue en devroit être bannie.
On auroit foin d'exprimer chaque chofe
par fon nom propre, & de donner à chaque mot la fignification précife qui lui
convient. Je fais que le ftyle figuré fert
aux bons Ecrivains pour donner plus de
force, plus de vivacité, plus de grace au
difcours; mais je fais auffi que dans l'ufage
familier, on l'emploie fouvent par la néceffité où l'on eft de faire entendre ce que
l'on veut dire, lorfque réellement on ne
le fait pas dire. Au défaut d'un terme propre à exprimer ce que l'on penfe, on
emprunte une figure qui, par une forte
d'analogie, fert à réveiller dans les autres
l'idée qu'on ne fait pas rendre. Cet ufage
vague, confus, indécis que l'on fait fouvent d'un feul terme pour exprimer différentes idées, ou de différens termes pour
exprimer la même idée, eft peut-être une
caufe de l'altération du langage. Un recueil de Fables qui pût fervir de modele
dans le genre fimple de la narration, &
où la propriété des termes fût exactement
obfervée, remédieroit en grande partie à

cet inconvénient. Les enfans y appren-
droient la valeur des mots, & sauroient
dans la suite les employer à propos. Un
tel ouvrage ne peut être que la production
d'une bonne plume, & plus d'un homme
en pourroit profiter.

Phédre est beaucoup plus relevé que ce
que l'on appelle les Fables d'Ésope, &
par cela même convient moins aux enfans : aussi ce n'est pas pour eux qu'il a
travaillé ; il vouloit plaire aux gens de
goût en relevant, par l'élégance & par les
graces du style, la matiere qu'il avoit tirée
d'Ésope. C'est ce que l'on voit par ses
prologues & par les réponses qu'il fait à
ses critiques, où il prétend à la gloire
d'avoir perfectionné le genre qu'Ésope
n'avoit fait qu'ébaucher. Le fréquent usage
du style poétique, éclipse dans la plupart
de ses Fables la propriété des termes, qui
est pourtant la partie la plus nécessaire aux
enfans qui apprennent une langue.

Phédre n'a fait que relever son style.
La Fontaine a su relever son sujet. Ses
Fables ne sont pas seulement des Fables,

B v

ce font des caraćteres , des tableaux animés, & comme le théatre de la vie humaine. Il ne peint pas feulement les vertus , les vices , les paffions ; en un mot,
toutes les qualités morales, par les traits
décidés & tranchants qui les caraćtéri-
fent ; il excelle à peindre les caraćteres
qui réfultent de leurs différens mêlanges
& des modifications qu'elles reçoivent de
l'habitude & des ufages de la fociété ; en
montrant les hommes tels qu'ils affećtent
de paroître , il les fait connoître tels
qu'ils font. Il a fu réunir au fuprême degré deux qualités qui ne femblent guère
compatibles ; la fineffe & la naïveté : c'eft
qu'il a fu joindre parfaitement la fineffe
de l'allufion à la vérité de l'expreffion. Il
faut avouer que tout cela eft bien propre
à faire l'admiration des gens de goût ,
& par-là même peu propre à inftruire &
à amufer les enfans du premier âge. D'ailleurs , la Fontaine fait un ufage fréquent
de termes qui ont vieilli : c'eft un grand
inconvénient pour les enfans qu'on éleve
dans les pays étrangers , car en France le

ftyle ordinaire de la converfation peut fervir de correctif &. de regle.

Malgré cela pourtant, je fuis perfuadé que les enfans peuvent tirer un grand profit de la lecture de plufieurs Fables de cet Auteur. M. Roufleau prétend prouver le contraire par l'analyfe qu'il fait de la Fable du Corbeau & du Renard, qu'il regarde cependant comme le chef-d'œuvre de la Fontaine. Faifons quelques obfervations fur cette analyfe, & voyons fi elle prouve bien contre notre fentiment.

Je dis d'abord que le fujet de cette Fable n'eft point au-deffus de la portée des enfans. Les petits rufés, qui emploient tous les moyens pour trouver le foible de leurs maîtres, qui fouvent en profitent fi adroitement, qui font eux-mêmes très-fenfibles aux flatteries & aux louanges, favent bien ce que c'eft que flatter. Il eft feulement néceffaire de leur faire entendre qu'il y a de la baffeffe à flatter quelqu'un contre le fentiment de la vérité, & pour un vil intérêt; mais qu'il y a de la bétife à écouter ces cajoleries; qu'il fe trouve

B vj

toujours des flatteurs qui, après avoir mis la sottise des riches à contributions, se moquent ensuite de leurs dupes. Il n'y a rien en tout cela qu'on ne puisse rendre sensible aux enfans par le détail, & sur-tout par l'exemple. Venons à l'analyse de M. Rousseau.

LE CORBEAU ET LE RENARD.

FABLE.

Maître Corbeau sur un arbre perché.

» Maître ! que signifie ce mot en lui-» même ? que signifie-t-il au-devant d'un » nom propre ? quel sens a-t-il dans cette » occasion ?

Maître est un mot qui a plusieurs signi-fications. Au-devant d'un nom propre, c'est un titre que l'on donne aux artisans; *Maître Jean le Savetier* : c'est quelque chose de moins que le *Monsieur* que l'on joint au surnom, & qui se donne à des personnes plus qualifiées. Il signifie ici que Maître Corbeau, Maître Renard sont des personnages de mince condition. Un enfant fait tout cela, il distingue fort bien Maître Robert le Jardinier, de M. le Marquis ou de M. le Juge.

» QU'EST-CE QU'UN CORBEAU?

Question oiseuse pour des enfans qui auront vu le livre figuré, pour tous ceux qu'on n'aura pas toujours gardés dans une chambre. Un Corbeau est un oiseau si commun : si l'enfant n'en a pas vu, on lui en fait voir. Il faut que les enfans apprennent à connoître ce qui existe ; c'est une partie des plus importantes de l'éducation.

Tenoit dans son bec un fromage.

» Quel fromage ? étoit-ce un fromage » de Suisse, de Brie ou d'Hollande ? Si » l'enfant n'a pas vu de Corbeau, que ga- » gnez-vous à lui en parler ? (Doit-on attendre que l'enfant ait vu la Baleine pour lui en parler ?) » S'il en a vu, com- » ment concevra-t-il qu'ils tiennent un » fromage à leur bec ? Faites toujours des » images d'après nature.

Excellent avis. Mais celle-ci ne fort pas de la nature. Tous les fromages ne font pas des fromages de Chefter ou de Lodi. On en fait de fi petits, qu'un Corbeau pourroit fort bien en tenir un dans fon bec.

Maître Renard par l'odeur alléché.

» Encore un maître! mais pour celui-
» ci, c'eft à bon titre, il eft maître paffé
» dans les tours de fon métier. Il faut
» dire ce que c'eft qu'un Renard, & dif-
» tinguer fon vrai naturel, du caractere de
» convention qu'il a dans les Fables.

Nouvelle occafion de faire remarquer à notre éleve l'importance du livre figuré, qui, l'ayant déja familiarifé avec les principaux objets de l'Hiftoire naturelle, ne lui laiffera pas prendre de fauffes idées fur le caractere des animaux.

Alléché par l'odeur du fromage.

» Ce fromage tenu par un Corbeau
» perché fur un arbre, devoit avoir beau-
» coup d'odeur, pour être fenti par le

» Renard dans un taillis ou dans ſon ter-
» rier ! Eſt-ce ainſi que vous exercez votre
» éleve dans cet eſprit de critique judi-
» cieuſe, qui ne *s'en laiſſe impoſer qu'à*
» *bonnes enſeignes*, & fait diſcerner la
» vérité, du menſonge dans les narrations
» d'autrui ?

Il eſt bien ſingulier que M. Rouſſeau
ait oublié, pour parler ainſi, ce qu'on
voit tous les jours à la chaſſe. Les chiens
ne ſuivent un animal à la piſte, que parce
qu'ils ſont *alléchés* par l'odeur qu'il exhale :
ils le ſentent quelquefois de très-loin.
M. Rouſſeau n'ignore pas d'ailleurs les
preuves indubitables que l'Hiſtoire naturelle fournit de la ſubtilité de l'odorat de
pluſieurs animaux, & ſur-tout du Renard (*a*) qui a tiré ſon nom dans toutes
les langues, de la fineſſe de ſon nez au

(*a*) Notre mot *Renard*, que les Languedociens
appellent *Reinard*, vient du mot Grec *rin*, prononcé *rein*, & qui ſignifie *nez*. *Talman*, dans la
langue des anciens Perſes, eſt le nom du nez &
du Renard.

propre & au figuré. Combien de faits très-curieux n'a-t-on pas à raconter à un enfant sur ce sujet? De telles connoissances très-instructives & très-amusantes par elles-mêmes, serviront à l'exercer dans l'esprit d'une critique judicieuse, qui consiste à ne pas regarder nos propres sensations, comme la mesure de la réalité ou de l'activité des objets. Le vulgaire juge de l'extension d'une qualité, telle que la chaleur ou l'odeur, par l'impression dont il est affecté; on croit qu'il n'y a ni chaleur, ni odeur, dès que l'on cesse de sentir la chaleur & l'odeur : c'est un erreur très-commune, & qui paroît avoir conduit en cet endroit la plume de notre Auteur. A dix pas de distance, il ne sent plus l'odeur d'un fromage ; donc cette odeur ne s'étend pas au-delà. Il s'en est laissé imposer, & sûrement ce n'est pas *à bonnes enseignes*; quoiqu'à dire vrai, l'effet d'une critique judicieuse soit de ne s'en point laisser imposer du tout.

Lui tint à-peu-près ce langage.

» Ce langage! les Renards parlent donc?
» ils parlent donc la même langue que
» les Corbeaux? Sage Précepteur, prends
» garde à toi : pese bien ta réponse avant
» de la faire; elle importe plus que tu
» n'as pensé.

Un enfant de dix ans sait qu'un Corbeau croasse & ne parle pas ; qu'un Renard glapit & ne parle pas : que tout ce
langage n'est qu'une fiction pour faire
jouer au Renard le personnage d'un flatteur rusé, au Corbeau le personnage d'un
sot.

Eh! bon jour, Monsieur le Corbeau.

» Monsieur! titre que l'enfant voit tour-
» ner en dérision, même avant qu'il sache
» que c'est un titre d'honneur. Ceux qui
» disent *Monsieur du Corbeau* auront bien
» d'autres affaires avant que d'avoir expli-
» ce du.

Quel est l'enfant qui ne sache pas que
Monsieur est un titre d'honneur ? Il le

donne aux amis de la maison , & ne le
donne pas aux valets. Un enfant élevé en
France n'ignore pas que le *de* ou *du* est
affecté aux gens de condition. *Monsieur
Corbeau* est un nom bourgeois, *Monsieur
du Corbeau* sent son gentilhomme. On
lui fait remarquer que le Renard, voulant
flatter le Corbeau , affecte de le traiter
avec plus de considération , en l'appellant
Monsieur du Corbeau , au lieu de lui dire
simplement *Maître Corbeau.*

*Que vous êtes charmant ! Que vous me
    semblez beau !*

» Cheville , redondance inutile. L'enfant
» voyant répéter la même chose en d'au-
» tres termes, apprend à parler lâchement.
(M. Rousseau est délicat & s'impose une
loi bien sévere dans ses entretiens avec
Emile). » Si vous dites que cette redon-
» dance est un art de l'auteur , & entre
» dans le dessein du Renard qui veut pa-
» roître multiplier les éloges avec les pa-
» roles, cette excuse sera bonne pour moi,
» mais non pas pour mon éleve.

Quand un enfant a recours aux caresses pour obtenir une grace, voyez s'il ne sait pas multiplier, s'il ne sait pas varier ses tours & ses éloges. Dites - lui que cette ruse est connue, que c'est la comédie que joue ici le Renard, pour gagner les bonnes graces du Corbeau.

Sans mentir, si votre ramage.

» Sans mentir! on ment donc quelque » fois? où en sera l'enfant, si vous lui ap- » prenez que le Renard ne dit, sans men- » tir, que parce qu'il ment?

Ne craignez rien, il n'est pas mal qu'un enfant sache de bonne heure, qu'il y a des méchans dans le monde. Dites - lui qu'il y a des perfides qui mentent & qui trompent, & qui, pour mieux couvrir leur jeu, affectent de paroître hommes de bien. Dites-lui que ces scélérats sont connus tôt ou tard ; qu'ils sont détestés de tout le monde ; qu'on les évite comme les pestes de la société, que personne ne veut avoir affaire à eux, qu'ils deviennent l'horreur & l'exécration du genre humain : cette leçon ne fera pas inutile.

Répondoit à votre plumage.

» Répondoit ! que fignifie ce mot ? ap-
» prenez à l'enfant à comparer des quali-
» tés auffi différentes que la voix & le
» plumage : vous verrez comme il vous
» entendra.

Répondre fignifie ici s'accorder. Les
idées d'accord, de convenance, de fymmétrie entrent très-naturellement dans l'efprit
des enfans ; ils en obfervent les modeles
dans les productions de la nature & de
l'art, & , comme ils font imitateurs , ils
s'étudient à les copier jufques dans leurs
badinages. Rien de plus aifé que de faire
concevoir à un enfant fi tout s'accorde
dans l'arrangement de quelques meubles ,
dans la conftruction d'un château de carton
qu'il aura fait ; fi une fenêtre, par exemple , répond à l'autre ou non , & pourquoi. Quant au plumage & à la voix, il
ne s'agit pas de comparer ces deux qualités en elles-mêmes , pour trouver un
rapport entre des couleurs & des fons.

La chofe eft beaucoup plus fimple. Faites obferver à un enfant que fon chardonneret a un beau plumage, & qu'il a auffi une belle voix ; qu'au contraire le Paon a un beau plumage & une voix défagréable. L'enfant comprendra auffi-tôt que dans le Chardonneret la voix s'accorde avec le plumage, en tant que fa voix enchante l'oreille, & fon plumage charme les yeux : que cet accord ne fe trouve point dans le Paon, dont le plumage plaît aux yeux, mais dont la voix eft défagréable à l'oreille ; en comparant ainfi ces qualités, non en elles-mêmes, mais en tant qu'elles s'accordent à plaire, l'enfant n'aura pas de difficulté à concevoir, comment la voix peut répondre à la beauté du plumage.

Vous feriez le Phénix des hôtes de ce bois.

» Le Phénix ! Nous voici tout-à-coup » jettés dans la menteufe antiquité, pref-» qué dans la mythologie.

Pourquoi ne pas lui apprendre ce que c'eft que le Phénix ? il écoutera volontiers la description que vous lui ferez de cet oiseau fabuleux ; mais vous pourrez lui faire comprendre, quand il en sera temps, que cet oiseau, qui renaît de ses cendres, n'est qu'une allégorie d'une période de temps qui recommence après avoir fini.

A ces mots le Corbeau ne se sent pas de joie.

» Il faut avoir éprouvé des passions bien » vives pour sentir cette expression prover- » biale.

J'oserois dire que c'est seulement dans l'enfance que l'on peut bien la sentir : à cet âge où l'ame n'a souvent d'autre sentiment d'elle-même, que celui de la joie qui la pénetre & qui l'inonde, joie pure & sans mélange, qui n'est troublée ni par l'importun souvenir du passé, ni par la triste prévoyance de l'avenir; joie qui naît du fond de l'ame, qui est comme le premier épanouissement d'un être qui commence à se connoître & à jouir de la nouveauté de son existence. Tel n'est point le plaisir tumultueux des passions trop vives, telle n'est point la joie dans un âge

plus avancé, où ce fentiment, devenu comme étranger à l'ame, ne fe montre que
par intervalles & toujours fur un fonds
d'ennui & de dégoût. Sauroit-on alors
ce que vaut cette expreffion proverbiale,
fans le fouvenir de ce qui s'eft paffé dans
l'enfance ?

Et pour montrer fa belle voix.

» Noubliez pas que pour entendre ce
» vers & toute la Fable, l'enfant doit fa-
» voir ce que c'eft que la belle voix du
» Corbeau.

Il faut que l'enfant fache que le Corbeau croaffe défagréablement, mais que
faifant dans la Fable le perfonnage d'un
fot, il s'imagine ridiculement d'avoir une
belle voix, & veut en faire parade.

Il ouvre un large bec, laiffe tomber fa proie.

» Ce vers eft admirable ; l'harmonie
» feule en fait image. Je vois un grand
» vilain bec ouvert ; j'entends tomber le
» fromage à travers les branches : mais ces
» fortes de beautés font perdues pour les
» enfans.

J'ai cependant vu des enfans fenfibles
à cette image, avant d'avoir appris ce que
c'étoit qu'image en fait de narration. Ne
vous paroît-il pas, (pourroit-on dire à un
enfant) de voir le Corbeau qui ouvre un
grand bec, le fromage qui lui échappe &
qui tombe à travers les branches? ne dou-
tez point de l'effet de cette peinture fur
une imagination fenfible. Faites-lui feulement obferver qu'il n'entend qu'un récit,
& que c'eft pourtant comme s'il voyoit la
chofe fe paffer fous fes yeux; alors dites-
lui ce que c'eft qu'image, il vous entendra.

*Le Renard s'en faifit, & dit, mon bon
    Monfieur.*

Voilà donc déja la bonté transformée
en bêtife, affurément on ne perd pas de
temps pour inftruire des enfans.

Il n'eft pas néceffaire de tant fubtilifer;
on fait remarquer à un enfant que le Renard, après avoir attrapé le fromage, fe
moqua du Corbeau. Quoi de plus propre
à le prémunir contre la flatterie, &
contre la fottife qui l'avale; pour lui faire

fentir

fentir combien le perfonnage du Corbeau eft rifible , & combien celui du Renard eft odieux ?

Apprenez que tout flatteur
Vit aux dépens de celui qui l'écoute.

» Maxime générale , nous n'y fommes » plus.

Nous y fommes encore , parce que la maxime générale eft appliquée à un cas particulier.

Le Corbeau honteux & confus.

» Autre pléonafme , mais celui-ci eft » inexcufable. ·

Soit, eft-ce un fi grand mal qu'un pléonafme ? D'ailleurs, M. Rouffeau s'imagine mal à propos que ces deux mots, *honteux & confus*, ont la même valeur & la même force ; & que, les mettre enfemble dans une phrafe, c'eft tomber dans un pléonafme vicieux. *Confus* marque le trouble & l'embarras intérieur d'un homme ; *honteux*, eft l'indication de ce trouble à l'extérieur.

Tome III. C

Jura, mais un peu tard, qu'on ne l'y
* prendroit plus.*

» Jura ! quel eſt le ſot de maître qui
» oſe expliquer à l'enfant ce que c'eſt
» qu'un ſerment » ?

Il faudra bien qu'on le lui explique;
puiſqu'il doit le ſavoir dans la fuite; je
crois même qu'il eſt bon de le prévenir
d'avance contre l'idée qu'il pourroit s'en
faire d'après l'opinion que le vulgaire y
attache. D'ailleurs on peut répondre à ce
ſujet, ce qu'on a dit plus haut au ſujet
du menſonge.

ARTICLE III.

Utilité des Fables relative à l'application
qu'on en peut faire aux événemens
de la vie.

LES Fables ſont utiles aux enfans pour
le préſent, & peuvent l'être encore davantage pour l'avenir; ce ſont comme autant
d'aphoriſmes ou d'emblêmes de la vie

humaine. Chaque moralité est comme le résultat d'une longue suite d'observations qui font connoître de quelle maniere les hommes agissent en telles & telles circonstances, & quels sont les effets qui en résultent. Je ne veux pas dire avec cela que les Fables puissent tenir lieu d'expérience aux jeunes gens; je dis seulement qu'elles peuvent servir à la leur rendre utile, en leur donnant occasion de réfléchir sur ce qui se passe.

Pour mettre l'expérience à profit, il faut savoir ramener les cas particuliers à une loi, ou à un principe commun qui en fasse connoître la liaison & la dépendance. C'est à quoi servent principalement les regles générales dans les Sciences & dans les Arts. Combien de gens qui passent toute leur vie à voir ce qui arrive journellement, sans jamais songer à lier les événemens qui se succedent, pour en reconnoître les causes & les suites? Ces gens-là paroissent avoir de l'expérience, & n'en ont pas; ils ont beaucoup vu, & n'ont point observé.

C'eſt la faculté de réfléchir & de combiner, qui fait la principale différence qu'il
y a d'homme à homme ; cette excellente
faculté veut être aidée : tous les hommes
ont plus ou moins beſoin d'un moniteur
qui leur faſſe naître à propos la volonté
de réfléchir ; c'eſt en quoi l'étude des Fables peut être d'une grande utilité aux
jeunes gens. Quand ils débutent dans le
monde, ils ne voyent encore pour l'ordinaire que le dehors des ſcenes qui s'y
paſſent. Un jeune homme ſera témoin de
cent événemens , qui ne ſeront pour lui
que des cas particuliers ou iſolés , dont il
ne verra, ni la cauſe, ni les rapports, ni
les effets. Le voilà ainſi hors d'état d'en
tirer aucune induction générale qui puiſſe
lui tenir lieu de regle dans la pratique ;
& il ſe paſſera bien du temps avant qu'il
commence à ſavoir faire uſage de ſon expérience ; mais les Fables faiſant alluſion
à toutes les ſituations de la vie humaine,
il peut arriver que tel événement , qui,
par lui-même, n'auroit fait aucune impreſſion convenable ſur l'eſprit d'un jeune

homme, lui rappellera la moralité de la Fable qui y a rapport. La moralité de cette Fable qui, jufques là, n'avoit été pour lui qu'une maxime vague & indéterminée, fe préfentera dès-lors d'une maniere fenfible dans l'application au cas particulier dont il s'agit. Il apprendra ce que veut diré en pratique cette moralité qu'il ne connoiffoit auparavant qu'en fpéculation : elle lui fervira de lumiere pour démêler quel eft l'efprit qui fait agir les hommes, en telles & telles circonftances, ce qu'on en doit attendre, & comment il faut fe conduire. Ce fera le premier anneau de la chaîne, auquel viendront fe joindre tous les autres cas femblables (a).

_____

(a) Je dois la plupart de ces réflexions fur la Fable apologue, à une petite brochure, intitulée *Réflexions fur l'Education*, &c. qui, dans fon peu d'étendue, renferme de très-bonnes chofes.

CHAPITRE III.
De l'Histoire.

ARTICLE PREMIER.

Qu'est-ce que l'Histoire ? & que doit être l'Histoire ?

Aux ombres succede la lumiere, aux récits des faits inventés on substitue les récits des faits véritables; le passage de la Fable à la réalité est aussi naturel, que la succession du jour & de la nuit. L'ordre de l'instruction, comme celui de la nature, amene donc l'histoire après la fiction (a);

(a) Rollin, qui s'écartoit quelquefois de la pratique des Colleges, n'a pu s'empêcher de dire qu'en matiere d'éducation, c'est un principe fondamental & observé dans tous les temps, que l'étude de l'Histoire doit précéder toutes les autres & leur préparer la voie. Nous ignorons, dit

mais qu'est-ce que l'Histoire, & comment peut-elle convenir & profiter aux jeunes gens ?

L'Histoire n'est pas seulement le répertoire des événemens remarquables, le récit des faits les plus frappans dont on ait conservé le souvenir ; mais elle doit être comme le registre où sont consignées les causes primitives & générales qui en ont été l'occasion, qui ont opéré l'avantage ou le malheur des hommes réunis en sociétés policées, qui ont amené les changemens lents & successifs, ou les subites révolutions qu'ont éprouvé les Empires. Une Histoire bien faite ne nous dévoileroit pas seulement ainsi tout ce qui s'est passé de plus digne de l'attention des hommes ; mais en nous faisant remarquer l'influence nécessaire qu'ont eu les procédés des divers

---

un Ecrivain de bons sens, par quelle bizarrerie on n'enseigne l'Histoire dans aucune de nos Ecoles. Les Etrangers pensent bien différemment de nous. Toutes leurs Universités, leurs Académies, enseignent publiquement l'Histoire.

Gouvernemens, fur la profpérité ou le malheur du genre humain, en raifon de ce que leur adminiftration a été plus ou moins réglée fur les principes de la juftice par effence, que leurs loix ont eu plus ou moins de rapports avec les loix de l'ordre & le droit naturel qui en dérive, elle pourroit fervir encore à nous faire lire dans l'avenir, à prévoir en quelque forte les événemens futurs, en nous préfentant les moyens de calculer la profpérité ou la décadence des fociétés policées, leurs progrès vers la perfection ou leurs fuccès rétrogrades, en un mot, le bien ou le mal de l'efpece humaine, d'après des données dont les réfultats ont été conftatés par l'expérience de tous les fiecles. Des fuites, toujours les mêmes dans des temps & des pays différens, amenées par des fyftêmes dont les principes étoient femblables, doivent naturellement nous faire concevoir de quels fuccès feront couronnées des entreprifes formées fur les mêmes deffeins. En effet, les principes de politique vraie ou fauffe, qui ont fervi & qui fervent encore à conduire les Nations, ayant toujours eu des conséquences nécessaires & absolues, ils ont dû & doivent encore avoir une influence si marquée sur les mœurs, l'esprit, la maniere de vivre & la façon de penser, & enfin sur la félicité ou le malheur des peuples, que des yeux exercés à voir, en appercevront facilement les suites; qu'un Historien, qui sauroit exposer dans leur vrai jour ces causes primitives de bonne ou de mauvaise administration, ameneroit tout naturellement ses Lecteurs à sentir d'avance ce qu'il va leur dire sur les bons ou les mauvais succès qui les ont suivies; & que l'Histoire, s'élevant alors en quelque sorte à la certitude de la science astronomique, pourroit donner lieu de prévoir les événemens à venir, comme celle-ci donne le moyen de prédire les éclipses.

ARTICLE II.

Les Hiſtoriens, tant anciens que modernes, nous induiſent en erreur en ne nous donnant preſque jamais la vraie cauſe des événemens.

C'Est faute de connoître cette théorie lumineuſe qui nous éclaire ſur les fondemens des ſociétés policées ; c'eſt faute de remonter avec ſon ſecours aux principes d'adminiſtration des états divers qui ont paru ſur la terre, que l'Hiſtoire nous a laiſſés juſqu'ici dans l'ignorance des vrais principes de leur affoibliſſement & de leur chûte, & qu'elle nous a préſenté comme cauſe ce qui n'en étoit que les effets.

Pourquoi l'opulence, le bonheur & la gloire des Empires Aſſyriens, des Royaumes d'Egypte & de Perſe, ſe ſont-ils inſenſiblement effacés & évanouis ? Pourquoi le brillant de l'Empire des Grecs & la grandeur des Romains, ont-ils également diſparu ? C'eſt, dit-on, par la molleſſe introduite dans les mœurs , par l'oubli de la discipline militaire, par la méſintelligence élevée entre les différens corps de l'Etat : on ne va point au-delà ; on ne touche point la premiere cauſe de leur ruine. Mais ſi ces Empires ſont tombés, ſi ceux qui leur ont ſuccédé, viennent à tomber également, on le doit à l'oubli & au mépris des loix de l'ordre : c'eſt par les atteintes portées à la liberté , à la sûreté , à la propriété des Citoyens, que tout Gouvernement vient à bout d'éteindre le patriotiſme, l'émulation, la vertu dans ieurs cœurs. Plus les Souverains ſe ſont approchés de l'arbitraire , plus ils ont précipité la chûte de leurs Etats.

ARTICLE III.

Exemples qui prouvent qu'on n'a point rapporté à leur véritable cauſe les révolutions des anciens Etats.

CE ne fut point Sardanapale qui renverſa le Trône d'Aſſyrie ; ce ne fut point

Pſammenites , ni Darius Codoman, qui
firent tomber les Trônes d'Egypte & de
Perſe ; la chûte étoit préparée de plus
loin par ceux de leurs prédéceſſeurs qui ,
prenant leurs volontés & leurs caprices
pour guides , s'écarterent les premiers des
loix de l'ordre & de la juſtice par eſſence,
qui , n'écoutant plus que la voix d'une
ambition aveugle , crurent ſe rendre plus
grands & plus puiſſans en attirant tout à
eux , en rendant les propriétés précaires
ou onéreuſes, qui mirent ſur - tout leurs
ſucceſſeurs dans le chemin de leur perte ,
en leur inſpirant le deſir de ſuivre leurs
traces dans la fauſſe politique qu'ils avoient
adoptée , & rompirent ainſi les liens qui
attachent les ſujets au Souverain , en les
rendant impatiens du joug , & ſecrétement
ennemis de ſa domination.

Ce ne furent point les Romains qui
aſſervirent la Grece. Les conſtitutions de
ſes petits Etats , les Loix cruelles ou erro-
nées de la plupârt de ſes Républiques ,
l'avidité, la jalouſie, la brigue , la véna-
lité , la perfidie ſemées dans des eſprits

ardens & inquiets , par la maniere d'être
de ces corps politiques, éleverent entr'eux
un sujet de discorde & de guerres perpétuelles, produisirent la foiblesse , amene-
rent l'invasion. Les Grecs portoient avec
eux l'instrument de leur ruine ; les Romains ne firent que le saisir à propos pour
les subjuguer.

Quant à Rome , à son génie , à sa
grandeur si loués , si exaltés , & qui, depuis tant de siecles qu'ils ne sont plus,
en imposent encore au vulgaire des esprits
par leur renom, ce ne fut pas proprement
la mésintelligence du Sénat & du peuple,
l'esprit d'indépendance de celui-ci , le systême de despotisme de celui-là, ni l'or qu'ils
tirerent de leurs vastes conquêtes, ni même
le luxe & la mollesse qui les suivirent, qui
mirent les rênes de la République dans
les mains d'un seul homme , souvent tyran absurde & quelquefois atroce ; enfin
ce ne fut pas l'affoiblissement de la discipline militaire chez ce Peuple qui opéra
la destruction de l'Empire Romain ; mais
le plan de politique oppressive que son

Gouvernement avoit adopté depuis la fondation de Rome, son ambition exclusive
de toute liberté & de tout autre Gouvernement, son esprit de domination belli-
queuse qui ne respectoit pas les droits les
plus naturels, & sur-tout cette aveugle
fiscalité qui ravageant tous les pays con-
quis, & réduisant les peuples au désespoir (a), ligua contr'eux tous ceux qui

_____

(a) Rien n'étoit plus affreux que les vexations
de ses Publicains, & les artifices qu'ils mettoient
en usage pour dépouiller impunément les peuples. On peut juger, par un exemple, de la rapa-
cité des Tyrans subalternes qui géroient les Finances des Empereurs. Licinius, Gaulois d'origine, prisonnier de guerre, puis esclave de César, s'étoit avancé par ses bassesses dans ces emplois lucratifs qu'on donnoit à des affranchis, &
qui les rendirent bientôt les maîtres de toutes les
provinces de l'Empire, de la Cour Romaine, &
même, en quelque sorte, de la personne de leurs
Maîtres; Licinius, Intendant d'Auguste dans les
Gaules, trouva que le tribut ordinaire, imposé
par les Romains, se payoit chaque mois. L'audacieux exacteur qui se voyoit la force en main,
& qui n'avoit ni frein, ni pudeur, imagina de

n'avoient pas encore subi le joug, & qui craignoient, avec raison, de le voir tomber sur leur tête. Les premiers Romains

---

partager de sa propre autorité l'année en quatorze mois. Ses infortunés Concitoyens furent contraints de payer quatorze fois l'an, le tribut qu'ils ne payoient que douze auparavant. (*Invention bien digne de l'esprit dévastateur de Rome.*) La voie de la réclamation étoit inutile ; en vain l'on voulut représenter ❦ Auguste, dans son voyage des Gaules, l'injustice évidente d'une année de quatorze mois : Licinius sut trouver les moyens de s'excuser. L'Empereur invité à une fête chez le Receveur du Tribut, y vit avec étonnement des monceaux énormes d'or, d'argent & d'effets précieux : « Seigneur, dit Licinius, » telles étoient les richesses des Gaulois. Jugez » combien cette opulence les rendoit dangereux » je les en ai dépouillés dans la vue de vous en » enrichir vous-même ». Ce discours le rendit aux yeux de son Maître, le plus innocent & le plus précieux des hommes. Auguste emporta les trésors qui n'étoient pas les seules dépouilles du peuple, & les Gaules resterent à la merci de Licinius.

Des anciens Francs, morceau histor. inséré dans les premieres Ephém. année 1766.

furent des brigands heureux qui envahirent à main armée les champs de leurs
voifins, & enleverent jufqu'à leurs filles.
Leurs fucceffeurs plus forts fe crurent
tout permis, & regarderent l'Univers
comme leur patrimoine. Dès-lors, plus de
refpect pour ce qui pouvoit leur convenir,
plus de sûreté pour qui favoit leur déplaire. Ces Conquérans avides étendirent
leur fceptre de fer fur le monde connu,
& firent gémir la terre, jufqu'au moment
où leurs violences & leurs déprédations,
ayant foulevé l'Univers contre eux, leur
firent enfin fubir le fort dû à l'injuftice &
la punition méritée par leur affreufe ra-
pacité (a).

_____

(a) Plus on réfléchit fur l'audace de la politique Romaine & fur la perfidie de fes vues, plus
on eft pénétré d'horreur pour ce peuple détefta-
ble. Ses propres Ecrivains l'ont comblé d'éloges,
en diffimulant fes lâchetés & fes perfidies, &
leurs ouvrages font pour nous les premieres fources de l'inftruction. Il n'eft que trop ordinaire d'y
puifer une eftime du nom Romain qui va jufqu'à
l'enthoufiafme : c'eft une école de tous les vices

ARTICLE IV.

Exemple tiré de l'Histoire moderne, pour prouver que les Historiens, qui l'ont traitée, ne sont pas remontés aux vraies causes des événemens.

SI les Historiens, qui nous rapportent les faits que nous venons de parcourir légérement, n'en ont pas connu la véritable cause, nous pouvons nous assurer que ceux qui ont écrit l'Histoire moderne, ne sont pas non plus remontés à la source de ces changemens remarquables. En voici un exemple, entre mille que nous pourrions choisir.

On attribue d'ordinaire la révolution

érigés en vertus sublimes. Il seroit à desirer que d'honnêtes patriotes s'appliquassent à venger l'humanité, la probité & la vérité trop outragées par ces prétendus Héros & leurs Historiens, pour préserver la Jeunesse Françoise des sentimens faux & funestes qu'ils inspirent.

qui a fait perdre le trône d'Angleterre à la maison de Stuart, au zèle inconsidéré de Jacques II, qui voulut faire regner de force dans son Royaume la Religion Romaine que son peuple haïssoit. On croit aussi que l'attentat, qui fit perdre la tête sur un échaffaut à son pere Charles I, est dû à l'inflexibilité de caractere de ce Prince, qui, ayant aigri le Parlement contre lui, donna lieu à ce corps représentant de la Nation de lui tout refuser, alluma la guerre civile, & fit naître les brigues & la conspiration de Cromwel, dont la fin jusques là sans exemple, étonna l'Univers. Mais on doit rapporter ces deux événemens à des causes antérieures; 1°. aux pas qu'avoient fait les Rois prédécesseurs de Charles I, vers le despotisme; 2°. à l'inquiétude des Anglois qui frémissoient de crainte de le voir établir sur leur tête.

La Nation Angloise, jalouse à l'excès de ses droits, a pu souffrir néanmoins qu'une main étrangere tînt quelquefois les rênes du Gouvernement; mais semblable à des coursiers fougueux qui demandent un conducteur habile, dès qu'elle a senti dans ses guides, ou de la mal-adresse, ou de l'impéritie, elle s'est montrée impatiente du frein, & les a fait souvent tomber de leur siege. Si elle a renversé du Trône Charles I & Jacques II, en apparence moins despotes que quelques-uns de leurs prédécesseurs, c'est que des circonstances particulieres avoient favorisé les entreprises de ceux-ci ; c'est qu'il est une mesure de patience au-delà de laquelle on ne souffre plus.

Henri VII, en montant sur le Trône, éteignoit les guerres longues & désastreuses des deux Roses, qui avoient fait couler tant de sang, il succédoit à un Tyran détestable ; son administration, quoique dure & arbitraire, comparée à celle qui l'avoit précédée, fut regardée comme une espece de soulagement, & malgré les atteintes portées sous son regne à la propriété des Citoyens, malgré les confiscations multipliées par son avarice, le souvenir encore récent des maux qu'on avoit soufferts, fit prendre un moindre mal pour

une forte de bien : fon regne long &
paifible, l'union qu'il fit par fon mariage,
fur la tête de fon fils, des droits des
deux maifons d'York & de Lancaftre,
les tréfors confidérables qu'il lui laiffa,
les créatures qu'il lui fit, rendirent ce fils
un Prince très-puiffant & très-abfolu.

Henri VIII fut le monarque le plus arbitraire que l'Angleterre eût vu depuis
Guillaume I. Il gouverna moins avec le
fceptre qu'avec le glaive. Sa volonté devint la premiere loi qu'on ne bleffa point
impunément ; cependant il ne fut pas
tout-à-fait infupportable à fa Nation, parce
qu'il flatta fon amour-propre en la rendant en quelque forte l'arbitre de l'Europe, & fur-tout en la dérobant au pouvoir de Rome, à qui l'Anglois payoit depuis long-temps le tribut pour lui le plus
odieux. Cette confidération & les fuppli-
ces dont il punit la défobéiffance & la
révolte, arrêterent les murmures que fa
tyrannie capricieufe & le changement de
Religion, devoient naturellement exciter
dans fes Etats, fur-tout parmi les Catho-

liques. Et comme ceux-ci faifoient encore
le plus grand nombre fous le regne de
Marie, & que la Religion Romaine fe
trouva encore la dominante, il ne faut pas
s'étonner fi les cruautés & les exécutions
que le faux zèle de cette Reine mélanco-
lique, & le fanatifme dés Prêtres fes con-
fidens fit tomber fur les Hérétiques, excita plutôt dans le cœur de leurs freres
l'amertume & la douleur que le feu de
la rébellion.

Mais enfin toutes ces injuftices publiques & fecrettes, tous ces actes de tyran
commençoient à répandre dans les efprits
des femences de difcorde qui devoient
produire des fruits bien amers; auffi quelque glorieux que fût en apparence le regne d'Elifabeth, quelque tranquille que
parût celui de Jacques I, elles germoient
infenfiblement dans le filence, pour fe
montrer dans toute leur force, lorfque le
temps de paroître feroit venu.

Elifabeth ne travailloit qu'à regner puif-
famment, lorfqu'il étoit néceffaire &
très-néceffaire d'inftituer. Son pere & fon

grand-pere avoient mis l'Angleterre dans
un état violent, & un état violent n'eſt pas
durable. Eliſabeth , en ſuivant la même
route , accéléroit la ruine de ſes deſcen-
dans; aveuglée par les ſuccès audacieux de
ſon pere, elle n'en prévit pas les ſuites :
le Gouvernement devint enſuite miniſté-
riel & les Rois nuls, ſymptôme d'une révolution prochaine. On ſupporte moins
patiemment les inſultes des ſerviteurs que
celles des maîtres ; mais les maîtres en
répondent, & qui répond paye. Eliſabeth
étoit née avec des talens & de grandes
qualités ; elle poſſédoit cette ruſe qu'on
appelle par excellence politique , & elle
avoit de la fermeté, mais ſon génie n'é-
toit pas auſſi lumineux que ferme , &
dans l'état où ſe trouvoit le Gouvernement
d'Angleterre, la valeur même d'Eliſabeth
étoit un défaut. Tout Souverain qui n'établit, ni baſe , ni conſtitution de Gouvernement dans un Etat ébranlé, ne doit pas
ſervir de modele aux Rois qui prétendent
à une célébrité durable, & qui veulent
élever dans le cœur de leurs ſujets & dans

la mémoire du genre humain, un monument perpétuel de leur gloire. Le défaut
d'Elisabeth fut donc de ne pas établir, ni
même de réparer, celui de Jacques I fut de
laisser abattre ; c'étoit un Roi pédant & foible, Roi par conséquent qui, avec beaucoup de vanité & de prétentions, devoit
nécessairement se laisser gouverner & faire
beaucoup de fausses démarches. On sait
que la foiblesse dans un Roi est le plus
dangereux de tous les caractères, parce
qu'on fait sous son nom, quelquefois sans
qu'il le veuille, & souvent sans qu'il le
sache, tout le mal que peut faire la passion aveugle revêtue du pouvoir. Jacques I se fit non-seulement mépriser, il
acheva d'affermir la Nation dans le dessein d'opposer la force à l'autorité, à la
première occasion, & cette occasion se
présenta bientôt ; ainsi son fils & son pe-
tit-fils porterent la peine due aux fautes
de leurs ancêtres, & prouverent par leur
exemple à tous les Souverains, que la
saine politique a sa base dans la justice,
& que ceux qui la cherchent ailleurs,

s'ouvrent un chemin de malheurs & de ruine, qui fera certainement funefte à eux ou à ceux qui les fuivent.

ARTICLE V.

Il faudroit faire l'Hiftoire fur un nouveau plan, pour la rendre plus utile.

ON me dira peut-être que la nouvelle maniere de confidérer l'Hiftoire telle que je la propofe, quoique plus propre fi on veut, à nous en montrer les profondeurs, à nous faire parvenir, à travers leur obf-curité, à une route qui nous mene fûre-ment aux principes des événemens remar-quables, & à l'enchaînement qu'ils ont entr'eux, eft d'autant moins convenable à un enfant, qu'elle exige plus de fagacité, plus de pénétration & plus de connoif-fances préalables. Que d'ailleurs les Hif-toriens connus ne l'ayant pas employée, nous n'avons pas le moyen d'y exercer les jeunes gens, & ne faurions le faire, à moins qu'on ne refonde l'Hiftoire.

Oui,

Oui, sage maître, vous qui m'entendez & qui voulez me suivre, il faut refaire l'Histoire; il faut la projetter sur le nouveau plan que j'indique pour la rendre plus utile; mais en attendant qu'il se trouve un peintre assez hardi pour entreprendre cet ouvrage bon pour des hommes, assez habile pour mettre dans leur vrai jour les objets les plus intéressans, pour fortifier toutes les parties l'une par l'autre, & en faire un tout indivisible; un peintre qui ait assez de goût pour préférer les graces du naturel aux ornemens empruntés, & dont enfin la touche mâle ait en même temps la simplicité sublime qui convient à la vérité, essayez-en vousmême une esquisse pour des enfans. Que leur âge tendre & la foiblesse de leur intelligence ne vous arrêtent pas. Ils n'iront pas d'abord, sans doute, aux causes des événemens; leurs regards ne se porteront pas aux grandes spéculations de l'Histoire. Je sais que les rapports qui déterminent les faits historiques surpassent leur capacité, qu'ils ne sauroient les saisir que très-difficilement, & s'e.. former des idées juftes.

Mais il y a dans l'Hiftoire plufieurs chofes à retenir, & ils n'en prendront que ce
qui fera plus analogue à leur foibleffe. Ils
en retiendront les faits fimples ; & , s'ils
n'apprennent pas d'abord les chofes, ils
en apprendront les fignes ; ce qui leur
donnera dans la fuite la facilité de rapporter chaque événement à fa place, de
ranger les faits dans leur ordre naturel,
de faifir d'un coup-d'œil, les révolutions
contemporaines des différens pays, pour en
mieux connoître le rapport & la liaifon.

La tâche que je donne ici aux Inftitu-
teurs, n'eft pas pas auffi forte qu'elle le
femble à la première vue. Je ne leur demande qu'un précis des faits principaux
déduits, à la vérité, de leur vraie caufe,
mais fans de longues obfervations ; &
quoiqu'on prétende avec quelque raifon
que les abrégés ne font bons que pour
réveiller des idées qu'on a déja, & ne
valent rien pour ceux qui ont befoin d'en
acquérir, un précis tel que je le conçois,

ne pourroit être que très - profitable à la jeuneſſe. Ce précis ne feroit pas un catalogue de noms, un ſommaire ſec & aride de faits indigeſtes ; il contiendroit les faits importans de l'Hiſtoire. Les Rois & les grands hommes, qui méritent d'être connus, y paroîtroient ; on garderoit le ſilence ſur les autres, ou l'on feroit ſentir ſuccinctement qu'ils ne méritent pas d'y être placés.

Au reſte, ſi ce travail étoit au-deſſus des forces du maître, je ne prétends pas qu'il l'embraſſe ; il ſuffiroit alors d'employer les Hiſtoriens connus en élaguant le plus inutile, & s'arrêtant à ce qu'il importe ſurtout de connoître & de conſidérer. Quand même un éleve auroit appris l'Hiſtoire par la méthode que je propoſe, je ne lui interdirois point la lecture des bons Hiſtoriens, lorſque le temps de les lire ſera venu. Cette lecture ſera non-ſeulement un amuſement pour lui ; mais il y puiſera des commencemens d'érudition qui lui prépareront les voies à des études plus profondes. Des traits d'Hiſtoire bien choiſis

D ij

font des fujets fur lefquels des enfans peuvent commencer à exercer utilement la faculté de combiner des idées, c'est-à-dire, la faculté de raifonner, & il eft rare qu'on n'en puiffe tirer quelque inftruction folide pour les mœurs.

On montre d'abord à un enfant les traits les plus intéreffans de l'Hiftoire, pour l'attacher par le récit des faits capables de contenter fa curiofité naturelle. Lorfqu'il aura acquis plus d'intelligence & de raifon, il faudra lui préfenter l'Hiftoire fous un autre point de vue. Je joins ici mes obfervations à cet égard, quoiqu'elles anticipent le temps où il femble que je dois les offrir, afin de traiter de fuite ce que j'ai à dire fur cette matiere,

ARTICLE VI.

L'Histoire telle que nous l'avons est pleine de défauts. Elle est pourtant nécessaire pour bien apprendre à connoître les hommes.

UN des points les plus importans de l'éducation, est d'apprendre à un jeune homme qui doit vivre dans la société, l'art de connoître les hommes qui la composent. Or, pour qu'il puisse se faire une idée juste du cœur humain, pour qu'il puisse juger du caractere des hommes de son siecle, il faut qu'il connoisse ceux qui ont vécu avant cette époque. Lorsqu'il aura vu les hommes au loin, dans d'autre temps, en d'autres lieux, la contagion des mœurs de ses Contemporains, influera moins sur les siennes, il tirera de cette connoissance des instructions utiles pour la conduite de la vie. Les faits lui apprendront à apprécier les faits, & les hommes à juger des hommes. Il faura

D iij

ce qu'ils font, en voyant ce qu'ils ont
été (a).

(a) Je ne fais que de naître ; mais d'autres ont
vécu avant moi : je deviens sage par autrui. Le
monde d'autrefois & celui d'aujourd'hui se ressemblent parfaitement : je recule au-delà du jour
qui m'a vu naître, & remonte jusqu'aux siecles
les plus éloignés.... Mon imagination est frappée comme d'un agréable songe...... Je redes-
cends de ces siecles reculés jusqu'au premier instant de ma vie, & bientôt réveillé comme d'un
profond sommeil, il me semble que j'ai rêvé
jusqu'à quinze ans. J'entre dans le monde presque aussi-tôt mon réveil ; rien ne m'y paroît nouveau, les hommes sont ce qu'ils ont toujours été,
mêmes préjugés, mêmes opinions, mêmes vertus, mêmes vices, même esprit, même cœur. A
mesure que j'avance, je compare ce tableau à la
réalité ; la réflexion qui m'accompagne, aidée de
ma mémoire, me fait conclure, dès le commencement de ma comparaison, qu'elle sera juste
dans toutes ses parties, & j'en tire d'avance toutes les conséquences pour les mettre à profit dans
l'occasion.

Voilà comme l'Histoire, par l'état naturel des
choses qu'elle présente, accoutume insensiblement
à réfléchir, & forme en nous une expérience

L'Histoire est à la vérité, faite de manière qu'elle ne permet pas toujours de porter un jugement bien juste de ce qu'elle narre ; rarement elle peint en beau, quelquefois elle calomnie, souvent elle grossit, elle défigure ce qu'elle rapporte (a). Elle

anticipée qui semble croître avec nous. C'est elle qui nous fait juger par le passé, du présent & de l'avenir, & qui rend un homme d'esprit accompli presqu'aussi-tôt qu'il peut se connoître. *Essai sur l'Esprit Humain.*

J'avoue à cette note qu'il est bon de considérer les actions des hommes d'une vue morale ; mais encore une fois qu'il faut remonter au physique, pour en connoître les principes & en sentir les conséquences. D'ailleurs, les notions du juste & de l'injuste sont très-sensibles, lorsqu'il est question de regarder l'homme dans la condition privée ; mais s'il est chef de nation, les esprits vulgaires ne sçavent souvent plus juger s'il s'écarte des loix de l'ordre ; l'éclat du faste, le brillant des conquêtes les éblouit, ils se laissent imposer par des dehors, qu'il est nécessaire de penetrer pour connoître la vérité.

(a) Il est très-rare de trouver un Historien auquel on puisse ajouter une foi entière. S'il écrit

D iv

est plus souvent un répertoire de malheurs & de meurtres célebres, que de grandes actions. On pourroit penser qu'elle n'a entrepris de faire passer jusqu'à nous, que les funestes révolutions qui ont fait l'infortune des hommes & la honte de l'humanité. Le cours tranquille & réglé des fleuves, quelque grands, quelque majestueux qu'ils soient, la mer même unie & paisible, ne font pas sur nous une bien vive impression, mais un torrent qui fait un affreux ravage, l'océan dans une tempête, élevant ses flots jusqu'aux nues, sont de nature à se graver fortement dans notre

[. . . . .]

sur le rapport d'autrui, il peut être trompé par mille fausses relations que la malice des hommes fait passer pour véritables; s'il parle des choses où il est intervenu comme acteur, qui l'assurera que l'amour, la haine, l'intérêt qu'il y trouve n'a pas corrompu son jugement? Bodin a dit qu'il ne faut guere croire les Payens quand ils ont parlé des Juifs, ni les Juifs quand ils ont parlé des Chrétiens, ni les Chrétiens quand ils ont parlé des Mahometans. Cette maxime est généralement vraie & applicable dans tous les cas

souvenir, en nous inspirant ou l'étonnement, ou la crainte. Ceux donc qui ont
fait le plus de bruit, les méchans occupent l'histoire, les hommes bons & paisi-
bles n'y paroissent presque pas.

Malgré ces défauts essentiels, l'Histoire
telle qu'elle est, nous offre encore un excellent moyen de connoître les hommes,
soit qu'elle les peigne bons ou vicieux, malheureux ou couverts de gloire, soit qu'elle
nous retrace ces traits horribles du crime
qui font frémir, soit qu'elle nous rende
ces actions magnanimes, dont le simple
récit porte le feu dans l'ame & l'excite
aux grandes choses : elle nous mène insensiblement à la connoissance de l'homme & à la pratique de la vertu.

D'ailleurs, quoiqu'elle se trompe trop
souvent, & qu'elle nous fasse porter des
jugemens peu justes, combien de choses
ne nous apprend-elle pas qu'on ne révo-
que point en doute, & dont l'esprit de
tout homme bien né mérite d'être enrichi.
Si, en remontant à l'origine d'une Nation,
elle ne perce point l'obscurité qui enve-

loppe la naiſſance, elle nous fait du moins
ſuivre les progrès, & ſi elle eſt pleine de
guerres & de révolutions ſanglantes, elle
nous inſtruit auſſi de ſes loix & de ſes
mœurs. Quelquefois en nous racontant de
grands événemens elle nous en montre les
reſſorts, elle nous en fait ſuivre les conſéquences; elle découvre les cauſes morales & phyſiques qui ont occaſionné les
changemens conſidérables ſurvenus dans
les coutumes, dans les façons de penſer,
dans l'adminiſtration de la Juſtice, dans
le mouvement des Finances, dans l'Art
militaire, dans la Police, le Commerce

Inutile, pour adoucir la peinture des
actions inhumaines, deſaſtreuſes qui y ſont
ſi fréquentes, de ces batailles, de ces ſié-
ges dont ſont la plus grande partie, elle
ſubſtitue, ſi l'on le veut une ſcene plus
riante. Non moins inſtructive. Elle
fait connaître l'origine des Arts, le progrès des ſciences, la méthode des Belles-
Lettres, & donne les hommes célèbres qui
ſe ſont diſtingués dans tous les genres,

quels ouvrages ils ont laissés ; elle distingue le ton, l'intelligence, le goût, le génie particulier de chacun ; elle rend sensible la manière de chaque Artiste, le talent de chaque Auteur.

Tantôt, descendant dans un détail non moins essentiel, elle nous instruit de la position des lieux dont elle parle, de la qualité de leur climat, de la température de l'air, de la fertilité de la terre, des diverses espèces d'animaux qui y vivent, des végétaux qu'elle produit, des minéraux & des fossiles qu'on y trouve. Combien d'avantages réunis pour ceux qui la lisent, non seulement avec méthode, mais qui l'étudient avec attention ! Elle orne la raison, éclaire la piété & conduit la politique.

ARTICLE VII.

Choix & critique de quelques réflexions

Entre tous les Historiens, ceux qui consacrent la plume à un juste hommage

ce sont ceux qui jugent toujours de ce
qu'ils rapportent, de manière qu'ils nous
ôtent autant qu'ils peuvent, le moyen de
juger par nous-mêmes, & de voir, pour ainsi
dire, par nos propres yeux. Ce sont des
esprits qui ont plus d'imagination que de
profondeur, plus de brillant que de justesse, plus de hardiesse que de savoir, &
qui, ayant une fois enfanté un système tout
au plus vraisemblable, veulent forcer tous
les événemens à y aboutir comme à un
centre unique. Semblables en cela à ces
Philosophes qui, voulant rendre raison de
l'ordre qui regne dans l'univers, & des
loix par lesquelles il subsiste, & ne pouvant pénétrer au principe qui l'a établi &
qui le maintient, se sont livrés à leurs conjectures, qui, quoique souvent spécieuses,
ne sont rien moins que la vérité.

Ce reproche qui tombe plus particuliérement sur les Historiens modernes, me
... de ... pour les anciens. Les premiers,
plus jaloux d'étaler de l'esprit, disent
quelquefois en même temps, plus & moins
qu'il ne convient, ils abondent en mots,

en tours, en ornemens (*a*); les anciens
sont pleins de sens & de choses : je choisis
donc les anciens, & parmi ceux-ci, les
plus simples.

Parmi les Historiens Grecs, Hérodote,
Xénophon, Thucydide me semblent mériter
la préférence. Si l'on ne remonte point
aux vraies causes des événemens, les neuf
muses d'Hérodote (*b*), qui contiennent ce

(*a*) On doit se tenir en garde contre toute narration dont le style orné & pompeux décele dans son
Auteur plutôt l'envie de dire agréablement que de
dire vrai. Combien pourrions-nous donner d'exemples de ceci, si nous voulions nommer ceux du
siecle où nous vivons, qui n'ont point eu d'autre
but, que celui que font le Poëte comique des latins. *Populo ut placerent quas fecisset fabulas ?*

(*b*) Ce fut dans Samos, qu'Hérodote composa
son Histoire avant de se retirer avec une colonie
d'Athéniens dans Thurie, une des villes de
cette partie de l'Italie, qu'on nommoit alors la
grande Grece, & qui dépend aujourd'hui du
Royaume de Naples. Les Grecs firent tant de
cas de ces neuf Livres d'Hérodote, lorsqu'il les
leur lut dans l'assemblée des Jeux Olympiques,
qu'ils leur donnerent les noms des neuf Muses,

qui s'est passé de plus mémorable dans le
monde, durant cent quarante ans, à commencer depuis Cyrus jusqu'à Xerxès, me
paroissent, en fait d'Histoire, ce que l'antiquité nous a laissé de plus précieux. Je
ne regarde pas seulement Hérodote, comme le pere de l'Histoire, parce qu'il est
l'Historien profane le plus ancien, mais
parce qu'il est d'une simplicité, d'une naïveté qui n'a pas d'exemple. Doux, clair
& facile, plein de détails qui attachent,
qui intéressent, il semble moins raconter
que mettre les faits sous les yeux du Lec-
teur. On le taxe aujourd'hui de trop de
crédulité, parce qu'on ne croit plus rien,
& de simplicité puérile, parce que nous
n'avons plus la nature pour guide, & que
notre goût est frelaté (a). Cependant, il

il sont écrits en dialecte ionique, & dans un
style plein de charmes & de délicatesse, qu'il
l'emporte sur celui de tous les Historiens.

(a) Si Hérodote a eu des accusateurs, il a eu
aussi des Apologistes. Abbé Maurice, Joachim
Camerarius, & Henri Estienne ont écrit en sa

semble que les voyages de long cours, tant du côté du Nord, que dans l'Afrique & dans les Indes, n'aient été faits que pour montrer à ceux qui ont attaqué sa réputation, que les choses qu'il a écrites, & qu'on a taxées de fabuleuses, ne laissent pas de se trouver très-véritables. Otez-lui les contes qu'il nous fait, d'après les Prêtres de Memphis, les prestiges & les oracles auxquels il croit de trop bonne foi, je ne vois pas d'Historien qui puisse lui être comparé.

Thucydide est recommandable par l'attention scrupuleuse qu'il fait paroître à dire la vérité, par le soin qu'il a, de nous laisser juger de tout ce qu'il expose, mais

---

faveur. Au reste, nonobstant les critiques qu'on a faites d'Hérodote, il est constant que son Histoire renferme ce qu'il y a de plus sûr dans l'Histoire ancienne des différens peuples; il fonde la plûpart des faits sur des témoignages certains, & à l'égard des autres, il a eu la bonne foi de dire qu'il ne les garantissoit pas. Hérodote est entre les Historiens, ce qu'Homere est entre les Poëtes.

Il a ce désavantage, qu'il est quelquefois
fort obscur, & qu'il offre beaucoup de difficultés dans l'explication. Cependant Dé-
mosthènes faisoit un si grand cas de l'Histoire de Thucydide, qu'il la transcrivit
plusieurs fois toute entiere de sa main.

Pour Xénophon, Philosophe & Capi-
taine, on peut dire qu'il est un des plus
judicieux Auteurs; il est pur, élégant, sans
art, sans affectation; & son style est si parfait, qu'il est regardé comme préférable à
celui de Platon même (a) Il étoit si agréable aux Grecs, qu'ils lui donnerent le surnom d'*Abeille Grecque*, & de *Muse Athé-*
nienne. Thucydide & lui ont ce défaut
commun avec César, à qui on compare

_____

(a) La dialectique de Xénophon est si excellente, que Diogene Laërce, écrivant sa vie,
ne rend pas d'autre raison de la mauvaise intelligence qui étoit entre Platon & lui, que celle
de la jalousie qui se mit entr'eux là dessus. Un
Auteur du dernier siecle, accuse Xénophon d'a-
voir trop élevé les victoires d'Agésilas; mais ce
sentiment est contredit par toute l'antiquité.

ordinairement Xénophon, qu'ils ne parlent que de guerres, de combats, d'actions cruelles & sanglantes, & qu'ils ne présentent par conséquent que les tableaux les moins capables de servir & d'instruire l'humanité.

Ce seront pourtant les premiers, à défaut du précis historique que je demande, qui serviront à instruire notre élève à cause de leur candeur & de leur simplicité ; mais dès qu'il sera en état de juger solidement, on lui fera voir, avant de passer aux Modernes, tout ce que les Anciens nous ont laissé de précieux en ce genre, & le conduisant sur-tout dans les endroits où il aura besoin de guide, on lui fera remarquer le mérite de chaque Auteur, ce qui le rend recommandable, & ce qu'on peut justement y reprendre (a).

_____

(a) On peut leur montrer ensuite, Diodore de Sicile, Denis d'Halicarnasse, Joseph, Dion, Arrien, Appien, Hérodien, Zozime, Procope, Agathias, &c. dont les précieux fragmens nous font regretter, à juste titre, la meilleure partie

C'est alors qu'il pourra connoître la
concision & l'énergie de Salluste (a), l'éloquence de Tite-Live (b), la gravité sublime des maximes de Tacite (c), & sans

---

de leurs Ouvrages qui n'est pas parvenue jusqu'à
nous. Il faut sur-tout leur faire voir Polybe, s'ils
se destinent à l'état militaire. De quarante livres dont étoit composée son Histoire universelle, il ne nous reste que les cinq premiers
avec l'Epitome des douze suivans. C'est au Pape
Nicolas V, que nous sommes redevables de la
premiere publication des œuvres de Polybe,
quoiqu'elles aient été beaucoup augmentées dans
les dernieres éditions.

(a) On a reproché à cet Ecrivain d'avoir souvent employé des mots nouveaux & des phrases
tournées grecques, dont Quintilien donne cet
exemple : *Vulgus amat fieri.*

(b) On dit de Tite-Live, que la grandeur de
son style égaloit celle de l'Empire Romain. On
lui reproche ses harangues directes, & on l'accuse peut-être avec raison d'avoir été trop par-
tial pour les Romains.

(c) Aucun Historien ancien ne me paroit avoir
autant approché de la vraie maniere d'écrire
l'Histoire que Tacite. On voit qu'il remonte,

se laisser imposer par la célébrité de ces
Ecrivains, apprécier leur dire & le mérite
des faits qu'ils rapportent, en se tenant
toujours en garde sur les jugemens qu'ils
voudroient lui suggérer. Bientôt quittant
les grands tableaux de l'Histoire, pour
considérer les portraits des hommes célé-
bres qui y ont figuré, il fera ses délices
de Plutarque si heureux à les peindre à
grands traits ; il se plaira avec Suétone,
qui, pour n'oublier aucun détail, ne s'attache pas seulement aux actions qu'ils ont
faites au grand jour, mais nous retrace
exactement celles qui se passoient dans
leur domestique, & derriere la scene où
ils représentoient.

---

autant qu'il dépend de lui, à la vraie source des
événemens. Il fait sentir aux Romains, en plus
d'un endroit, toute leur injustice ; & en parlant
des mœurs simples & grossieres, & de l'animosité
des peuples du Nord contre Rome qui ne cessoit
de les attaquer, il semble prédire la ruine de
cette orgueilleuse cité par les mains de ces barbares, justement indignés de son ambition oppressive & destructive de toute liberté.

ARTICLE VIII.

L'Histoire doit être le commencement d'un
cours de morale pour les Enfans.

Avec les dispositions heureuses, que
nous avons trouvées dans le cœur de notre
éleve, avec le soin que nous avons de les
cultiver, l'étude de l'Histoire doit être pour
lui le commencement d'un excellent cours
de morale: elle le sera, si l'on dirige toujours habilement ses réflexions & ses jugemens; si d'un côté, on fait lui faire remarquer combien sont devenus funestes,
& en même temps odieux au genre humain, tous ceux qui, s'écartant des regles
de la justice & de la probité, ont osé attenter aux droits de leurs freres, & de
l'autre, quelles on fait des actes généreux
& des traits sublimes, qui se sont en quelque sorte publiées pour le bien de l'humanité & le service de la Patrie. Amenez-
le à penser que les hommes utiles aux
hommes sont les seuls dont on doit garder

la mémoire, & qu'il n'y a de véritablement grands que ceux qui leur rendent
de grands fervices. Si vous favez fur-tout
lui infpirer la crainte des paffions fou-
gueufes, en lui offrant à propos le tableau
des malheurs tragiques qu'elles ont caufés
de tout temps, ces leçons feront fans
doute une impreffion plus forte que les
froides leçons dont les pédants étourdif-
fent leurs éleves.

Il feroit inutile de rien apprendre au
nôtre, s'il ne devoit pas en devenir meilleur, ou fi fes études ne l'affermiffoient pas
de plus en plus dans le chemin de la vertu.
Il faut qu'il trouve cette vertu fupérieure
à toute chofe, & le crime tôt ou tard
puni, qu'il voie par exemple, ces Rois de
l'orient, defpotes, fourds & aveugles, qui
facrifioient tout à leurs defirs, devenir les
victimes de leurs caprices, & qu'il ne puiffe
fe cacher que leur adminiftration abfurde
& tyrannique, plûtôt que le luxe & la
molleffe, ont opéré la chûte de leurs Empires. Il faut qu'il rougiffe pour ces indi-
gnes Princes de s'être ainfi rendus la honte

de leurs siecles, & le mépris des temps
à venir.

On me dira peut-être qu'il peut prendre
une idée contraire du vice, en le voyant
heureux ; que tous les criminels n'ont pas
subi la peine due à leurs crimes, tous les
Tyrans, celle de leurs attentats. Que pen-
sera-t-il par exemple, de Tibere, lorsqu'il
verra ce monstre de cruauté, passer tran-
quillement sa vie dans son Isle de Caprée,
au milieu des plus sales plaisirs ; tandis qu'à
Rome, les Ministres de sa tyrannie égor-
gent tous les jours par son ordre, les plus
vertueux Citoyens ?

Que l'aveuglement du préjugé ou la
fievre des passions, juge Tibere heureux,
notre éleve déja instruit des suites de l'injustice, & dont le cœur pur frémit à l'idée
d'une conscience alarmée, ne verra cet
Empereur que déchiré par la sienne, au
milieu des fausses délices qui l'environnent.
Il sentira qu'en disposant à son gré de la
propriété & de la vie des hommes, tout
homme doit le faire trembler ; qu'il se
prépare des malheurs certains & l'exécra-

tion des races futures. Il connoîtra qu'il ne cherche à renouveller ses plaisirs par tous les moyens possibles, que pour se dérober aux remords vengeurs qui le tourmentent. Loin de lui paroître heureux, il jugera Tibere, l'homme le plus misérable & le plus à plaindre, dont son esprit puisse lui tracer l'image ; sans cesse jouet de ses desirs renaissans, accablé par le souvenir ineffaçable de ses crimes, victime de son infame volupté. Et quand il le verra mourir, étouffé par l'ordre de son successeur, il admirera dans une fin digne d'une telle vie, la justice de l'Etre Suprême qui fait éprouver à ce Tyran, le supplice qu'il avoit fait souffrir à tant de Romains.

C'est ainsi que sans se faire illusion, il découvrira sous l'apparence qui trompe le vulgaire, la réalité sur laquelle il doit porter son jugement. Il s'indignera que l'on donne le nom glorieux de Sylla, à Céfar, & à tous d'autres qui ont traités les hommes comme des brutes, & les peuples comme de vils troupeaux qu'ils ont dépouillés, ou fait égorger, pour contenter

leur ambition aveugle & leurs haines ef-
frénées, qui font enfin venus à bout d'af-
fervir leur Patrie, tandis qu'ils auroient dû
verfer tout leur fang pour fes intérêts &
fa liberté, & perfuadé qu'il n'y a que l'attention à remplir nos devoirs, qui puiffe
nous tenir dans l'ordre, & la fatisfaction
de bien faire, qui nous rende contents de
nous-mêmes, il ne doutera jamais que le
premier fruit du crime, comme celui de
la vertu, ne foit de fe faire fentir fans ceffe
au fond du cœur.

Il y a deux manieres d'envifager l'Hiftoire, & fur-tout l'Hiftoire ancienne. On
peut la confidérer ou comme un fimple
recueil de faits, ou comme traitée par les
grands Écrivains qui nous l'ont tranfmife.
Sous le premier point de vue, elle ne
nous intéreffe que foiblement, parce que
l'influence des événemens anciens fur les
événemens poftérieurs, a été interrompue
par l'incurfion & l'établiffement des peuples du Nord. C'eft, à cet égard, un tableau plus intéreffant pour l'érudition que
pour la politique d'ufage, mais c'eft un
spectacle

spectacle de curiosité très-convenable à la jeunesse.

L'Histoire ancienne sous le second point de vue est de toute autre importance. C'est un cours de morale civile & de politique. Les faits qu'elle présente sont comme autant de sentences morales réduites en système par des Historiens Philosophes, c'est-à-dire ramenées à des principes qui leur donnent une sorte de liaison & d'unité (a). Je dirai donc qu'une Histoire ancienne, telle que celle de Rollin, est utile aux commençans pour servir d'introduction à l'Histoire moderne, & que, pour ceux qui _____ l'Histoire moderne, l'étude de

_____

_____ ordinaire chose, si la Philosophie _____ été éclairée de la _____ de Rollin & du droit natu- _____ n'a _____ vu que la morale _____ a pour base des conventions tacites _____ humaine unies au cœur de l'homme _____ sur une base phy- sique _____ conservation & la jouissance des choses _____ qui _____. C'est delà que dé- _____

Tome III.   E

l'Histoire ancienne, dans les originaux, ne
peut que leur être très-utile pour apprendre à lier les faits, à connoître les hommes, à développer dans les événemens les
ressorts primitifs qui les ont occasionnés.
En nommant l'Histoire ancienne de Rollin, je n'entends pas parler de son Histoire Romaine, dont l'ennuyeuse prolixité
souvent vuide de choses, pourroit rebuter
les jeunes gens.

ARTICLE IX.

De l'ordre qu'il faut observer dans l'étude
de l'Histoire.

DANS le nombre de ceux qui ont écrit
de la manière d'étudier l'Histoire, il y en
a qui disent qu'il faut étudier avant tout
l'Histoire de son pays, parce que c'est celle
qu'il importe le plus de savoir. Il est vrai
que c'est l'Histoire qu'il faut savoir le
mieux; mais il ne s'ensuit pas qu'il faille
commencer par là. L'Histoire de quelque
pays que ce soit, présente à chaque page

des guerres, des traités de paix, d'alliance, de commerce avec les Etats voisins. Elle vous apprend ce que vous avez fait chez l'Etranger ; ce que l'Etranger a fait chez vous. Pour juger du degré de force, de richesse, de puissance d'un Etat, il faut le comparer aux autres Etats.

Les révolutions d'un pays ont été souvent amenées par les changemens survenus en d'autres pays. L'Histoire n'est pas le tableau d'une chose absolue & isolée, elle est comme le monde, une suite de mutations relatives à d'autres mutations. Vous ne sauriez donc concevoir la nature des événemens qui se sont passés chez vous, sans une connoissance suffisante des révolutions étrangères qui ont influé sur celles de votre Patrie. Rapportez toute autre Histoire à celle de votre Nation, qu'elle fasse l'objet principal de vos recherches ; cela est bien ; mais mettez-vous en état de l'entendre avant que d'entreprendre de l'étudier.

D'ailleurs on pousse l'innovation, jusqu'à dire qu'il falloit renverser l'ordre des

temps ; en commençant par l'Histoire moderne, pour remonter à l'Histoire ancienne. Ils se fondent sur ce que l'Histoire moderne est celle qui nous intéresse davantage ; cette raison est bonne, mais elle
prouve contr'eux. L'Histoire moderne nous
intéresse plus que l'ancienne, parce qu'elle
a plus d'influence sur le courant des affaires. Donc, pour être en état d'en profiter,
il faut savoir ce que c'est que les affaires,
& c'est ce que les jeunes gens ne savent
pas faute d'expérience.

Avant de faire suivre à notre élève la
chaîne des événemens de ce monde, il
convient qu'il sache au moins ce que c'est
que ce monde, & qu'il en lise l'Histoire.
Je veux dire qu'il apprenne ce que nous
savons de la formation, de la population
& de la création de l'homme : c'est une
base absolument nécessaire pour bien poser
l'Histoire ancienne : si on lui ôte ce fondement, elle ne porte sur rien. Je ne regarde
pas ici l'ouvrage de Moyse comme un
monument sacré, mais comme le seul qui
nous rende raison du principe des choses,

qui nous apprenne quel est l'auteur de tous les êtres, & quelle est nôtre origine. Il faudra donc faire voir la Bible à un jeune homme; mais je crois que ceux qui le conduiront dans cette lecture, ont besoin d'user de beaucoup de discernement & de discretion, que non seulement il ne doit pas d'abord la lire toute entiere, mais qu'il importe de choisir les traits qu'on lui en fera voir. Les miracles étonnans qu'elle rapporte sont trop au-dessus de la portée des enfans, pour les en entretenir familiérement. Je pense qu'on doit attendre que leur jugement plus formé leur laisse sentir toute la grandeur de ces prodiges. En attendant, comme la Genese est, selon moi, un préalable nécessaire à l'étude de l'Histoire, il faudra commencer par là, & s'arrêter si l'on veut à la dispersion des peuples, & la perte & à la fondation des Empires; que s'il on passe au-delà, que ce soit ou qu'on le fasse plutôt au profit de la sensibilité que de l'érudition. Montrez-leur les traits les plus touchans de la Bible, d'après qui emellelle ses forces & les

E iij

comble de biens après en avoir été trahi
& vendu ; Tobie, qui dans la captivité de
Ninive, ne profite des bontés du Roi que
pour consoler & soulager sa Nation gé-
missant dans la servitude ; Daniel, qui
élevé aux plus grands emplois dans la
Cour idolâtre & corrompue de Babilone,
reste fidele à Dieu & à la vertu : les malheurs de Job & son rétablissement : l'inso-
lence d'Aman & sa punition, &c. Telle
doit être à cet âge l'étude de l'Histoire
Sainte.

Je voudrois ensuite partager l'Histoire
en quatre époques principales, laissant à
part les fondations. La premiere com-
prendroit toute l'Histoire ancienne jusqu'à
la chûte de l'Empire d'Occident, causée
par l'inondation des peuples barbares. Ce
sont les loix, les mœurs, les usages que
ces peuples portoient dans les différentes
contrées, qu'ils occuperent, qui ont interrompu, en quelque sorte, l'influence que
devoient avoir les événemens de l'Histoire
ancienne sur ceux des temps postérieurs.
Leur arrivée fut l'époque de l'établisse-

ment d'un nouveau système qui changea
la face de l'Europe.

La seconde seroit depuis l'inondation
des peuples Septentrionaux, jusqu'au tems
où les peuples d'Europe allerent inonder
l'Asie, c'est-à-dire, jusqu'au temps des
Croisades. L'établissement & les révolutions des peuples du Nord, dans les différens pays qu'ils soumirent, méritent plus
d'attention qu'on ne pense. C'est dans
leurs mœurs & dans leurs opinions qu'il
faut chercher la source de certains usages
& de certains préjugés qui dominent encore à présent chez les peuples les plus
policés. Le système des choses, c'est-à-
dire l'Histoire politique morale, seroit une
énigme à quelques égards pour un Philosophe qui ne remonteroit pas à cette
source. Le gouvernement original de ces
peuples n'étoit autre chose que le gouvernement militaire, des chefs qui com-
mandoient à des sous-ordre, ceux-ci à
des inférieurs à qui le reste obéissoit. Le
commandement ne passoit pas immédiatement du Prince aux sujets, comme il ne

paſſe pas encore immédiatement du Général aux Soldats. C'eſt là qu'il faut chercher l'origine & le véritable eſprit des fiefs. On donnoit une terre & les vaſſaux qui en dépendoient, comme on donne un Régiment & les Soldats qui le compoſent; ceux-là immédiatement ſoumis à leurs Seigneurs, & ne recevant les ordres du Seigneur Suzerain, que par le canal de ceux-ci, embraſſoient leur querelle envers & contre tous; &, comme dans le déſordre d'un tel Gouvernement, le trop d'autorité confiée aux ſous-ordre tournoit ſouvent au déſavantage du chef, il en réſultoit une ariſtocratie informe, des grands ſans frein, des chefs ſans autorité, des peuples ſans liberté.

La troiſieme s'étendroit depuis le temps des Croiſades, c'eſt-à-dire, depuis le onzième ſiecle juſqu'à la découverte de l'Amérique. Le comble des maux cauſés par l'ariſtocratie informe, dont nous venons de parler, excita quelques lueurs d'une plus ſaine politique qui, à la faveur des Croiſades, s'établit en quelques contrées de

l'Europe : c'est l'origine de plusieurs Institutions, qui ont encore lieu maintenant.
D'ailleurs, le onziéme siecle paroît être
l'époque où plusieurs familles regnantes,
& plusieurs Etats qui subsistent aujourd'hui,
semblent avoir pris leur consistance (a).

La quatriéme enfin, depuis la découverte de l'Amérique jusqu'au temps présent, c'est l'époque où le commerce, devenu un des principaux objets de la politique, cause une nouvelle révolution dans
le systême de l'Europe, change la fortune
des Etats (b), & fait varier leurs intérêts
respectifs. C'est le temps où la recherche
de l'équilibre paroît avoir produit le mouvement perpétuel dans la balance du systême politique; c'est le temps où les Scien-

(a) C'est à cette époque qu'il faut rapporter
l'invention de la Poudre à Canon, de la Boussole, de l'Imprimerie, & de tant d'autres Arts,
qui ont en quelque façon changé la face de
l'Univers.

(b) Voyez dans un livre intitulé Réflexion sur
l'Etat, une Histoire.

E v

ces & la Philosophie ont enrichi le monde de nouvelles connoissances (a).

___

(a) Depuis le onziéme siecle où les ténebres
de l'ignorance avoient commencé à se dissiper,
la Philosophie & les Lettres avoient fait jusques-
là peu de progrès. La subtile & vaine dialectique
de l'Ecole, sa Métaphysique encore plus vuide
de sens, plus chimérique, plus pernicieuse, avoit
regné plus de trois siecles. Les Livres étoient
très-rares, & se vendoient au poids de l'or. La
Langue nationale n'étoit pas encore formée. Un
jargon moitié latin, moitié barbare, étoit le seul
idiome scientifique. On n'avoit pour toute source
d'érudition, que quelques mauvaises traductions
latines, dont plusieurs étoient faites sur des traductions arabes. Les Croisades contre les Sarrasins,
qui parloient cette Langue, & qui étoient alors
les peuples les plus instruits, les relations qui s'é-
tablirent entr'eux & les peuples méridionaux de
l'Europe, répandirent les connoissances; mais, à
l'époque de la communication qu'ils nous en firent, l'erreur de leur imagination les avoit fait
regarder comme chimériques, vaines & chimériques.
La Scholastique ne s'étoit pas cependant fait
de grandes discussions, mais il eut enfin la vic-
toire; la Théologie, la Médecine, la Jurisprudence & la Philosophie furent obligées de se sou-

CHAPITRE IV.

DE LA CHRONOLOGIE.

L'HISTOIRE étant le récit des événemens qui se sont succédés dans le monde,

mettre aux A. E. I. O. des formes syllogistiques; il ne fut plus permis de rien enseigner, de rien apprendre qu'en *barbara celarent*, &c.

La Philosophie devint un tissu de disputes interminables sur des mots baroques, qui n'aboutissoient à rien de réel & de solide, & qui ne servoient qu'à égarer l'esprit dans la région des chimères. Cependant on ignoroit les premiers élémens des Mathématiques. Les Arabes cultivoient ces Sciences; ils étoient Algébristes, Géomètres & passablement Astronomes; nos Scholastiques les déshonoroient. Quelques bons esprits les cultivoient hors de l'École, mais ils étoient méprisés de nos Sophistes, & qui plus est, persécutés.

On n'avoit pas même l'idée de l'Histoire naturelle. Les Arts utiles & les Arts agréables étoient plongés dans la plus affreuse barbarie, tout le

E vj

la Chronologie qui en affigne le temps &
les époques, qui par-là en marque l'ordre

---

monde fait à quel point étoit parvenue l'ignorance
absolue des Sciences économiques & politiques.
Deux événemens inefpérés firent une révolution dans nos connoiffances ; la deftruction de
l'Empire Grec par les Turcs , & l'invention de
l'Imprimerie. Les Savans de la Grece fuyant la
tyrannie de leurs conquérans , pafferent en Italie , appellés par un Pape , ami des Arts. Ils ap-
porterent les originaux des meilleurs ouvrages de
l'Antiquité, le goût des Langues favantes, la facilité des traductions élegantes & fidelles. Dès-lors
tous les bons efprits abandonnerent les vaines
chimeres de l'École, la fermentation fut générale
en Europe. Tous les gens de Lettres fe firent
traducteurs pour fe Livre Éditeurs ou Traducteurs
des anciens. L'envie de connoître avoit d'abord
fait recueillir tous les Livres, l'enthoufiafme n'a-
voit permis ni difcuffions ni critique ; mais quand
le monde favant vit qu'il alloit manquer de matériaux nouveaux , il tourna fon attention vers
l'examen des premieres découvertes , & employa
dans fes jugemens à fourir le crédit de l'empire
littéraire. Le goût qui fe forme par la vue des
bons modeles, naquit infenfiblement. Tant de bons
efprits occupés à déchiffrer & à traduire les ou-

& en établit la liaison, lui est d'un secours
si nécessaire, que l'une ne peut subsister

---

vrages immortels d'Homère, de Platon, de Cicéron, de Plutarque, &c. prenoient une teinte de
leur urbanité, leurs productions annonçoient une
heureuse imitation de leurs modeles. Ces germes
précieux ne firent que se développer pendant
plus d'un siecle, jusqu'au moment où le travail
des compilateurs & des critiques parut près de
manquer à son tour de matieres intéressantes.

Alors le goût perfectionné commença à prendre
l'essor, en essayant de le mesurer avec les anciens,
& quoiqu'on ne le fît d'abord qu'en tremblant &
qu'en tournant sans cesse les yeux vers ces modeles, les efforts & les succès multipliés des bons
écrivains du dix-septieme siecle prouverent au
public & aux hommes aux vrais génies toujours de
lui-même, que le goût appartient à toutes les nations & à tous les siecles, qu'il doit
se former à l'école de la belle antiquité, mais
qu'il ne doit point asservir l'esprit au joug rigou-
reux de l'imitation.

Les Belles-Lettres & les Arts approchant de
leur perfection, & les Sciences philosophiques
sortant enfin des ténebres de la barbarie scholastique, l'institution des Colleges & des Universités, la formation nouvelle des vieux Pro-

sans l'autre. Il est donc essentiel de ne point les séparer, pour les fortifier mutuellement.

---

sesseurs, ne permettoit pas dans l'enseignement des nouveautés utiles. L'Aristotélisme regnoit depuis 500 ans, sous une forme qui ne ressembloit point aux vrais ouvrages d'Aristote. Un jargon bizarre & vuide de sens avoit acquis, par droit de prescription, le titre & la dignité de science philosophique. On l'avoit tellement incorporé avec l'étude de la Théologie, de la Médecine & du Droit, qu'il sembloit servir de fondement à la Religion, à la Politique, à la conservation physique de l'humanité. Comment des Maîtres, consommés dans la subtilité de ce langage, l'auroient-ils cru digne de mépris ? la lumière ne pouvoit donc sortir des anciennes têtes académiques. Descartes la fit briller aux yeux de ceux qui, fatigués des disputes sophistiques, étudioient dans leur cabinet les vraies sources de l'érudition, de la critique & du goût, le succès en fut prompt, & les progrès rapides. Descartes fit une révolution dans les connoissances, mais les Scholastiques ne lui pardonnerent point, il fut injurié, persécuté, & il mourut en Suede. Cependant la méthode philosophique vraie sans séduire, gagna peu à peu les esprits. La Philosophie sortie de l'oppression fit de grands progrès sous le regne d'un Prince

Comme il importe sur-tout de donner des
idées nettes & précises à un jeune homme,

qui aimoit à s'illustrer par tout ce qui peut donner de l'éclat, & qui récompensoit tous les esprits qui pouvoient concourir à ce dessein. On
porta rapidement les Sciences Mathématiques à
leur perfection. L'infini fut assujeti aux regles du
calcul ; on dirigea la route des astres & des cometes ; on pesa les planetes, on refondit la terre
pour l'allonger ou pour l'applatir vers les poles ;
on voulut tout comprendre & tout expliquer. Descartes eut le tort d'Ariston ; il fut proscrit, toleré,
adopté ; il fut enfin effacé par Newton ; dont les
systèmes n'auront peut-être pas une meilleure des-
tinée. On travaille incessamment à leur destruction,
malgré tout l'appareil scientifique dont on les a
revêtu pour les rendre inaccessibles au commun
des lecteurs. Les cometes & les éclipses de Soleil qui ont prouvé soumises aux regles de l'astronomie, n'ont servi au long-temps à reconnoître ces
loix. La nouvelle Physique n'a-t-elle ce revendre sur
tous-bien des phénomènes que Newton même ;
il explique plusieurs phénomènes que ses principes rendoient inexplicables, par le méchanisme le
plus simple & sans correction. Elle servir peut-
être encore de siècle aux siecles venir. Les connoissances ...

& que ce doit être le but & le résultat des
bonnes études auxquelles on le destine, la
connoissance de la Chronologie lui devient d'un secours indispensable, afin que
la mémoire puisse se rendre familieres les
époques célebres des faits; il est pourtant
inutile de la lui apprendre avec le scrupule qu'y apportent des critiques. Il lui
suffira d'en savoir assez pour débrouiller le
cahos de l'Histoire, qui sans elle ne seroit
dans son esprit qu'un mélange informe de
matieres & de faits confusément entassés
sans ordre & sans liaison.

Les maîtres attentifs, qui auront assez
de capacité pour tracer eux-mêmes le précis historique que je demandois plus haut,
trouveront encore plus de facilité d'esquis-
ser pour leurs éleves un tableau chrono-
logique des principaux évenemens, ou plutôt ils les feront marcher ensemble, & ils
n'oublieront pas ces traits mémorables, sans

_____

tems & sont aujourd'hui les Sciences économiques & politiques qui en prennent la place, &
qui deviennent tous les jours plus méthodiques.

qu'on puisse les rapporter à un petit nombre de points lumineux qui, comme autant de phares dans la nuit des siecles, servent à faire voir la place qu'ils occupent, & la distance qu'il y a de l'un à l'autre (a).

Mais, soit que le maître conduise lui-même son pupille dans le nouveau chemin qu'il lui a ouvert, soit qu'il ne le mene qu'à l'aide des livres déja connus, il faut qu'avant d'arriver au principal de la science il en parcoure les avenues, je veux dire qu'avant de passer à la science des epoques

_____

(a) La base de l'Histoire universelle est un arrangement utile & prompt, du moins autant que nous le pouvons avoir, des principaux evenemens; mais, pour ne point tomber dans la confusion qui n'est que trop ordinaire aux etudes qui nous présentent un grand & vaste champ, il faut d'abord fixer les temps en differens periodes, en partant d'un point fixe, d'où l'on commence à dater chaque intervalle, & ce sont ces points fixes que l'on nomme epoques.

Discours préliminaire des Tablettes Chronologiques, page 11.

& à la division des temps, il sache de
combien de manieres d'en mesurer la durée, on s'est servi jusqu'à nous pour les diviser, & quels noms on a donnés aux me-
sures qu'on y a employées. Il convient donc
d'apprendre préalablement à votre éleve ce
que c'est que le temps (*a*), & ces portions
de durée qu'on appelle Siecle (*b*), Lustre,

(*a*) Le temps est la mesure de la durée des
êtres qui se succedent sans cesse. Il commença
pour les hommes au moment où les hommes purent
appercevoir la succession des jours & des nuits.

(*b*) Un *Siecle* est une suite complette de cent

Le *Lustre* est un espace de cinq ans; ce terme
n'est guere usité qu'en poësie.

L'*Olympiade* étoit une durée de quatre ans,
que les Grecs comptoient depuis une célébration
des Jeux Olympiques jusqu'à l'autre. La premiere
commença l'an 776 avant J. C. dans la Ville
d'Olympie, & la derniere finit l'an 88 après J. C.

L'*Ere* est un point fixe d'où certains Peuples
ou Royaumes ont commencé à compter leurs années, telle est l'*Ere* d'Espagne qui commence l'an
du monde 4052.

L'*Ere* Chrétienne véritable commence à l'an-

Olympiade, Ere, Egire, Epoque & Indiction ; comment les Anciens distinguoient les temps ; comment les temps ont été divisés chez les Modernes (*a*) ; comment enfin

---

bee précise de la naissance de Jesus-Christ ; elle devance l'Ere vulgaire inventée dans le sixiéme siecle, par Denis le Petit, de quatre ans ; ainsi, au lieu de compter cette année 1774, il faudroit compter 1778.

Les Romains comptoient depuis la fondation de leur Ville, bâtie 752 ans avant J. C.

L'Egire est l'Ere des Arabes & des Mahométans ; elle commence l'an 622 de l'Ere vulgaire. Elle doit son origine à la fuite de Mahomet de la Mecque, lorsqu'après avoir commencé à former des prosélytes, voyant que sa doctrine mettoit sa vie en danger, il s'enfuit le 16 Juillet 622.

Le mot d'Epoque est à-peu-près le même que celui d'Ere ; il indique un point certain & remarquable.

On entend par Indiction une révolution de quinze ans, dont les Romains s'en servoient pour compter, on s'en sert encore dans les Bulles & les Patentes Apostoliques.

(*a*) Chez les Anciens, les Poëtes divisoient le temps en quatre âges, d'or, d'argent, d'airain & de fer, qui marquoient successivement la décadence

l'Aſtronomie en a réglé le cours pour les beſoins de la vie civile (a).

---

de l'ordre & de l'innocence, & la corruption des mœurs introduite dans la ſociété. Les Hiſtoriens anciens diviſerent tous les ſiecles en trois parties. La premiere comprend les temps obſcurs & incertains, la deuxiéme, les temps fabuleux, la troiſiéme, les temps hiſtoriques.

Les temps obſcurs s'étendent depuis l'origine du genre humain juſqu'au déluge d'Ogygès, l'an du monde 3712. L'Hiſtoire profane n'a point d'Hiſtorien pour ces temps-là.

Les temps fabuleux commencent au déluge d'Ogygès, & vont juſqu'aux Olympiades, c'eſt-à-dire 776 ans avant J. C. Tout ce que les Hiſtoriens nous rapportent de ces temps-là, eſt fort incertain.

Les temps hiſtoriques commencent aux Olympiades, &c.

Les Modernes, ou pour mieux dire les Chrétiens, ont diviſé les temps en deux parties. La premiere s'étend depuis la création juſqu'à J. C. C'eſt le temps de l'*Ancien Teſtament*; la deuxiéme qui s'étend depuis la naiſſance de J. C. juſqu'à préſent, eſt le temps du *Nouveau Teſtament*.

(a) L'Aſtronomie a diviſé le temps en ſiecles, en années, en ſaiſons, en mois, en ſemaines, en

Que si les maîtres ne jugeoient pas à
propos de s'en tenir à la division de l'Histoire, telle que je la propose en quatre
époques principales, il leur est facile d'en

jours, en heures, en minutes, en secondes, en
perces.

L'année est composée parmi nous de 365 jours,
auxquels on ajoute tous les quatre ans un jour de
plus qu'aux autres, parce que l'année Solaire étant
de 365 jours & près de six heures, ce jour in-
tercalé qu'on nomme bissexte, d'où l'année, où
il se trouve est appellée bissextile, est le produit de ces six heures excédantes; mais comme
le bissexte ne comprend pas juste toute la révolution de l'année, puisqu'il reste encore en quatre
ans 40 minutes, de plus que le Soleil n'emploie
à retourner au même point du Zodiaque, on a
fait de ces minutes rassemblées un jour entier,
qu'on ajoute au bout de 133 ans, & pour empêcher que cet excédant ne cause quelque dérange-
ment nouveau, on omet trois bissextes dans le
cours de 400 ans; pour cette raison, l'année 1700
ne fut point bissextile, 1800 & 1900 ne le seront point, mais 2000 le sera.

Le jour est composé de 24 heures, l'heure de
60 minutes, la minute de 60 secondes, la seconde de 60 tierces, &c.

augmenter le nombre, tant pour l'Histoire ancienne que pour la moderne, & d'en former un abrégé à leur maniere pour la commodité de leurs éleves. Ils peuvent, par exemple, distribuer leur précis historique, comme on l'a déja proposé, en autant de parties qu'il s'est écoulé de siecles depuis l'enfance du genre humain, pour en faire autant de leçons. On passeroit en revue dans chaque leçon tous les grands événemens qui ont eu lieu sur la terre pendant le cours d'un siecle. Mais pour rendre cette leçon plus utile, il conviendroit d'accompagner chacun de ces siecles d'une projection géographique, qui présentât l'état des parties connues du globe pour le temps dont il s'agit, & pour ajouter un nouveau degré de simplicité à ce nouveau cours, il faudroit que chaque carte n'eût qu'un seul objet, en sorte que, pour un siecle fertile en événemens remarquables, il y eût alors une carte pour chacun de ces faits. Par exemple, il devroit y avoir au quarante-quatrieme siecle de la création du monde, un tableau qui indiquât la route que

tinrent les Argonautes pour aller à la Conquête de la Toison d'or ; tandis qu'une seconde carte, pour le même siecle, préfen-
teroit les divers Etats de la Grece, &
qu'une troisiéme donneroit la Topographie
du Royaume de Troye, dont la Capitale
fut prise & détruite en ce temps-là par
les armes des Grecs.

Enfin si le plan de cette méthode, quelque simple qu'il soit, paroît encore trop
vaste & trop compliqué, on peut faire usage d'une division plus connue, en adoptant d'autres époques en plus petit nombre, avant & après J. C. alors huit époques suffiront pour les temps anciens, &
huit pour les modernes.

La premiere des anciennes qui commence à la création du monde, & finir au déluge, contient 2255 ans (a).

La 2e depuis le déluge jusqu'à la vocation d'Abraham, est de 1257 ans.

_____

(a) D'après la Chronologie des Septante, dont
je suis la supputation.

La 3ᵉ depuis la vocation d'Abraham, jufqu'à la loi publiée par Moyſe ou le Décalogue, dure 430 ans.

La 4ᵉ depuis la publication de la loi, jufqu'à la priſe de Troye, 387 ans.

La 5ᵉ depuis la priſe de Troye, jufqu'à la fondation de Rome, 456 ans.

La 6ᵉ depuis la fondation de Rome, jufqu'à l'établiſſement de la Monarchie des Perſes, par Cyrus, 205 ans.

La 7ᵉ depuis l'établiſſement de la Monarchie des Perſes, jufqu'à l'Empire des Grecs, par Alexandre, 217 ans.

La 8ᵉ depuis le commencement de l'Empire des Grecs, jufqu'à l'époque du Chriſtianiſme, c'eſt-à-dire, la premiere année de l'Ere vulgaire, qui eſt en uſage parmi les Chrétiens occidentaux, (car les Grecs comptent toujours depuis le commencement du monde,) 331 ans.

Les huit époques modernes ſont :

1. La Naiſſance de Jeſus-Chriſt.

2. Conſtantin ou la paix de l'Egliſe, en 312.

3. Les

3. Les Monarchies nouvelles, en 420.

4. Charlemagne ou le nouvel Empire, en 800.

5. Godefroi de Bouillon, ou les Croisades, en 1098.

6. Ottoman ou l'Empire Turc, en 1300.

7. La découverte de l'Amérique, en 1492.

8. La Maison de France sur le Trône d'Espagne, en 1700.

Par le moyen de ces divisions, ou d'autres qu'on peut adopter, on aura la facilité de rapporter les faits les plus essentiels de l'Histoire, à quelques-unes des époques précédentes.

CHAPITRE V.

DE LA GÉOGRAPHIE.

SI la Chronologie qui nous inftruit des temps où fe font paffés les faits les plus célebres, eft fi néceffaire pour l'intelligence de l'Hiftoire, la Géographie, qui nous fait connoître la pofition des lieux qui leur ont fervi de fcene, n'eft pas d'une moindre importance pour bien graver tous ces traits hiftoriques dans la mémoire. Elle eft fur-tout indifpenfable pour les jeunes gens, dont l'efprit ne retient jamais mieux les chofes que lorfqu'elles font liées dans leur fouvenir, à l'image des objets matériels & fenfibles. Il faut donc, en mettant dans les mains d'un enfant les élémens de l'Hif-toire, lui mettre en même-temps fous les yeux, le tableau des lieux dont elle parle. La fuite des lieux & celle des événemens fe lieront mutuellement à la faveur l'une de l'autre par l'identité de l'impreffion;

l'Histoire rendra la Géographie plus intéressante, & la Géographie prêtera plus de
clarté à l'Histoire.

L'Auteur d'Emile avance pourtant qu'en
pensant apprendre à un enfant la description de la Terre, on ne lui apprend qu'à
connoître des Cartes, & tout au plus les
noms de Villes, de Pays, de Rivieres,
qu'il ne conçoit pas exister ailleurs que sur
le papier où on les lui montre.

Mais c'est, ce me semble, une assertion
bien hasardée que de dire qu'un enfant de
dix ans, car c'est d'un enfant de cet âge
dont parle M. Rousseau, ne conçoive pas
que les Villes, &c, dont on lui apprend
les noms sur la Carte, n'existent pas ailleurs que sur le papier. Sans alléguer ici
mon propre témoignage, je puis dire qu'on
a toujours peine dans l'éducation des pre-
ves à les en détromper.

Qu'on voye d'un Globe ou d'une Mappemonde un enfant pas pour donner à
un enfant une idée juste du Globe terrestre, qu'il ne conçoive pas comment il
doit rapporter la Carte qu'il a sous les yeux,

à la Terre qu'il a fous fes pieds, j'en conviendrai fi l'on veut ; mais quand cela
feroit, il ne fuit pas delà qu'il foit inutile
de lui apprendre à connoître la Carte.
Qu'un enfant ait fa Mappemonde bien gravée dans la tête, il viendra un temps où
il faura comment la Mappemonde repréfente le globe terreftre ; dès ce moment,
& fans autre étude, il faura rapporter fur
la furface du globe terreftre, les Pays, les
Villes, les Rivieres que fon imagination
lui repréfentera gravés fur la Carte, & la
pofition qu'ils y occupent lui fera comprendre auffi-tôt quelle eft leur véritable
pofition fur le globe.

Il y a plufieurs fortes de Géographies,
il eft vrai, qui ne doivent pas entrer d'a-
bord dans le plan des études d'un jeune
homme, parce que les idées dont elles
traitent paffent la portée de fon intelligence ; telle eft la Géographie Mathéma-
tique qui s'occupe à examiner géométri-
quement la fituation, la figure, les parties & les rapports de notre globe avec
le Ciel qui l'environne, les diftances, les

ſections de cercles, la projection des Méridiens, &c.

L'*Hydrographie*, ou cette branche de la
Géographie générale, dont l'objet principal étant la connoiſſance de la partie du
globe terreſtre couverte par les eaux de la
mer, conſidere l'étendue, la profondeur &
le baſſin de ces eaux.

La *Géographie ſcientifique* qui rend raiſon de la compoſition intérieure du globe,
de ſa nature, du ſol des divers pays, &c.
telle qu'elle a été donnée par Varenius (*a*),

_____

(*a*) L'ouvrage de Varenius eſt intitulé : *Geo-*
graphia univerſalis, in qua affectiones generales
telluris explicantur. C'eſt un Livre excellent,
dont il y a eu pluſieurs Éditions, & qui eſt traduit en François. Cette Géographie, qui comprend la Coſmographie, ſuppoſe beaucoup de
connoiſſances de Géométrie. Les abrégés qu'on
en donne à la tête de pluſieurs Livres ſont,
pour ceux qui n'ont pas ces connoiſſances préalables, peu de belles inutiles. Ils perdent beaucoup de temps à les étudier; s'ils veulent enſuite devenir un peu plus profonds, ils n'y
entendent rien. Pour ſavoir quelque choſe, il faut

perfectionnée par Newton, & réformée par
le P. Riccioli.

Mais, lorsqu'un jeune homme aura fait
des progrès dans la Géométrie, lorsque la
capacité de son esprit se sera étendue avec
la sphere de ses idées, la Géographie scientifique ne doit plus être pour lui un objet
défendu, il pourra s'en occuper alors très-
utilement; en attendant que les progrès de
l'âge & les fruits de l'étude puissent le mener à ce terme, il suffira de l'occuper de
la *Géographie historique*, qui consiste à reconnoître sur la Carte les lieux dont il est

recommencer à nouveaux frais. Il n'en est pas
de même de la *Géographie historique* : on ne
sauroit en contester l'agrément & l'utilité ; les
enfans reconnoîtront avec plaisir sur la Carte, les
endroits dont ils entendent parler dans l'Histoire ; ils seront charmés de suivre Alexandre &
César dans leurs expéditions. Par ce moyen on
parvient bien plus sûrement & plus facilement à
faire apprendre aux enfans la position des lieux
sur la Carte, qu'en les y appliquant par une
étude suivie, comme on a coutume de le pratiquer dans la

parlé dans l'Histoire. Quoique cette Géographie contienne la *Topographie*, qui nous donne la vraie position des Rivieres, des Mers, des Montagnes, &c. qu'elle indique les principales productions des différens pays, elle n'est point si compliquée qu'elle demande une grande force de génie & de raisonnement pour la comprendre, & malgré les assertions de l'Auteur d'Emile, si un enfant de dix ans ne l'entend pas, il est très-vraisemblable que la faute en est au maître qui n'a pas pris les précautions nécessaires pour la lui faire entendre.

Voulez-vous enseigner la Géographie à votre éleve? voulez-vous le familiariser avec les Cartes? usez d'abord des préalables que ces maîtres ont négligés; avant de lui montrer les Cartes particulieres relatives à l'Histoire, il faut lui donner une idée succincte de la Mappemonde; mais, avant de présenter celle-ci à ses regards, tâchez de lui faire soupçonner la rondeur du globe terrestre (a), faites-lui desirer d'en connoî-

_____

(a) La connoissance de la figure de la terre est

tre la figure. Faites-lui voir le lever & le
coucher du Soleil, de la Lune, des Aftres;
amenez-le adroitement & fans qu'il fe
doute que vous avez fur lui quelque deffein, amenez-le à réfléchir fur le magnifique fpectacle dont vous l'avez rendu témoin. Je n'ignore pas qu'il n'ira point d'a-
bord au fait : il ne comprendra pas, en les
voyant fe lever à l'oppofite du lieu où il les
a vu fe coucher, que c'eft un effet de la
révolution de la Terre; mais on ne doit pas
néanmoins le lui dire ouvertement, il faut
lui laiffer le temps de mettre de l'ordre dans
fes idées; je ne doute pas qu'il ne vous
expofe exactement ce qu'il aura penfé à ce
fujet, alors vous pourrez le conduire & lui
parler, de maniere qu'il puiffe appercevoir

des plus importantes pour la Géographie & la
Navigation. On a cru long-temps que la terre
étoit fphérique, mais les nouvelles obfervations
qu'on a faites à ce fujet, femblent prouver que
notre globe eft un fphéroïde, c'eft-à-dire, une
boule un peu applatie vers les pôles.

la vérité à travers le voile transparent qui la couvre.

Dès qu'il entrevoit le mouvement, il doit se former une idée de la figure. Ne lui laissez point d'incertitude à cet égard. Son imagination pourroit l'induire en erreur, prévenez-en les écarts. Donnez un Globe à votre éleve, avec lequel il puisse faire comparaison de celui de la terre. Apprenez-lui d'abord les quatre parties du monde, apprenez-les bien & distinctement. Passez delà à la division de chaque partie. Que votre éleve enfin, car c'est lui qui est toujours censé vous instruire, vous fasse distinguer le Royaume que vous habitez ; mais ce n'est pas assez, on en veut connoître les principales Villes, & celles qui méritent le plus d'attention dans les autres pays, & la chose n'est pas facile. Si l'on en connoît quelqu'une, il faut chercher long-temps sur la Mappemonde & sur les Cartes particulieres pour la trouver : comment faire? ....

Ici le maître employe un expédient qu'il imagine, il regarde, avec un air d'attention

remarquable, les Cartes & la Mappemonde; il arrête sur-tout les yeux, pour fixer
ceux de l'enfant, sur ces lignes qui se croi-
sant & se coupant à angles égaux, forment des quarrés sur toute leur surface.
L'un & l'autre savent l'Arithmétique, ils
voient des nombres à chaque côté, au
haut & au bas des Cartes; on examine
cela quelque temps ensemble, mais comme l'enfant n'y comprend rien, quelque
attention qu'il y porte, le Gouverneur se
hasarde de le mettre sur la voie.

Ces quarrés ne seroient-ils pas faits,
dit-il, pour nous donner la facilité de
trouver ces Villes que nous cherchons quelquefois? Je vois par les chiffres qui accompagnent ces lignes, que le nombre va toujours en augmentant d'un côté; ne parti-
roient-elles pas de quelques points d'où
l'on pût les compter? voyons! on regarde. Le maître conduit l'enfant au premier
Méridien. J'en ai dit assez, il connoît bientôt la longitude, la latitude, l'équateur,
les pôles, les quatre points cardinaux, enfin le gros & l'essentiel de la science. Il

en fait alors suffisamment pour trouver de lui-même, sur la Carte, le nom des Villes & des pays dont les livres lui parleront. Je dis des livres, car, parvenu jusqu'à ce point de connoissance, ce sera pour lui une chose fort agréable d'avoir quelque livre de Géographie où le maître & le disciple étudiant ensemble, celui-ci puisse trouver à l'ordinaire la solution de ce qu'ils chercheront. Avec ce moyen simple, ils avanceront rapidement, & la Sphere armillaire, qu'on apprendra de suite, n'offrira aucune difficulté à notre petit Géographe.

Ajoutons en faveur de ceux qui demanderoient un plus grand détail, qu'une des bonnes méthodes d'apprendre à un enfant la connoissance des Cartes, c'est de l'exercer à les tracer lui-même de tête avec la plume ou le crayon. Il tracera d'abord le pays qu'il connoît le mieux, comme les environs du lieu qu'il habite. De simples points marqueront les endroits les plus remarquables, des lignes feront les rivieres, &c. Le temps & les réflexions lui donneront la facilité de donner plus de

justesse à ses productions, & d'imiter des
Cartes plus étendues & plus compliquées;
les soins du maître & la vue des originaux
lui feront éviter les fautes qu'il auroit pu
commettre, & l'accoutumeront insensiblement à les rendre d'une façon plus régu-
liere.

Dans le choix des Cartes, j'approuve
beaucoup les maîtres qui se servent de
Cartes enluminées, parce que les couleurs
donnent une espece de relief au plan des
pays qu'on veut connoître, qui les fait
comme sortir du fond du tableau, & les
rend ainsi beaucoup plus remarquables. Je
n'applaudis pas moins à la méthode de
ceux qui, pour graver plus nettement un
pays dans la tête de leur éleve, & sur-tout
pour lui donner une connoissance exacte
des frontieres, coupent avec des ciseaux
tout ce qui excede ces frontieres sur la
Carte, après lui avoir fait remarquer le
nom des pays qui les environnent.

Cependant si l'on n'adoptoit pas cette
derniere méthode, par la crainte qu'en sup-
primant dans les Cartes particulieres l'ex-

cédent des pays qu'elles défignent, on pourroit ôter aux enfans la facilité de fe rappeller les provinces limitrophes, il faudroit au moins, à la fin de chaque leçon d'Hiftoire, pour leur imprimer dans l'efprit l'image des différens pays dont elle parle, leur faire bien examiner fur la Carte les contours divers qui en marquent les bornes, en forte qu'ils puffent favoir à point nommé la place que ces pays y occupent.

Au reste, je ne demande pas qu'en apprenant la Géographie à un enfant, on commence par lui faire apprendre les termes de cette fcience : il fuffit de les lui expliquer à mefure qu'ils fe préfentent dans la lecture ; un promontoire, un cap, une ifle, un golphe, un iftme, un détroit, une baye, tout cela s'explique fur le champ, & la figure devant les yeux ; mais je recommande qu'on ait le foin de lui faire obferver foigneufement les changemens furvenus dans les noms des contrées ; le Péloponefe s'appelle aujourd'hui la Morée ; les Gaules font la France, la Scythie eft la Tartarie, &c. Que l'on compare ainfi tour-à-tour l'Histoire ancienne & l'Histoire moderne, qu'à l'Histoire de nos temps on joigne la lecture des voyages ; qu'on occupe même les enfans de celle des gazettes, que tout cela ne se fasse jamais sans avoir la Carte sous les yeux & sans les explications convenables, & bientôt les progrès seront sensibles, les enfans n'auront pas seulement ainsi des notions justes de l'Histoire, mais ils commenceront à entrevoir les grands intérêts des États; ils prendront une connoissance plus particuliere des mœurs & coutumes des divers peuples, de leur commerce, de leur économie, de leurs maximes politiques, de leur Religion, de leurs sciences, & tous ces secours réunis leur donneront une plus ample & plus utile connoissance de la Géographie.

CHAPITRE VI.

DE L'HISTOIRE DU CIEL, ET DE L'ASTRONOMIE.

Aux yeux d'un enfant, comme à ceux du vulgaire, le globe qui nous porte n'est entouré que d'un espace absolument vuide jusqu'au Ciel. Le Ciel lui-même n'est qu'une voûte fort élevée, sous laquelle le soleil & la lune font leurs révolutions, les étoiles y sont attachées comme des lampes. Ils ne les jugent pas plus grandes qu'elles ne le paroissent à la vue simple, tandis que la terre, pour eux le centre de la nature, est un corps immobile, un million de fois plus grand que tous les corps qui l'environnent : écoutez le Peuple. Les météores ne sont produits que par des causes surnaturelles ; c'est la colere de Dieu qui fait gronder le tonnerre & qui lance la foudre ; c'est la malice d'un sorcier qui forme la bruine & la grêle, & qui les fait tomber sur les champs de ses ennemis.

L'ignorance (a) enfante l'erreur & l'incertitude, & celles-ci, la défiance & la crainte.

Il est d'autant plus intéressant pour l'humanité de dissiper ces prestiges, que l'homme qui les a une fois adoptés, ne sait plus
voir le vrai des choses, qu'il devient cré-
dule à l'excès sur des chimeres, & que
son ame pusillanime le livre, sans réflexion

(a) Il faut connoître le peuple de nos campagnes, & sur-tout les paysans de nos provinces
les moins accessibles, pour pouvoir se faire une
idée juste des superstitions ridicules, des préjugés
de toute espece que leur ignorance & leur simplicité leur fait adopter & croire. Il faut avoir été
le témoin, comme je l'ai été cent fois, des contes
pitoyables qu'ils font en conséquence, pour juger jusqu'à quel point d'erreur, l'esprit de l'homme ignorant peut se porter. Ils croient fermement
qu'il y a des Magiciens, qu'elle exercent leur
pouvoir sur tous les hommes. Ce sont eux qui
forment les tempêtes, qui ravagent les champs,
qui causent les maladies, qui emportent les enfans; & que sais-je? l'ignorance amene tant de
maux après elle; mais un des plus funestes,
c'est la crainte pusillanime qui écrase & abat le
courage de l'homme, & le rend dépendant de tout
ce qui l'environne.

& sans réfistance, aux fourberies des frip-
pons & des charlatans. Comme c'est le
peuple sur-tout qui adopte ces erreurs, il
est bon que ceux qui doivent un jour l'é-
clairer & le conduire, connoissent de bonne heure les objets qui lui en imposent ;
& sachent lire dans le Ciel ce qui peut servir à la terre.

Ce point a paru d'une assez grande importance dans l'institution de nos Colleges, toute fautive qu'elle est, pour en-
gager les Directeurs des études à mettre
l'Histoire du Ciel au rang des connoissances qu'on y enseigne; on l'a regardée,
depuis la fondation de ces établissemens,
comme une partie essentielle de la Philosophie ; mais comme la Philosophie qu'on
y enseignoit n'a été long-temps elle-même
qu'un essai d'absurdités & de rêveries, un
abyme de galimathia inexplicable, l'Histoire
du Ciel ne devoit pas y être montrée avec
plus de justesse & de vérité. Aussi, avant
d'arriver au vrai, a-t-on parcouru toutes
les erreurs que l'imagination & l'esprit de
système ont fait éclore.

Parmi les hypothèses qu'on a imaginées
en différens temps pour expliquer l'ordre &
la structure des Cieux, il y en a plusieurs
de remarquables par la vogue & le crédit
qu'elles ont eus chez les Astronomes, &
par la durée de leur regne dans les écoles.

Une de celles qui ont eu le plus de faveur, c'est l'hypothèse de Ptolomée, qu'on
appelle le système ancien. Ce Philosophe
qui florissoit en Egypte, vers l'an 138 de
J. C. s'en tenant à l'apparence, enseignoit
que la terre étoit immobile au centre de
l'univers, & que le soleil, les astres & les
étoiles tournoient autour d'elle en vingt-
quatre heures. Cette opinion fondée sur le
seul rapport des yeux qu'on jugeoit infaillible, fut tant de fortune, qu'elle fut embrassée par tous les savans, & qu'elle a été
suivie durant plus de douze siecles par
tous les Philosophes, prouve bien certaine
que l'homme est très-disposé à juger sur
l'étiquette, & qu'il tient fortement à l'erreur lorsqu'il s'est déclaré pour elle; car
pour recevoir ce système, il falloit adopter
une foule de suppositions plus absurdes

lune que l'autre. Il falloit croire avec Pto-
lémée que le mouvement commun, & fi
je puis dire uniforme, qui femble emporter les aftres d'orient en occident en vingt-
quatre heures, provenoit de ce que tous
ces aftres étoient attachés fur un fond
folide (a), qui les faifoit tourner en même temps par une feule & même révolution; &, comme nous voyons des étoiles
à de grandes profondeurs dans le ciel &
à un plus grand éloignement de nous, que
quelques-unes femblent n'avoir que peu de
_____ tandis que d'autres ont un
_____ effrogradé (b); on étoit forcé.

_____

(a) Non feulement les Cieux étoient folides,
_____ Ariftote avoit affuré avant Ptolomée qu'ils
_____ que le diamant, & l'on n'ofoit
_____

(b) Cette complication des pieces de cette
_____ conftruction, qui faifoit dire à Al-
phonfe, le Philofophe, Roi d'Efpagne, que fi
Dieu lui eût fait l'honneur de l'appeller à la
création de l'Univers, il lui auroit donné de bons
_____ Par où il condamnoit plutôt le fyftéme
_____ de Ptolomée, qu'il en critiquoit le vrai

d'admettre plusieurs cieux solides placés l'un sur l'autre, dont quelques-uns tournoient au sens contraire, & qui devoient tous être diaphanes, pour laisser passer jusqu'à nous la lumiere des astres les plus éloignés.

Toute absurde qu'étoit cette hypothèse, elle fut sur-tout avidemment embrassée par les Théologiens, parce qu'elle a pour elle quelques expressions de l'Ecriture Sainte qui semble la favoriser; il n'y a pas encore long-temps qu'on l'enseignoit sous ce prétexte dans nos écoles, & on la soutient encore en quelques villes d'Italie, par respect pour les SS. PP. qui l'ont suivie, comme si leur sainteté s'étendoit jusqu'à leurs opinions sur des matieres auxquelles la foi ne prend point d'intérêt.

Ce fut pourtant ce respect pour les expressions de l'Ecriture-Sainte & pour les opinions des SS. PP. touchant l'immobilité de la terre, qui donna naissance au systême de Tycho-Brahé, savant Astrono-

systême du monde, tel qu'il est sorti des mains du Créateur.

me Danois. Tycho voyant que le système
de Ptolomée ne pouvoit se soutenir, &
que celui de Copernic n'étoit pas goûté
de tout le monde, parce qu'on avoit de
la peine à se persuader, d'après le témoignage des yeux & les sentimens des Théologiens, que la terre tournoit autour du
soleil, crut qu'il pouvoit rectifier à cet
égard ce dernier système, en supposant la
terre immobile, & en faisant tourner autour d'elle la lune & le soleil, tandis qu'il
établissoit, comme le système de Copernic,
le soleil pour centre des révolutions de
Mercure, Vénus, Mars, Jupiter & Saturne.
On trouve dans l'hypothèse de Tycho une
partie de l'embarras qui a fait rejetter le
système de Ptolomée, & l'on voit bien
qu'il ne s'est écarté du nouveau, que pour
éviter aux dépens de la simplicité des ob-
jections spécieuses, que les observations &
les découvertes astronomiques ont démontré n'avoir rien de solide.

L'hypothèse de Copernic est la seule qui
appuyée sur l'expérience & la Géométrie,
puisse être raisonnablement soutenue, la

feule qui nous explique d'une maniere fa-
tisfaifante les phénomenes céleftes. Dans
cette hypothèfe le Soleil eft à-peu-près au
centre du monde planétaire. Mercure,
Vénus, la Terre, Mars, Jupiter & Saturne
font leur révolution autour de lui. Les
Planetes avancent d'occident en orient,
& tournent autour de leur axe, & la Lune
circule autour de la Terre. Ce fyftême qui
immortalife Copernic, n'eft pourtant pas
nouveau, il étoit connu des anciens Chal-
déens, il fut publié dans la Grece par
Philolaé, Ariftarque de Samos & Hypar-
que; mais il ne fut pas goûté, & le crédit que prit celui de Ptolomée, tout ridicule qu'il étoit, fit qu'on en perdit la mémoire. En le renouvellant, Copernic le
rendit plus plaufible, &, quoique défectueux encore, il fembloit fi bien fait d'a-
près la nature, que dès qu'il vit le jour,
il frappa tous les efprits qui l'adopterent
avec ardeur. *Kepler*, *Galilée*, *Newton* &
d'autres célebres Philofophes l'ont fi heureufement développé, qu'ils l'ont porté au
dernier point d'évidence.

Tenez-vous donc à ce systême comme
au seul raisonnable, & ne parlez des autres à votre éleve que pour en montrer le
faux, puisqu'ils ne sont pas dans la nature;
sachez même ne parler de celui-ci qu'avec
discrétion & à propos. Il ne faut prendre
de l'Histoire du Ciel, pour bien instruire
un enfant, que ce qui est relatif à la terre,
& se rapporte à nos besoins.

Mais voici l'instant favorable pour l'en
occuper; il sait déja ce que c'est que poles, zones, méridiens, paralleles; il connoît l'usage des Cartes; il a une idée juste
de la rondeur de notre globe, il entrevoit
son mouvement autour du soleil, il est
temps de lui donner quelques notions
d'astronomie. Dans ce dessein, il faut d'a-
bord employer un globe céleste où le nom
des constellations soit écrit. L'enfant connoît le soleil & la lune; le maître desire
d'apprendre le reste, l'éleve doit l'instruire; s'il n'en sait pas assez, il faut qu'il s'ins-
truise lui-même. Vous sentez bien qu'on
ne doit lui épargner aucun des moyens
qui peuvent y contribuer.

Souvenez-vous ici de ce que j'ai dit tant de fois, que l'invention des choses cherchées par le maître, doit appartenir à l'éleve; & que le premier doit les chercher, de maniere que l'honneur en revienne toujours à son pupille. Faites en l'application à l'Astronomie. Lorsqu'il sera question de comparer les étoiles qu'on lui fait voir dans le Ciel, à celles qui sont marquées sur son Globe, dirigez-le de maniere qu'il ne puisse se méprendre, il parviendra insensiblement à connoître les principales constellations de notre hémisphere.

On peut lui donner alors une idée du système de l'Univers. En lui montrant la figure ou en traçant devant lui le plan du système de Copernic, il pourra voir quelle est la situation des planetes de notre monde, par les cercles excentriques qu'elles paroissent y décrire; il connoîtra leur distance respective & leur éloignement du soleil. Dès qu'il s'appercevra qu'il est le centre de l'aire des planetes; dès que vous pourrez lui faire entendre qu'en tournant sur lui-même, il est en quelque sorte l'axe

de

de la roue immenfe qu'elles forment, il n'aura pas de peine à concevoir le mouvement de ces corps, & à comprendre la complication de celui de la lune.

La feule précaution qu'il faut prendre, c'eft de ne vouloir avancer que lentement & de reconnoître, à chaque pas que l'on fait, fi l'on fe rend intelligible, afin que l'enfant ait une notion jufte & certaine de ce qu'il doit retenir.

Si vous voulez lui faire connoître les points du Ciel qui répondent aux poles, fixez fes regards fur la conftellation de la grande ourfe, qui préfente à la vue fimple la figure d'un charriot; faites en forte qu'il en remarque de lui-même, au-deffus de celui-ci, un autre plus petit & placé dans un fens contraire, qu'il découvre que la derniere étoile du timon eft la derniere du côté du nord, & par conféquent la plus voifine du pole arctique. Si vous la lui montrez en différens temps de la nuit, mettez-le à même de juger que cette conftellation ne fe couche point, tandis que les autres difparoiffent. Pour peu qu'un maître foit habile, il pourra delà, s'il le juge à propos, conduire son éleve à la connoissance de la boussole & de la navigation ; il n'y a de l'une à l'autre qu'un pas à faire.

Lorsque votre éleve plus instruit, voudra connoître les grands phénomenes qui sont liés à l'Histoire du Ciel, montrez-lui-en la cause dans la révolution annuelle de la terre autour du soleil, ou ce qui revient au même, dans la route apparente de cet astre, du tropique du cancer à celui du capricorne, dans le mouvement & l'attraction réciproque des corps célestes. Alors le crépuscule, la nuit, l'aurore, la lumiere, la chaleur, l'inégalité des jours, la révolution des mois & des années, la diversité des climats, le flux & le reflux de la mer ; les nuées, la rosée, la pluie, la grêle, la neige, les tempêtes, le tonnerre, les éclipses & les révolutions des cometes, ne seront plus pour lui un mystere inexplicable, il verra que tous ces effets ont une cause naturelle, bien différente de celle que la superstition & l'ignorance leur assignent.

CHAPITRE VII.

DE LA PHYSIQUE HISTORIQUE ET EXPÉRIMENTALE.

L'HOMME se trouvant, par sa nature & par sa position, dans une dépendance continuelle des élémens, n'ayant sans eux, ni mouvement, ni vie; porté sur la terre qui le subsiante, investi de l'air qui le fait respirer, entouré de l'eau qui le désaltere, du feu qui l'échauffe, & de la lumiere qui colore tout ce qu'il voit, il ne peut vivre que par leur accord, il doit périr par leur désordre; il lui importe donc infiniment de connoître leur force, leur activité, leur action; de savoir ce qu'il peut en espérer & ce qu'il en doit craindre, & c'est au flambeau de la Physique expérimentale qu'il l'apprendra.

C'est l'expérience qui enseigne les moyens de suppléer à la foiblesse de l'homme par les secours de la méchanique : car c'est l'expérience qui, ayant démontré les loix du mouvement, la dureté, la molleſſe des corps & les regles qu'ils ſuivent en ſe choquant, la peſanteur & le reſſort de l'air, indique la maniere d'en faire uſage pour les beſoins de l'homme, nous fait voir l'emploi de l'eau par rapport aux Arts & tous les principes de l'Hydroſtatique, nous découvre la nature du feu & tous les ſecrets de la Pyrotechnie, la nature de la lumiere & les couleurs dont elle eſt compoſée, & nous met entre les mains tous les verres dont l'œil humain peut s'aider pour mieux voir.

Comme c'eſt toujours le ſenſible qui nous conduit à l'inſenſible, je ferai porter ma doctrine ſur cette baſe, &, avant de parler à un jeune homme d'idées abſtraites & métaphyſiques, avant de l'occuper des regles du raiſonnement, je lui préſenterai d'abord tout ce que la Philoſophie a de palpable, c'eſt-à-dire, ce qu'elle a de plus acceſſible & de plus amuſant pour la jeuneſſe, qui veut tout voir & toucher; mais j'aurai ſoin de l'inſtruire en même temps de ce que la

Physique a d'historique pour donner plus d'agrément à la science, & faire connoître la route qu'a tenue l'esprit humain pour arriver aux plus grandes découvertes. Je parlerai donc à mon Eléve des miracles de la Nature qui se trouvent en différens pays, incontestablement avérés par des témoins irréprochables, sur les trois regnes, animal, végétal & minéral, & généralement sur ce qui se trouve dans les entrailles de la terre ou à sa surface; je lui raconterai ce qui se pratique dans les différentes parties de notre Globe pour la culture des terres, les soins qu'on y prend des animaux & des plantes nécessaires à la vie, ce qui regarde la Navigation, le Commerce & l'Architecture; je lui apprendrai en même temps les propriétés des matériaux qui entrent dans les édifices, celles des drogues les plus précieuses, enfin la maniere de les apprêter & de les conserver en usage chez différentes Nations, mais sans vouloir d'abord lui donner la raison précise de toutes ces choses.

Ces connoissances préalables jointes à

celles qu'on a puisées dans le livre figuré, nous donneront peu-à-peu les moyens d'aller plus loin; ensuite quand nous interrogerons la nature, elle nous répondra, soit que nous la consultions lorsqu'elle travaille seule à ses productions, soit que nous la considérions aidée du secours des Arts. Pour la bien faire connoître sous ce dernier aspect, il convient de conduire un jeune homme dans les atteliers des divers artisans, afin qu'il voie, par lui-même, tous les rapports physiques qui se trouvent dans chaque Art, qu'il en remarque les procédés, & qu'il prenne une idée des instrumens qu'on y emploie.

Si vous menez voir, par exemple, une forge à votre élève, prenez soin de faire tomber ses réflexions sur les objets qui le frappent davantage par leur nouveauté, mais dirigez-le de maniere que la vue de ce spectacle ne porte point de confusion dans ses idées. Considérez-le par parties, afin qu'il en saisisse tous les rapports. Faites-lui remarquer que la rapidité de l'eau & la hauteur de sa chûte en augmentent le poids; qu'un volume d'eau moitié moindre d'un autre, mais dont la rapidité & la chûte sont doubles; doit avoir plus de force que celui-ci (a); que du poids de cette

---

(a) On sait que le pied cube d'eau de riviere pese soixante-dix livres. Le pied cube d'eau de mer pese soixante-douze livres. Le sel, dont celle-ci est imprégnée, en augmente le poids : c'est par cette raison qu'un vaisseau qui passe de la mer dans l'eau douce, s'enfonce davantage, parce qu'il déplace un plus grand volume d'eau.

L'eau, comme tous les corps pesans, acquiert par sa chûte de nouveaux degrés de vitesse. L'expérience prouve, contre le sentiment d'Aristote, (qui enseignoit que les vitesses des corps étoient proportionnelles aux poids) que la pesanteur agit également à chaque instant indivisible, & qu'elle imprime aux corps qui tombent, un mouvement accéléré en temps égal. Les corps accélerent leur mouvement dans leur chûte, suivant cette progression 1, 3, 5, 7, 9, 11, &c. de sorte que les espaces qu'ils parcourent sont comme le quarré des temps. Mais si un corps dans sa chûte acquiert par l'impulsion double ou triple degré de vitesse, l'action du corps aura de nouveaux degrés de force, & deviendra double ou triple de

G iv

eau, qui fait tourner des poutres énormes; qui leve fans effort les plus lourds marteaux, il commence à prendre une idée de l'Hydroftatique (a); par l'emploi des grues, des leviers, des poulies, qui multipliant les forces diminuent la main-d'œuvre, qu'il puiffe entrevoir les loix de la Statique (b). En voyant le feu confumer en peu

ce qu'elle étoit auparavant. C'eft ainfi qu'un pied cube d'eau pefant foixante-dix livres, ayant acquis dans fa chûte un triple degré de viteffe, & par conféquent de force, eft égal à trois pieds cubes d'eau, ou au poids de deux cens dix livres.

(a) L'Hydroftatique ou la fcience du *mouvement des eaux*, aide à expliquer le cours du fang dans nos veines, à conduire les eaux dans les lieux auxquels la nature les a refufées.

(b) La Statique ou la fcience des *forces mouvantes*, eft trop néceffaire au genre humain, pour qu'il foit permis de la négliger; outre que fans elle on ne peut expliquer l'ufage de la plupart des membres du corps humain, c'eft elle qui fournit cette prodigieufe quantité de machines qui multiplient les forces, foulagent les ouvriers, & rendent faciles des travaux qui, fans fon fecours, auroient paru impoffibles.

de temps des tas de charbons, il doit conclure que le feu est un corps très-agissant.
Son activité augmente par le mouvement;
il liquéfie le fer; il a donc assez de ténui-
té pour s'insinuer dans tous ses vuides,
en même temps qu'il a assez de force pour
en diviser les parties : mais c'est au moyen
du vent, qui sort d'un soufflet, qu'il acquiert cette grande activité; l'air est donc
aussi un corps. C'est aussi un fluide, puisqu'il s'échappe à la moindre pression, &
sa fluidité est encore plus grande que celle
du feu, puisque ses effets ne nous permet-
tant pas de douter de son existence, ni de
ses propriétés, il ne peut cependant s'offrir
à notre vue.

C'est ainsi qu'en l'instruisant des diverses
branches de l'industrie de l'homme, on peut
lui faire connoître les causes physiques qui
y sont analogues, & que des effets, on peut
le faire remonter aux principes. Un maître
habile fait se servir de tout pour instruire
son élève : un fruit qui tombe d'un arbre
peut lui donner lieu d'en faire chercher la
cause à son disciple, & d'appercevoir les

loix de l'attraction, comme un semblable événement donna autrefois à Newton l'occasion de la connoître & de la calculer.

Fussiez-vous pourtant dans une pareille circonstance, je vous conseille de n'exposer d'abord à un jeune homme que le fait simple, en réservant pour un temps plus convenable des explications plus étendues. Vous pouvez l'y mener par degrés & avec une application plus suivie à mesure qu'il avancera en âge, mais, en lui montrant les phénomenes de la nature, vous devez l'arrêter de préférence à ceux qui s'offriront plus souvent à sa vue, & qu'il peut comprendre plus facilement : vous devez sur-tout l'accoutumer à ne les prendre que pour des faits & non pour des raisons. Que si vous êtes obligé de lui faire des questions, elles doivent être si simples, ou tournées d'une maniere si adroite, que la question même portant naturellement l'esprit de l'enfant à en bien concevoir l'idée, elle puisse lui offrir le moyen d'y faire une juste réponse.

CHAPITRE VIII.
DES LANGUES.

ARTICLE PREMIER.

Les Langues mortes ont dû avoir d'abord la préférence parmi nous, & pourquoi elles sont tombées ?

LES Langues sont les idiômes différens employés par les hommes pour communiquer aux autres leurs pensées, soit dans la conversation, soit à la faveur de l'écriture; elles doivent être regardées , non - seulement comme le premier moyen de liaison & de correspondance entre les peuples de la terre , mais comme les avenues de la littérature & des sciences. On ne peut être érudit ni savant, sans les posséder au moins en partie. Un homme qui les sauroit toutes pourroit s'entretenir avec les hommes de tous les pays, & puiser dans tous les

G vj

livres, il deviendroit ainſi contemporain de tous les ſiecles, & Citoyen de tous les lieux. Il ne faut pas s'étonner après cela ſi leurs avantages reconnus ont fait prendre une haute idée de leur excellence, ſi les Langues des peuples les plus fameux de l'Europe, & qui ont produit les meilleurs écrivains, ont été ſi long-temps en honneur parmi nous, enfin ſi elles ont dû trouver place dans nos inſtitutions.

L'inſtruction en quelque genre que ce ſoit, devant ſe tirer des bons livres où ſont conſignées toutes les idées ſaines qui ont été conçues dans la tête des ſages, il eſt facile de comprendre que les livres grecs & latins qui nous ont tranſmis les connoiſ-ſances des anciens, augmentées de celles qui étoient propres à deux Nations ſi po-lies, furent en grande vénération à la re-naiſſance des lettres, & que des hommes avides de s'inſtruire, & qui n'avoient pas d'autres ſecours, durent regarder l'étude du grec & du latin comme la baſe eſſentielle & unique de tout ſavoir.

L'eſpece d'enthouſiaſme religieux qu'on

eut pour ces deux Langues, & l'ufage qu'on fit du latin dans nos Ecoles pour toute forte d'enfeignement, étoient alors excufables. Nos Langues modernes, mêlange encore informe de l'idiôme groffier des peuples barbares qui envahirent l'Empire Romain, & du débris de la Langue des vaincus, n'avoient ni force, ni douceur, ni grace, ni majefté; leur rudeffe originelle n'avoit pas été adoucie par le travail des célebres écrivains qui depuis les ont embellies; elles n'avoient fervi à la compofition d'aucun bon livre qu'on pût confulter, & ne paroiffoient ni dignes, ni capables de répandre les ouvrages & la réputation des hommes de génie qui voudroient les employer. Auffi le latin devint-il comme l'inftrument univerfel des connoiffances, & l'idiôme commun des favans. Les fciences ne s'expliquerent guère plus que par fon organe, & la Jurifprudence, la Médecine, la Poéfie, la Religion même n'oferent plus en quelque maniere parler une autre Langue.

La connoiffance du latin fut dès-lors une

piece nécessaire à l'éducation des enfans
des premieres classes de l'Etat; mais par
une excès toujours blâmable, on tomba
insensiblement dans l'abus, & à force d'estimer le latin, on ne songea plus qu'au latin; le temps de la jeunesse ne fut employé
qu'à cela, on ne s'attacha qu'aux mots sans
s'occuper des choses : méthode absolument
fautive dans le plan d'une bonne éducation, insuffisante même dans son objet
par sa maniere de procéder, & qui n'a pas
peu servi à faire tomber insensiblement l'u-
sage du latin depuis un siecle.

Ce qui a principalement contribué au
discrédit des Langues mortes, ce sont les réflexions que les gens de lettres & les gens
de condition ont faites assez généralement
sur les difficultés sans nombre qui entou-
roient l'enseignement de celles qui étoient
le plus en usage, & sur le peu d'utilité
qu'on retiroit de tant de peine.

Les premiers sentirent enfin combien
il étoit contraire à la dignité de l'esprit
de l'homme, de subordonner l'objet aux
moyens & la pensée à la mémoire. Frap-

pés de l'impoffibilité qu'il y a de faire paffer fon ame, fa phyfionomie dans la Langue d'un peuple dont les ●●●urs n'exiftent
plus, ils mirent à pénétrer & à étendre
les reffources de leurs propres Langues, la
meilleure partie du temps qu'on employoit
prefque tout entier à l'étude des anciennes. Les hommes de génie, à qui feuls il
eft donné de renverfer & d'établir, oferent
faire parler dans tous les genres leurs Langues naturelles ; & les Sciences, les Lettres
& les Arts, dont les feuls idiômes de la
Grece & de Rome avoient été jufqu'alors
dépofitaires, fe préfenterent fous toutes les
formes des différens idiômes de l'Europe.

D'un autre côté, la plupart des gens de
condition & des riches, voyant le peu de
fruit qu'ils avoient retiré des longues &
pénibles études qu'ils avoient faites, con-
fidérant le peu de chofes utiles qu'on leur
avoit appris dans leur enfance, paffée néanmoins dans une multitude d'occupations
accablantes & confufes, & fe rappellant
enfin l'embarras où ils s'étoient trouvés en
entrant dans le monde au fortir des Col-

leges où l'on apprend si peu à le connoître, jugerent qu'il étoit inutile de donner
la même pei......leurs enfans, & ils avoient
raison à cet égard.

Cependant, s'il convient de donner la
préférence à l'étude de sa Langue maternelle, s'il est plus avantageux & plus honorable de prendre une parfaite connoissance du françois devenu la Langue générale de l'Europe; si l'on est enfin justement
rebuté de l'abus qu'on a fait du latin, il
ne s'ensuit pas qu'on doive en proscrire
l'usage. Puisqu'il est utile & agréable de
puiser à la source de la littérature, de connoître par soi-même les Auteurs fameux,
Historiens, Poëtes, Orateurs, &c. des siecles de Périclès & d'Auguste; puisqu'enfin
l'Europe, & sur-tout la France, continue
d'enseigner la Théologie, la Jurisprudence, la Médecine en latin, qu'on grave même les inscriptions publiques en latin,
nous ne bannirons point le grec & le latin de nos études, nous bannirons seulement la méthode vicieuse, traînante,
désagréable, dont on se sert encore dans

l'éducation ordinaire, pour enseigner ces deux Langues, & nous en substituerons une autre plus simple, plus facile, plus amusante, & qui n'exige qu'un temps bien court en comparaison de la premiere. Mais avant d'exposer ce que j'ai à dire là deffus, il est bon, je pense, de considérer un moment les Langues mortes & vivantes les plus en vogue en Europe, afin d'en prendre une idée juste, que trop de prévention pour ou contre ne permet guère de recevoir.

ARTICLE II.

Du Grec.

IL n'est pas possible de connoître la Langue grecque, & d'y réfléchir sans partager l'enthousiasme avec lequel en ont parlé presque tous ceux qui l'ont approfondie (a).

(a) Discours sur les Langues inséré dans les Variétés Littéraires, tome 1, page 4.

Elle ne fut pas l'ouvrage des Dieux, sans doute, mais elle le fut inconteftablement des hommes les plus fenfibles & le plus heureufement organifés (a). On diroit que la nature s'étoit offerte à eux par fes côtés les plus riches, & qu'avant d'avoir rien nommé, ils avoient parcouru l'univerfalité des chofes; qu'ils en avoient connu toutes les propriétés & en avoient faifi les rapports, l'enchaînement & les différences, tant cette Langue eft l'image fidelle de l'action des objets fur les fens, & de l'action de l'ame fur elle-même. Des mots qui, par le mélange heureux de leurs élémens, forment ou plutôt deviennent des tableaux, qui

(a) Le grec n'eft point une Langue fimple, ni une Langue primitive, mais un mélange de plufieurs dialectes de la Langue primitive, mélange qui femble avoir été fait avec le choix le plus heureux, par l'affemblage des élémens les plus convenables, & des mots les plus harmonieux. Il étoit compofé de l'Egyptien, du Phénicien, du Celte, &c. Cette langue qui tient aux anciennes Langues de l'Afie, fe lie à la plupart des Langues modernes de l'Europe.

s'étendent, se nuancent & se ramifient conformément à la nature des sensations ou
des idées dont ils sont la plus vive image,
qui, de leur aptitude à s'unir & à ne former qu'un corps avec une infinité d'autres
mots, obtiennent le double avantage de
rapprocher, de multiplier les idées, & de
devenir en même temps plus majestueux
& plus sonores ; qui, par la transposition
à laquelle ils se prêtent, tantôt procedent
comme la raison tranquille, tantôt s'élan-
cent, se troublent, se désordonnent comme
les passions; des systêmes entiers renfermés,
si j'ose m'exprimer ainsi, dans leur sein (a) ;
des combinaisons variées à l'infini, d'où résulte une harmonie enchanteresse, mais dont
la partie la plus sensible (b) a péri ; une marche pleine de mouvemens, dont toutes les
propriétés sont connues & toujours heureusement employées ; une infinité de formules qui portent la grace dans toutes les

---

(a) Voyez le Cratyle de Platon.
(b) Les accens.

parties du discours. Tel est le caractere de cette Langue qui paroît avoir été formée, moins par le besoin & la convention (a) que par la nature même.

ARTICLE III.

Du Latin.

La plupart des propriétés du grec (b) se retracerent dans la Langue latine (c), qui

---

(a) A le bien prendre, il n'y a rien de conventionnel dans une Langue ; toute Langue est une dépendance ou dérivation d'une autre Langue jusqu'à la première, imitation de la nature. Le fond en est en quelque sorte obligé, il ne peut y avoir eu que les accidens & les modifications qui aient été sujets à conventions.

(b) Ibid. page 6.

(c) Le latin que bien des Ecrivains ont regardé comme une Langue mere, qui ne devoit à d'autres ni le fond de ses mots, ni sa marche, ni son génie, & qui tout au plus avoir emprunté quelques mots du grec, étoit pourtant composé de mots Grecs, Etrusques, Celtes & Phéniciens, & en

dut à l'autre une grande partie de ses mots, & sur-tout l'art de les ordonner ; mais ces mots, en passant aux latins, subirent les altérations que dut nécessairement leur faire éprouver la différence du génie & du caractere des deux peuples. Les élémens en furent transposés ou corrompus ; les inflexions en devinrent plus dures, & les terminaisons plus sourdes & plus trasnantes. Il s'en faut beaucoup qu'on trouve dans la Langue latine, l'abondance, la hardiesse & la mélodie du langage des Grecs ; mais ce qu'elle perdit du côté de l'agrément & de la fécondité, elle le gagna peut-être par la pompe & la magnificence de son style, où se réfléchissent encore l'éclat & la majesté de la République Romaine. Un peuple naturellement grave, fier & impérieux, devoit s'exprimer d'une maniere imposante.

Cette Langue, après avoir atteint toute

___

avoir pris à bien des égards les procédés & la marche, comme on peut le voir dans les Ouvrages du savant M. de Gebelin.

sa perfection sous Auguste, dégénéra insensiblement avec l'ame du peuple qui la
parloit ; la translation du siege de l'Empire dans la Grece, & l'irruption des barbares en acheverent la décadence. L'édifice
de la Langue tomba & entraîna dans sa
chûte & les Sciences, & les Lettres, & les
Arts, & les mœurs, & les Loix dont elle
étoit dépositaire. Les descendans des maîtres du monde recueillirent dans ses débris
le peu de mots dont pouvoient avoir besoin
des hommes avilis par l'ignorance & par
la servitude. Ces mots furent pris comme
au hasard, sans choix & sans réflexion ;
l'énergie en fut retrécie & même souvent
dénaturée. Enfin cette analogie précieuse
qu'on voit regner dans les Langues grecque
& latine, & qui répond si fidellement à la
chaîne des connoissances humaines, fut
déchirée & mise en pieces. Delà l'indigence, la foiblesse, l'imperfection, en un
mot, l'air de délabrement & de ruine que
nous appercevons encore dans les Langues
qui se sont formées de la latine.

ARTICLE IV.

De l'Italien.

Des trois idiômes (a), dont la Langue latine fut la source commune, l'italien arriva le plutôt à la perfection (b). Il a conservé presque toutes les couleurs, tous les procédés, & toutes les libertés des Langues grecque & latine. Il trouble & rompt à son gré l'ordre grammatical & naturel pour y substituer l'ordre musical, je veux dire ce désordre harmonieux de paroles, seul capable de faire entrer dans les Langues ces figures hardies, impétueuses & fortes, qui semblent moins naître de l'art

---

(a) L'Italien, l'Espagnol & le François.

Quand je dis que le latin en fut la source, je n'entends pas dire que ces trois Langues ne sont qu'une descendance immédiate du latin, mais qu'elles doivent plus à cette Langue qu'aux autres.

(b) Ibid. *page 8.*

que de la vivacité du sentiment & de la véhémence des passions (*a*).

***

(*a*) Voici à peu près l'historique des progrès de cette Langue.

Vers le commencement du dixiéme siecle, les principales villes d'Italie ayant secoué le joug de l'autorité, & s'étant érigées en Républiques populaires, cette partie de l'Europe se vit en proie à des dissentions intestines qui lui furent encore plus funestes que le fer des barbares. Cependant la Langue d'un peuple ardent, libre, séditieux, & dont tous les membres pouvoient élever la voix, dut nécessairement s'animer & s'étendre. La Langue provençale la premiére dont l'urbanité fit usage depuis l'extinction de la Langue romaine, lui fournit de nouvelles richesses, lesquelles s'accrurent encore par le séjour que les Florentins firent en France, lorsqu'après la déroute de *Monte aperti*, ils se virent forcés de venir y chercher un asyle. Mais l'Italien n'avoit encore fait parler que ses besoins & ses passions : un homme s'éleva qui entreprit d'ennoblir & de fixer le langage de sa patrie. Le *Dante* suivit ce Poëme célebre, dont les endroits sublimes n'ont été égalés par aucun Poëte Italien ; mais son style trop figuré, souvent même sauvage, modelé sur le style des Prophetes bien plus que sur celui des Grecs & des Latins,

Abondante,

Abondante, riche, variée, propre à toutes les fortes de ftyle, la Langue italienne

---

étoit trop éloigné du génie & des mœurs de fa Nation ; le Dante fut univerfellement admiré, & n'eut point d'imitateurs. *Pétrarque* fut plus heureux ; ce fameux Poëte, de qui un favant Italien a dit qu'il fembloit n'avoir choifi & arrangé fes mots que d'après le confentement univerfel de l'Italie, déploya dans fes Sonnets & fes Odes toute la grace, l'élégance & l'harmonie, dont fa langue étoit fufceptible ; il en fixa la poéfie lyrique, dont il fut le créateur & le modele. *Bocace* prefque dans le même temps, fit & régla pour jamais la deftinée de la Profe. Lorfque les Grecs à qui il étoit réfervé d'éclairer deux fois l'Europe, vinrent après la prife de Conftantinople fe refugier en Italie, les lettres reprirent tout-à-coup leur ancienne fplendeur. L'Italie produifit à la fois une foule de favans hommes qui, non contens de s'être mis à portée de connoitre les modeles qu'on venoit de leur propofer, oferent fe mefurer avec eux ; mais l'Italien fe paffionna tellement pour les Langues anciennes, qu'il parut en quelque forte oublier la fienne propre : on alla même jufqu'à avancer qu'il n'étoit permis d'employer la Langue vulgaire, qu'à ceux qui n'étoient point en état de manier la grecque & la latine.

Tome III.   H

se porte plus souvent & plus volontiers vers la tendresse & la douceur. La fréquence des voyelles dont elle est composée, & par lesquelles sont terminés tous ses mots, semble la rendre trop molle & trop uniforme; mais les inflexions extrêmement variées que les mêmes élémens y subissent, font disparoître entiérement cette uniformité; elle est tout au plus sensible à l'œil; l'oreille ne la soupçonne même pas; ou si

---

Le *Bembe* abolit un préjugé si funeste à la gloire de la Langue italienne. Après avoir étudié longtemps les Langues grecque & latine, le Bembe réfléchit profondément sur la sienne. Il remonta jusqu'à son origine; il voulut sur-tout en pénétrer la partie grammaticale jusqu'alors inconnue & négligée; il parvint à la démêler, & la réduisit en art. C'est d'après un profond examen des ouvrages de *Pétrarque* & de *Bocace*, que le *Bembe* établit des principes & des regles. Ce n'est pas que les progrès, qu'avoit faits depuis ce temps-là l'esprit humain, n'eussent fait naître une infinité de termes nouveaux; mais ces mots s'unirent ou plutôt s'assimilerent au corps de la Langue, & l'enrichirent sans en altérer la substance & le caractere.

Discours sur les Langues, page 8.

l'on veut, c'est uniformité, mais ce n'est point monotonie. Elle tire au contraire de la quantité de ses syllabes, plus vague que celle du grec & du latin, mais plus ressentie que celle de l'espagnol & du françois, des mouvemens variés, soutenus & cadencés. Mais ce que cette Langue a de plus propre ou plutôt d'exclusif, c'est que bien qu'elle ait son caractere, elle se prête à celui de toutes les Langues, qu'elle en prend la forme & les couleurs, sans violence & même sans contrainte.

ARTICLE V.

De l'Espagnol.

LA Langue espagnole (a) s'est formée successivement des diverses altérations que subit en Espagne la Langue latine, d'abord en passant sur les levres de l'Espagnol, ensuite par l'invasion des Visigots & des Vandales, & successivement par le long empire

(a) Ibid. page 13.

qu'exercerent fur cette partie de l'Europe
les Maures & les Arabes. Elle perdit dans
ces divers changemens l'analogie, le plus
précieux caractere de fon origine; mais elle
en fut en quelque forte dédommagée par
l'élévation & la nobleffe qui lui devinrent
propres. Cette Langue, dont le poids & la
gravité femblent porter plus avant dans
l'efprit les chofes qu'elle exprime, qui, par
fa marche lente & majeftueufe, fait fouvenir des chants fpondaïques, jadis confacrés
au culte des Dieux, s'éleva au plus haut
degré de perfection, quand l'Efpagne attei-
gnit le plus haut point de fa gloire.

La Langue efpagnole fe prête aux in-
verfions, mais elle les emploie avec beaucoup plus de fobriété & de modération
que l'italienne. La denfité de fes mots, l'y
rend infiniment moins propre; d'ailleurs fes
fyllabes compofées fouvent de trois, quelquefois même de quatre élémens, ont tant
de réfonnance, qu'elle demeure nombreufe
lors même qu'elle s'affujettit rigoureufement
à l'ordre naturel & grammatical. Du refte,
c'eft à leur méchanifme que les Langues

italienne & espagnole ont dû l'avantage d'être fixées plutôt que la françoise.

Toutes les Langues des peuples polis & cultivés tendent à l'*euphonie*, c'est-à-dire, à la prononciation la plus douce & la plus agréable qui puisse convenir à leur caractere. C'est la partie dont elles sont le plus jalouses ; les étymologies, les rapports, le sens même y ont été souvent sacrifiés. Or, des Langues comme l'italienne & l'espagnole, dont les élémens sont tous sonnores & prononcés, ont dû faire sentir tout d'un coup à l'oreille, à qui seule il appartient de juger de la perfection extérieure du langage, tous les rapports, toute l'harmonie, en un mot, tout l'effet dont elles étoient susceptibles.

ARTICLE VI.

Du François.

DES trois filles qu'on attribue communément au latin, la Langue françoise est ;

H iij

fi j'ofe le dire, celle qui a le moins de l'air de fa famille, ou, pour parler fans figure, celle des trois Langues qui a fouffert plus d'altérations (a), & qui s'eft le plus éloignée de l'expreffion, de la marche & de la prononciation de la Langue latine. Les bornes que je me fuis prefcrites dans cet ouvrage, ne me permettent pas d'entrer ici dans le détail des mutations & des viciffitudes que fubit la Langue latine en fe répandant dans les Gaules, où elle perdit, comme en Italie & en Efpagne, tous

---

(a) L'art admirable avec lequel les Langues fe formerent, dit M. de Gebelin, ne fe fait plus fentir dans la Langue françoife. Quoiqu'elle foit au fond la Langue primitive, elle a fouffert tant de révolutions pour arriver jufqu'à nous, elle a été fi prodigieufement altérée par la diverfité de prononciation & d'ortographe, & par les mots qu'elle a empruntés de toutes mains, de même que par le choc de tant de Nations qui fe difputerent en divers temps l'Empire des Gaules, qu'elle a perdu toute idée de fon origine.

Elle eft principalement compofée du Grec, du Latin, du Celte & du Franc.

ſes rapports, ſoit harmoniques, ſoit philo-
ſophiques (*a*): je n'en dirai que ce qui pourra faire connoître une partie du caractere
extérieur & ſenſible de notre Langue.

Premiérement, en remplaçant par un élément muet la derniere ſyllable des mots latins, à laquelle les Italiens & les Eſpagnols
avoient ſubſtitué un élément vocal, nous
détruisîmes la variété des terminaiſons propres à déſigner les cas dans les noms, les
genres dans les ſubſtances, & les perſonnes
dans les verbes. Ce procédé entraîna la
néceſſité des articles & des pronoms; il
dénatura & détruiſit en même temps les
rapports de la pénultiéme ſyllabe, dont le
mouvement animoit (*b*), ſi j'oſe m'exprimer ainſi, le corps du mot, d'où notre Langue devint tout à la fois ſourde & languiſ-
ſante.

(*a*) Diſcours ſur les Langues, *page* 16.
(*b*) Prononcez *perfide* en latin, & perfide en
françois; le même mot ſera ſonore, plein d'énergie
& de mouvement dans une Langue, & dans l'autre il ſera ſourd & ſe traînera comme ſans force.

Secondement, le penchant que j'ai dit que toutes les Langues ont vers l'euphonie, dut infenfiblement abolir la prononciation des terminaifons latines que nous avions adoptées. Ces terminaifons dures & choquantes l'étoient infiniment moins pour les Latins. Ils en étoient dédommagés par l'harmonie qui réfultoit de la valeur fixe & invariable des fyllabes, dont leurs mots étoient compofés, & dans laquelle ils avoient fait confifter la perfection de leur langage. Mais cette harmonie étoit devenue étrangere à notre Langue; de forte que bleffée par des terminaifons dont rien ne rachetoit la fécherefle & la dureté, l'oreille, ce fens dédaigneux & fuperbe, en profcrivit la prononciation. Delà, la différence qui fe trouve entre la maniere dont notre Langue eft écrite, & celle dont elle eft prononcée: delà encore l'uniformité ou plutôt la monotonie de la plupart de nos définences.

La Langue françoife n'étoit encore que familiere & naïve, lorfque Ronfard effaya de l'élever, de l'ennoblir & de l'étendre, en y tranfportant les formes du grec & du latin. Il eut les suffrages des savans de sa Nation; mais ces succès ne furent pas durables. Il manquoit à Ronsard le sentiment de l'harmonie qui convenoit à son idiôme. Il ne vit pas que la fréquence de nos terminaisons muettes n'admettoit, ni les diminutifs, ni la composition des mots; que la nécessité d'employer les articles & les pronoms, ne permettoit guère de rompre l'ordre grammatical, sans porter le trouble & la confusion dans le sens; que ces formes singulieres, qui donnent tant d'élévation & de fierté aux Langues grecque & latine, faisoient grimacer la sienne; qu'en un mot chaque idiôme a sa grammaire, sa rhétorique & sa poétique. Ronsard fut oublié, & la Langue ne cherchoit qu'à se délivrer de la violence que ce Poëte & ses imitateurs lui avoient faite; elle tendoit uniquement à la clarté, elle y sacrifioit les plus grandes ressources de l'élocution, elle abandonnoit sans regret aux Langues étrangeres l'avantage de peindre les passions, elle n'ambitionnoit que la gloire de devenir la Langue du raisonnement.

H v

La foule des bons Ecrivains en tous genres, qui ont paru en France depuis un siecle, ont approché notre Langue de son point de perfection ; l'ordre, la méthode, la clarté, la précision & l'élégance qu'on trouve dans leurs ouvrages, les ont répandus au loin, les ont fait lire avidement, & le françois, devenu une Langue claire, nette, méthodique, & qui procede comme la pensée & l'observation, est aujourd'hui en quelque sorte la Langue générale de l'Europe (a). Elle s'est acquis en effet tant de

(a) Si l'on demande pourquoi la Langue françoise, timide, sourde & peu riche, a pu faire une si prodigieuse fortune en Europe, pourquoi on l'employe de préférence pour traiter les matieres philosophiques, & dans les traités qui se font entre les Souverains ? ne pourroit-on pas répondre que c'est, parce qu'étant de toutes les Langues la plus sévere dans ses loix, la plus uniforme dans sa construction, elle souffre le moins d'équivoques & de fausses interprétations ? Son génie propre est la clarté, parce qu'elle exprime les choses dans le même ordre qu'elles se présentent à l'esprit. On pense d'abord au sujet d'une proposition,

crédit, qu'elle femble y devenir de jour en jour l'idiôme de tous les peuples, & que la vanité des autres Nations eft obligée de lui céder la préférence, en l'employant

---

l'efprit enfuite le compare & en affure quelque chofe fuivant le jugement qu'il fait ; ainfi le fujet occupe la premiere place ; enfuite l'action de l'efprit qui juge eft avant la chofe qui eft niée ou affirmée. Dans notre Langue le nom du fujet qui exprime la propofition va devant, après on place le verbe, enfuite le nom qui marque l'attribut. Cet ordre eft naturel, & c'eft un des avantages de notre Langue de ne pas fouffrir qu'on s'en écarte. Nous ne pouvons fouffrir dans une phrafe qu'on éloigne aucun mot qu'il faille attendre pour concevoir ce qui précede. Cette marche fi rigide, & qui paroît d'abord fi gênante, fait cependant la beauté de la Langue, en ce qu'une phrafe ayant une fois exprimé un fens, & les mots qui la compofent devant être ftrictement pris dans ce fens, il n'eft pas poffible d'y en fubftituer un autre. Enfin fi on aime la Langue françoife, c'eft, fi je puis m'exprimer ainfi, parce qu'elle eft une Langue vraie.

dans les Cours Etrangeres (*a*). Sa marche ferme & invariable, mais en même temps naturelle, l'a rendue non-feulement la Langue des Négociations & de la Philofophie, mais encore celle de la fociété des honnêtes gens de tous les pays.

ARTICLE VII.

De l'Allemand.

LA Langue allemande, telle qu'on la parle aujourd'hui, eft une dérivation de l'ancien Teuton ou Langue germanique : c'eft une des Langues modernes, dont la fubftance a le moins fouffert d'altération, & qui a le moins emprunté des Langues

(*a*) Il n'y a aujourd'hui en Europe que la feule cour d'Efpagne, qui ne fe ferve pas de la Langue françoife. Tel eft ailleurs l'hommage qu'on lui rend, que le Roi de Pruffe ne reçoit des mémoires qu'en françois, & ne répond qu'en cette Langue ; & que l'Ambaffadeur de Ruffie, à Conftan-

grecque & latine (*a*). Elle eſt remplie de
formes & d'expreſſions ſublimes & poétiques, &, ce qui eſt très - remarquable, la
tranſpoſition lui eſt naturelle. Il eſt important d'obſerver à ce ſujet que les inver-
ſions ne commencent à y être moins en
uſage, que depuis qu'elle eſt maniée par ceux
des Ecrivains de cette Nation, qui ont cultivé la Philoſophie & étudié notre Langue.
Du reſte, la Langue allemande eſt extrêmement riche, & ſon abondance exclut
les équivoques & les plaiſanteries, dont les
homonymes (*b*) ſont dans la nôtre une ſour-

─────────────

tinople, préſentant ſes Lettres de créance au Grand
Seigneur, prononce ſa harangue en françois. D'un
autre côté, les ſavans en ont adopté l'uſage,
parce qu'il eſt très-propre à traiter les ſciences,
en ce qu'il le fait avec une admirable clarté.

(*a*) Diſcours ſur les Langues, ibid. *page* 24.

(*b*) On ſait que les *ſynonymes* ſont des mots
différens qui déſignent une choſe à peu près la
même, & que les *homonymes* ſont des mêmes
mots dont on ſe ſert pour déſigner des choſes
d'une nature très-différente, comme *point*, *punc-*
tum, *point*, *négation*, &c.

ce si féconde. Sa quantité, plus resserrie encore que celle de l'italienne, sans cependant être fixe & déterminée comme celle de la grecque & de la latine, rend le méchanisme de sa vérification incertain & par - là plus difficile. Elle ne fait point peindre les ridicules ; mais l'Allemand doit-il se plaindre de cette indigence ? si jamais il parvient à rendre sa Langue propre à les représenter aussi heureusement que la nôtre, bientôt ils lui paroîtront plus redoutables que les vices.

ARTICLE VIII.

De l'Anglois.

L'ANGLOIS, aujourd'hui si recommandable parmi les gens de lettres, est de toutes les Langues de l'Europe celle qui a le plus emprunté des divers idiômes qu'on y parle (a) ; moins jalouse de rendre à la

_____

(a) La Langue angloise est en partie une descendance du Teuton, mais à laquelle on a joint

perfection qu'à l'abondance, elle ne fon-
geoit qu'à s'étendre & à s'enrichir lorsque
le françois, embelli par l'ordre, la précision & l'élégance qui lui sont propres,
prenoit toute la consistance dont il est
peut-être susceptible. Le Peuple Anglois à
qui la nature semble avoir refusé les talens agréables, tient peu de compte de la
perfection extérieure du langage. Plus occupé des choses que de la façon de les
rendre, il n'envisage les mots que relativement au besoin qu'il en a pour exprimer
sa pensée, & non relativement à l'effet que
leur arrangement & leurs rapports peuvent
produire. Tout terme, soit latin, soit françois, soit italien, qui paroît à l'Anglois, le

tant d'élémens différens, qu'on ne sait proprement à quel idiôme assigner le fond de la Langue. L'Anglo-Saxon, le Danois, le Breton, &
sur-tout le François, lui ont fourni une quantité
de mots & de formes, qu'elle a tâché de se rendre propres en les fondant avec ses mots primitifs, & en leur donnant une prononciation nouvelle à sa manière.

plus propre à rendre ſon idée, eſt acquis
à ſa Langue qui l'admet ſur le champ,
ſans même ſe ſoucier de le fléchir par des
terminaiſons analogues. Au reſte, je n'en-
treprendrai pas de définir les propriétés &
les formes d'un langage, dont le ſigne le
plus diſtinctif eſt de ſe plier au caractere,
aux beſoins & aux caprices de chaque Ecrivain (a).

ARTICLE IX.

Expoſé ſuccint de la méthode uſitée d'apprendre les Langues mortes.

QUAND la méthode commune d'apprendre les Langues, n'auroit d'autre défaut que celui de conſumer ſept à huit ans
de la jeuneſſe, portion ſi précieuſe de la
vie, il y en auroit aſſez, ce me ſemble,
pour devoir la faire proſcrire; mais ce n'eſt

(a) Tiré en partie du Diſcours ſur les Langues
déja cité.

là qu'un inconvénient dont les enfans ne sentent pas toutes les conséquences; le plus fâcheux pour eux, c'est le désagrément perpétuel qu'ils y trouvent, & qui la leur rend si rebutante.

Les leçons de rudiment & de métho-de, les petits ouvrages de Cicéron, enfin le texte pur de leurs Auteurs qu'on leur fait apprendre par cœur souvent sans qu'ils entendent ce qu'ils récitent, les oc-cupent successivement; tout cela leur fait employer un temps considérable à confier à leur mémoire un dépôt qui la fatigue, & qu'elle perd aussi-tôt; de sorte que, loin de la cultiver, comme on prétend, on inspire aux enfans un dégoût affreux pour ce qui fait la partie la plus pénible de leur travail: ainsi c'est un temps entiére-ment perdu pour eux.

Delà, ils passent à un thême de neuf à dix lignes, où d'ordinaire il est fait men-tion de choses aussi peu intéressantes pour eux, que pleines de niaiseries & de fadai-ses. On en fait les parties; puis ils travail-lent des heures entieres à traduire un mau-

vais françois en un latin encore pire. C'eſt
un amas de mots impropres, mal en ordre,
pleins de ſoléciſmes, & qui cependant ont
coûté chacun près de demi-quart-d'heure de
recherche dans un Dictionnaire, qui n'en
dit pas aſſez, ou qui die ce qu'il ne faut
pas. Enfin on corrige ce thême, ſouvent
ſans que les enfans ſentent les fautes qu'ils
ont faites ; puis le Maître dicte un latin
qu'ils n'entendent pas, quoiqu'il l'explique.
On paſſe à cette ſeule occupation plus d'un
an, qu'il faut ajouter à autant de temps mis
à apprendre, & rudiment, & méthode, &
malgré cela on péche toujours contre les
regles de ſyntaxe, ſujet perpétuel de répri-
mandes & de mauvais traitemens (a).

_____

(a) Faire compoſer des thêmes à un enfant
avant que la traduction lui ait rendu familiers
les tours, les phraſes & les mots latins, c'eſt prétendre qu'il s'exprime en cette Langue avant de
l'apprendre; c'eſt le forcer à ſe faire un langage
barbare, qui n'eſt pas du latin.

Il me ſembloit, dit le Pere Lami, qu'on me
mettoit la tête dans un ſac, & qu'on me faiſoit
marcher à coup de fouet, me châtiant toutes les

Dans la fuite on fait fuccéder au thême une verfion ; nouvel embarras pour un écolier : il ne fait, ni faire une conftruction ; ni choifir dans fon Dictionnaire latin, la véritable fignification de la plupart des termes qui varie fous divers rapports. Son françois qu'il latinife mot-à-mot, ne lui apprend ni le tour des Auteurs, ni les différens ufages d'un même terme, & ne fournit, par conféquent, fa mémoire que d'un petit nombre de fignifications : de forte qu'il eft encore un temps confidérable fans pouvoir faire paffablement une verfion, qui pourroit feule réparer le temps perdu, fi elle ne fe fentoit pas du découragement qu'infpire tout ce qui l'a précédée (a).

_____

fois, que ne voyant pas, j'allois de travers. Je ne comprenois rien à toutes ces regles qu'on me forçoit d'apprendre par cœur.

Avonons-le de bonne foi, il n'eft aucun de ceux qui ont étudié le latin par la méthode en ufage, qui ne pût en dire autant.

(a) Effai fur l'Efprit humain, page 100, &c.

Cette verfion auffi mal entendue que foiblement interprétée, rendue en françois plat, plutôt qu'en fimple & naturel, fe trouve jettée fur le papier avec peu de fens, & prefque toujours fans orthographe.

Enfin, on les fait paffer à la compofition des vers latins, dans un âge où l'ame ne peut être fenfible aux beautés poétiques, où l'expreffion figurée des vers, eft un furcroît de difficultés pour en entendre l'explication, & où le rithme & la quantité, loin de flatter agréablement l'oreille, ne l'affectent même pas. On leur fait prendre l'habitude de manquer fans ceffe aux regles de la profodie latine, par la maniere dont on leur apprend à lire & à fcander les vers (a), & il ne réfulte de tant de foins

_____

(a) On n'avance rien de trop, quand on dit qu'on fcande les vers à contre-fens dans les Colleges, fi on fait attention au méchanifme des vers latins, & à la maniere ufitée d'en marquer la mefure, on verra, par exemple, qu'en lifant un vers où il y a des dactiles, nous paffons la premiere fyllabe du dactile, comme fi c'étoit une breve, quoi-

pour des enfans, que beaucoup de temps perdu, & l'ufage d'altérer la mefure en lifant les Ouvrages des Poëtes qui ont le plus d'harmonie.

Ajoutons aux défauts de cette méthode, que le cercle des travaux qu'elle prefcrit à un enfant, lui caufe une fatigue d'imagination, d'autant moins propre à former le jugement, qu'elle tient la réflexion toujours oifive; qu'elle n'occupe que la mémoire, en employant à fon ufage toute la force des fens & de l'efprit. Ainfi, tout occupé des paroles & des fons qu'il doit retenir, un enfant s'arrête peu aux idées & à leurs rapports: tout fe trouve en lui placé comme à l'aventure, & les impreffions qu'il avoit reçues fe diffipent très-promptement.

___

qu'elle foit naturellement longue, & que nous pefons fur la derniere fyllabe, que nous faifons ainfi longue, quoiqu'elle fe trouve breve.

ARTICLE X.

Tentatives qu'ont faites divers savans, pour applanir les difficultés qu'on trouve à apprendre les Langues mortes.

LES défauts de la méthode commune d'enseigner les Langues, font d'une évidence si reconnue, les difficultés qui la suivent, si considérables, que nombre de gens de lettres, frappés de leurs résultats, ont fait tous leurs efforts pour parer à ces inconvéniens. Ils ont réfléchi sur le méchanisme des Langues; ils sont remontés à leur origine, &, voyant qu'il est de l'ordre de la nature « de les entendre avant de les » parler, & de les parler avant de raison- » ner sur leurs principes », ils ont pensé que, dans un âge où le jugement est aussi étroitement borné que le nombre des connoissances, & peut à peine discerner les choses les plus sensibles, des enfans ne sauroient faire l'application des regles de grammaire qu'ils n'apprennent que comme des perroquets : d'où ils ont conclu que, pour apprendre les Langues, il falloit beaucoup plus de pratique que de fpéculation, dont l'enfance eft abfolument incapable (a).

D'après ces idées, les uns, perfuadés que l'intelligence feule des Auteurs fuffit pour apprendre une Langue morte, fe contentent de recommander en général la verfion de cette Langue en la nôtre, plutôt que les thêmes, ou bien effayent, par des *interprétations interlinéaires*, par des *conftructions artificielles*, & en fuppléant les mots fousentendus, de rapprocher le latin ou le grec du françois. Ils occupent d'abord l'efprit des enfans, ou de la fignification des mots, ou de la conftruction de la phrafe pour paffer enfuite alternativement de l'une à l'autre; mais ces deux chofes font inféparables, & s'aident mutuellement. D'autres, par un refte de préjugé, ont cherché les moyens de rendre les rudimens & les méthodes intelligibles aux enfans; mais les regles font chargées de tant d'exceptions,

---

(a) Effai fur l'Efprit hum. *page* 70, &c.

qu'elles forment un labyrinthe dont ils ne peuvent se tirer. Si quelqu'un a rendu ces regles plus générales, ce ne sont plus des regles de grammaire ; elles forment une logique utile, à la vérité ; mais qu'il faut réserver pour un âge plus avancé; elles sont trop abstraites pour celui-ci.

La méthode de M. du Marsais, la plus recommandable par la célébrité de son Auteur, & sur-tout par les additions qu'y a faites M. l'Abbé de Radonvillers, consiste à faire apprendre à un enfant la signification propre de chaque mot latin, dans un Auteur, dont le texte est rangé suivant l'ordre qui répond à notre Langue, en suppléant tous les mots sous-entendus.

EXEMPLE.

Lupus & Agnus compulsi a siti,
Le Loup & l'Agneau poussés par la soif,
Venerunt ad eundem rivum.
Vinrent au même ruisseau.

Elle ne demande pas qu'un enfant sache d'abord décliner ou conjuguer : on ne le lui fait apprendre que lorsque dans le

cours

cours de l'explication les différentes terminaifons des noms & des verbes, dans les
cas ou dans les modes directs & indirects,
lui font devenues familieres, & qu'il les
traduit bien dans ces différentes inflexions.
Il fait tenir un cahier alphabétique des pré-
térits & des fupins ; puis il donne une
Grammaire raifonnée, où les regles rap-
pellées à des principes fimples, deviennent
très - générales, & font une efpece de logique (a).

M. Fremi donne auffi des verfions interlinéaires ; mais il marque chaque mot
d'un figne fimple, qui défigne fa déclinai-
fon, fon cas ou fa conjugaifon, &c. enfuite il explique les regles de la Syntaxe
latine, par rapport à notre Langue, d'une
maniere fort aifée & toute méchanique,
par le moyen de quelques lettres de l'al-
phabet.

(a) Voyez l'expofition de la *Méthode raifonnée*,
de M. du Marfais, *fes Tropes*, la Préface fur la
Grammaire qu'il promet au Public, & la verfion
interlinéaire de l'*Appendix de Düy*, du P. Jouvenci.
Tome III. I

L'Auteur du Bureau Typographique
(M. Dumas) fait pratiquer , fur la table de
ce bureau , l'ufage des petits thêmes, dont
on fait faire les parties aux enfans, fuivant
la méthode ordinaire. On leur met fur des
cartes , les terminaifons des noms & des
verbes ; ces cartes ont des logettes particulieres, dont l'étiquette leur annonce la dé-
clinaifon ou la conjuguaifon , le cas ou le
temps , &c. ainfi ils les retiennent par le
local ; mais cette pratique ne peut pas conduire plus loin.

On voit dans tous ces procédés ces favans embarraffés , ou des regles de la Grammaire qu'ils n'oferoient encore entiérement
abandonner , ou des difficultés de la conftruction du texe d'un Auteur latin. Cependant, tant que l'on fe fera un fantôme
de ces deux obftacles, qui dans le fond ne
font rien ; tant que l'on ne franchira pas,
comme de plein faut ces deux barrieres, il
fera toujours fort difficile d'apprendre ou de
montrer une Langue. (a)

_____

(a) Effai fur l'Ent. hum. page 90. &c.

ARTICLE XI.

*Expofition d'une nouvelle méthode d'enfei-
gner les Langues.*

SANS prétendre avoir mieux rencontré
que ceux dont je viens de parler, qu'il me
foit permis de propofer mon fentiment
comme fimple conjecture, toujours prêt
de foufcrire à un meilleur fi je viens à le
connoître. Je puis dire que ma méthode n'eft
point le fruit d'une imagination échauffée
qui s'abufe dans fes projets, elle renferme
à peu près ce que nous ont offert de meilleur les écrivains qui ont déja traité cette
matière. Il y a plus de dix ans que j'en tra-
çai le plan, & en confignai le précis dans
un effai fur l'éducation que je publiai
alors. J'ai rectifié depuis cette méthode
qui étoit encore imparfaite; & quoique je
n'en fois pas proprement l'inventeur, comme je le croyois, puifque j'en ai trouvé les
membres épars dans d'autres ouvrages, je

crois que je n'en dois l'ensemble à personne, & que la base sur laquelle il doit porter n'étoit guère connue jusqu'ici.

En examinant les procédés de la nature dans l'histoire de la parole, j'avois vu que l'homme ne sait parler sa Langue maternelle que lorsqu'il commence à entendre la signification des termes qu'elle emploie ; qu'il ne s'énonce clairement que lorsqu'on a long-temps parlé devant lui, & qu'enfin, sans connoître les principes du langage, il parvient à s'en rendre l'usage familier par la seule imitation. Ces remarques générales, dont l'expérience démontre la solidité, m'amenèrent à penser que, pour apprendre les Langues mortes, il ne falloit pas s'écarter de la route que la Nature nous a tracée dans l'enseignement de la première ; qu'au lieu de commencer comme on fait par la Grammaire, il falloit la réserver pour la fin des études, parce que la Grammaire, étant le fruit des observations les plus profondes sur le méchanisme des Langues, & en contenant la métaphysique, elle est peut-être nécessaire pour s'y perfectionner, mais devient inutile pour en acquérir l'usage; qu'il n'y avoit que l'habitude acquise par l'usage fréquent qu'on faisoit d'un idiôme, qui pût seule nous en rendre l'élocution facile, en nous donnant la liberté de faire marcher le discours au niveau de la pensée.

Comme il y a à considérer dans toute Langue; 1°. la Langue parlée, qui sert à la conversation & aux besoins ordinaires de la vie; 2°. la Langue écrite, qui sert à peindre les idées plus réfléchies, plus abstraites, & conséquemment moins communes, il y a aussi deux manieres de les apprendre qui leur sont relativement propres. Le vrai moyen d'acquérir la premiere, c'est de vivre dans un pays où elle est l'idiôme commun; & si cela n'est pas possible, c'est d'habiter & de communiquer librement avec une personne, qui nous parle & nous fait parler cette Langue, jusqu'à ce qu'elle nous soit aussi familiere que la nôtre. Pour la seconde, qui est l'interprête des gens de lettres & des savans, & qui retrace leurs pensées loin d'eux, &, lorsqu'ils ne sont

I iij

plus, la maniere la plus facile de l'apprendre, c'eſt de lire aſſidûment les bons ouvrages où ils l'ont employée, c'eſt de les expliquer ſi fréquemment que leurs tours & leur maniere nous deviennent comme naturels.

Toutes les Langues mortes ont cela de commun, que pour les bien ſavoir, il faut les puiſer dans leur ſource. Il faut conférer avec les morts beaucoup plus qu'avec les vivans. Dans l'entretien de ceux-ci, fût-il auſſi intéreſſant qu'il eſt d'ordinaire ſec & frivole, les expreſſions fugitives font une foible impreſſion ſur la mémoire, au lieu qu'on s'entretient avec un bon Auteur tant qu'on veut & d'une maniere d'autant plus efficace, qu'il plaît davantage par la variété des objets, & par le nombre conſidérable de termes ſouvent répétés, qui ne tardent pas à devenir familiers.

Aucune des Langues mortes & vivantes n'exige des procédés particuliers dans notre méthode, on peut l'appliquer à toutes avec le même ſuccès. Voici de quelle maniere je veux qu'on les enſeigne.

On doit se souvenir que notre livre élémentaire (a), contenant avec la figure, les
noms de la plupart des objets corporels,
dans tous les idiômes qu'on veut apprendre à un éleve, & que chaque planche
étant accompagnée d'un discours simple &
succint en toutes ces Langues, qui donne
à connoître l'importance & la propriété de
ces objets, un enfant à qui on rendra ce
livre familier dès le bas âge, saura non-
seulement la dénomination des choses,
mais en faisant l'explication du discours
sous un maître habile, commencera de
bonne heure à saisir l'intelligence du sens,
la variété des tours suivant les idiômes,
& la différence de leur marche. Ce préalable nécessaire, qu'un enfant peut remplir
sans se douter qu'on veut l'instruire, vous
dispense de tous les apprêts embarrassans des
méthodes déja citées. Avec moi point de
contention d'esprit, point de fatigue, point
de gêne, le plaisir aiguise la curiosité, &
l'on est déja dans la carriere des Langues

(a) Voyez à l'article des nouveaux élémens, t. 1.

I iv

fans s'en appercevoir ; mais fi l'enfant y marche facilement, s'il avance avec rapidité & fans trouver d'obftacles , c'eft aux foins de fon conducteur qu'il en devra la facilité, ce qui ne rendra pourtant pas l'emploi de celui-ci bien pénible.

Lorfque le temps fera venu de faire paffer un enfant du nom des objets figurés à la lecture du difcours, & que l'on voudra commencer à lui en donner une explication, il faudra que le maître prenne fur lui toutes les difficultés, afin que le difciple n'y trouve rien de plus difficile qu'une fimple lecture. Quand l'attention de l'éleve fera fixée fur ce qu'on veut lui faire faifir, le maître fera lui-même la conftruction, & l'adreffe confifte à la faire de telle forte qu'il excite fon difciple à la faire en même tems des yeux, & à fuivre fa marche. Il lui dira enfuite la fignification des mots la plus propre qu'il fera poffible, fans s'écarter au moins d'un françois fupportable ; & s'appliquant à le faire répéter (a) jufqu'à ce qu'il

_____

(a) On ne doit pas fe faire une peine de répéter

s'apperçoive que l'enfant fent déja les noms
& les verbes à la feule terminaifon, il le
conduira ainfi infenfiblement à apprendre
de lui-même à faire la conftruction, par le
tact du fentiment & la force de l'habitude.
Du refte, il eft inutile alors de s'occuper
des moindres parties de la Grammaire, &
d'emprunter les fecours des verfions interlinéaires & des conftructions artificielles ;
quoiqu'il foit bon de fuppléer les mots fousentendus, comme fait M. du Marfais, fans
qu'on doive néanmoins s'y attacher avec un
foin trop recherché.

---

fouvent la fignification d'un même mot dans une
même page (*à un enfant*), ni lui impofer l'obligation abfolue de la retenir, c'eft affez de l'y exhorter :
la feule chofe que l'on doive exiger de lui avec autorité, c'eft l'attention à fuivre exactement chaque
mot qu'on lui explique. Il faut en agir de la forte
pour ne le pas rebuter s'il a peu de mémoire, &
parce que les mêmes mots, à force de revenir fouvent en peu de temps, ne peuvent manquer de
faire impreffion fur la mémoire la plus dure. Quel
progrès une mémoire aifée ne fera-t-elle pas ?
Effai fur l'Efprit hum. page 88.

Tel doit être l'avantage du livre élémentaire pour apprendre les Langues, que les soins que je viens de prescrire au maître, tout nécessaires qu'ils paroissent ne le seront pas même long-temps, pour peu que le disciple ait d'intelligence & de mémoire; en effet dès les premieres explications, le maître ayant rangé les mots de la Langue qu'on explique dans l'ordre des mots françois qui y répondent, & en ayant tiré un sens au moins intelligible, passera tout de suite à la colonne du françois, dont la construction moins servile doit donner à l'éleve l'idée d'une meilleure version; mais elle ne servira pas seulement à lui faire sentir l'agrément d'une traduction plus précise des autres idiômes de son livre, elle l'accoutumera à en prendre rapidement l'intelligence & à concevoir ce qu'il y a entr'eux de différentiel & de relatif; en sorte que si l'émulation de l'enfant est toujours de plus en plus nourrie, l'éleve qui sera bien-aise d'expliquer de lui-même & avant le maître, préviendra la version simple de celui-ci, en faisant l'application du françois de

son livre aux tours & à la marche des autres colonnes ; d'où il arrivera que le difciple, une fois accoutumé à faifir le véritable
fens du texte, ne goûtera que la maniere
la plus expreffive de le traduire ; & que,
s'il entend expliquer lâchement, il fe mo-
quera du traducteur & de fon explication.

Si je n'employois pas le livre élémentaire, à donner les premieres notions des
Langues à un enfant, je crois qu'il feroit abfolument néceffaire pour lui faire
connoître les noms & les verbes, les temps
& les modes, de le faire d'abord décliner
& conjuguer ; fans quoi il ne tiendroit jamais le fil de la conftruction, & la compofition de la phrafe feroit toujours pour
lui un labyrinthe inextricable ; mais, en
faifant ufage du livre figuré, je fuis difpenfé
de ce préalable pour quelque temps. Ce
n'eft que lorfque l'enfant paffera de ce livre aux livres ordinaires, qu'il faudra l'y
affujettir. Alors tout ce qu'il fait déja lui
fauvera le dégoût de cette partie de Grammaire, qui, de fon côté, lui fournira un

I vj

nouveau jour pour l'intelligence des idiômes qu'il doit apprendre.

En appliquant un enfant à la traduction
des Auteurs, il convient de donner la
préférence à ceux dont le style plus simple
est plus analogue à son intelligence, à ceux
qui racontent plutôt qu'à ceux qui raison-
nent, parce que tout ce qui peint l'action
plaît davantage, & qu'un enfant s'attache
beaucoup plus au récit des faits (a), qu'aux

(a) Les livres les meilleurs à lire au commencement, sont ceux dont le sujet nous est agréable
& familier, parce que les choses qui nous sont
connues & qui nous plaisent, nous font aisément
appercevoir & retenir les mots qui les expriment:
au lieu qu'en lisant un livre dont la matiere n'est
pas à notre portée, l'esprit est embarrassé en même temps des choses & des expressions, & ne
conservant pas bien celles-là, il ne peut comprendre celles-ci. Il paroît étrange qu'on ne fasse pas
toujours cette réflexion à l'égard des jeunes gens;
& qu'on leur mette quelquefois entre les mains
des livres à interpréter, sur des matieres qu'ils
n'entendent pas même en leur Langue naturelle,
pour lesquelles par conséquent ils ne sauroient
avoir beaucoup d'attrait. *Gram. Fran. de Buffier.*

penfées & aux expreffions d'un raifonnement.
Voilà pourquoi les Hiftoriens feront les
premiers livres que je mettrai fous les yeux
de mon éleve. Il ne doit connoître les
Poëtes & les Orateurs, que quand les Langues qu'il veut apprendre lui feront bien
familieres, & que la fomme de fes con-
noiffancés ayant formé fon efprit, lui aura
donné le moyen de fentir avec délicateffe,
de réfléchir avec folidité, & de juger avec
difcernement.

Dès qu'on s'apperçoit qu'un enfant retient le fens des chofes qu'on lui rend
d'une maniere littérale; il faut faire fuccéder l'explication par écrit, à l'explication
fimple & faite d'abord de vive voix. Mais
afin que fes progrès foient plus fenfibles,
& qu'il puiffe mieux graver dans fa mémoire les faures qu'on aura corrigées dans
fa verfion, il eft bon de les lui rendre palpables : en voici la méthode. Vous ne devez pas vous contenter, comme à l'ordinaire, d'un fimple cahier fur lequel votre
éleve écrira fa verfion, dont il vous donnera une copie, & que vous corrigerez pour

être inscrite ensuite sur le même cahier. Il faut lui faire tenir en même temps deux cahiers qu'il doit s'accoutumer à écrire d'une maniere correcte. Dans le premier, qui contiendra la version telle que l'enfant l'aura faite, on aura soin de lui faire laisser un espace d'un doigt au moins entre les lignes, afin de pouvoir placer dans cet intervalle la correction des fautes qui blessent le sens ou la Langue, des fautes d'ortographe & de ponctuation : ce sera là proprement le brouillon de l'explication écrite. Le second est destiné à contenir la version corrigée en bon françois. Celui-ci exige du maître une révision attentive ; il importe en effet qu'il ait soin d'observer, non-seulement si les fautes corrigées sur le brouillon, sont rapportées par mégarde ou par négligence, sur le second cahier ; mais si l'écriture est bien nette & bien lisible ; si les mots sont séparés les uns des autres ; s'ils ne sont point coupés ; si les lettres sont bien formées, c'est-à-dire, figurées de maniere qu'on ne puisse pas prendre l'une pour l'autre ; un u par exemple pour un n, un i trop courbé pour un *c*. &c. Enfin, si on explique un Historien, il doit faire porter de suite sur le second cahier toutes les versions qu'en fera son disciple, parce que la continuité du sens lui donnera plus de facilité & de plaisir à le traduire, & qu'un enfant, qui parvient de la sorte à l'entiere explication de son Auteur, doit en regarder la traduction comme son propre ouvrage.

On peut sentir, sans que je le dise, que le maître doit d'abord mener son disciple comme par la main, & le soutenir dans tous les pas difficiles de ma méthode. Il faut dans les commencemens qu'il assiste au travail de son éleve, pour lui faire trouver adroitement les phrases & les mots dont l'enfant ne se souviendra pas, jusqu'à ce que l'usage l'ait rendu capable de les chercher dans un Dictionnaire, dont il ne se servira jamais que pour cela. Après quoi on lui corrigera son devoir, &, quand il y aura quelque terme de notre Langue dont il ne comprendra pas la signification, on lui donnera une idée de ce qu'il signifie par des comparaisons senfibles, & des définitions qui foient à fa portée, fi toutefois le livre élementaire ne vous en épargne la peine, en lui mettant en quelque forte la chofe même fous les yeux.

Quand un enfant entend bien un Auteur, & qu'il en rend le fens par une traduction facile, on peut être affuré qu'il penfe & qu'il eft en état de faire ufage de fa raifon. Alors ayant affez de mots dans fa mémoire, & fe trouvant capable d'en faire l'application, il peut faire des thêmes, c'eftà-dire, compofer dans la Langue qu'il a apprife; ainfi, lorfqu'on ne fera pas content de le voir toujours traduire, on pourra lui donner du françois à mettre en latin, ou en telle autre Langue dont il aura fait fes meilleures verfions; il ne lui fera plus difficile d'imiter fes Auteurs, & d'écrire dans une Langue dont il fentira les tours & le génie, & dont la plupart des termes lui feront devenus familiers.

CHAPITRE IX.

DE LA MÉMOIRE (a).

ARTICLE PREMIER.

Définition & division de la Mémoire.

LA Mémoire est l'imagination corporelle, tellement & si fréquemment agitée de la même maniere que, lorsque nous voulons faire attention aux objets qui l'ont frappée, elle nous les représente tels que nous les avons apperçus, ou tels que nous les avons entendu nommer ou décrire; de sorte que nous pouvons alors les faire connoître ou les indiquer aux autres, dans les mêmes termes ou sous des signes équivalens.

(a) Ce Chapitre, qui revient à ce que j'ai dit autrefois de la Mémoire, dans l'*Ami des jeunes gens*, est tiré en partie de l'*Essai sur l'Esprit humain* déja cité.

On diftingue deux fortes de Mémoire; l'*artificielle* & la *réfléchie*.

La Mémoire *artificielle* ou locale, eft celle qui nous conferve l'image des chofes précifément telles qu'elles font, quant à la figure, au lieu, à l'arrangement, au nombre, au fon, à la couleur, &c. comme, par exemple, celle qui nous repréfente un parterre par la fymmétrie qui y regne, en nous en rappellant le deffein, les compartimens, ainfi que la place de chaque fleur : celle qui nous fait fouvenir du texte d'un livre par l'ordre & l'arrangement des mots, & par la combinaifon des lettres, fans avoir égard au fens, & qui nous repréfente le *recto* ou le *verfo* où nous l'avons lu : celle encore qui rappelle un nombre par le chiffre qui l'exprime, un air par le commencement d'une cadence, &c.

La Mémoire *réfléchie* eft celle qui nous fait fouvenir des chofes, plutôt que des fignes arbitraires auxquels nous en fubftituons alors d'équivalens, ou qui s'aide de la chofe même fignifiée pour rappeller le figne qui nous eft échappé ; telle eft la

Mémoire qui fait que nous nous souvenons du sens d'une pensée ou d'une maxime, sans en avoir retenu les termes, ou bien qui se sert de ce sens même pour les recouvrer.

Cela posé, sans m'arrêter à plusieurs questions qu'on peut faire sur la Mémoire, je me contenterai d'établir :

1°. Que la Mémoire locale & la Mémoire réfléchie doivent être inséparables, & s'aider mutuellement.

2°. Que la Mémoire en général se cultive mieux & plus aisément, par une lecture attentive & par les entretiens, qu'en apprenant par cœur.

La Mémoire locale n'est jamais durable, si la réfléchie ne vient au secours. Si une attention foncée arrête l'esprit sur le sensible, elle l'empêche d'agir & de s'assurer de la possession entière de ce qui le frappe.

L'ame est alors comme un spectateur qui seroit plus attaché à considérer long-temps un édifice, qu'à s'assurer par un retour sur lui-même que ce qui lui en plaît, ce sont les proportions & la symmétrie des divers ordres

d'Architecture, & qu'il doit les reconnoître féparément & par parties pour fe faire
du tout une image diftincte. Un tel homme s'en retourneroit chez lui fans pouvoir
dire autre chofe que : « J'ai vu un bel édifi-
» ce, mais je ne puis pas vous en faire def-
» cription ; il faudroit que vous le viffiez
» vous-même ».

***

ARTICLE II.

La Mémoire locale eſt bonne pour retenir le ſenſible, ſans l'intervention des mots qui en retracent l'idée.

LA Mémoire locale eft bonne pour con-
ferver les idées, qui entrent dans l'efprit immédiatement par l'objet qu'elles repréfentent, fans l'entremife d'aucun figne. Ainfi
l'idée ou plutôt l'image de l'édifice que je
viens d'apporter pour exemple, s'y introduit
par le feul afpect. Mais, fi je veux en retenir mot pour mot la defcription écrite,
le *local* ne m'en confervera pas long-temps

le souvenir sans le *réfléchi*; car ce qu'il y a de local, dans une description faite par écrit, ce sont les mots & les phrases rangés dans un certain ordre, & le *réfléchi* est le sens qu'on y attache; or il est certain que quelque chose de local, tel que des mots, ne fait qu'une foible impression sur la Mémoire, & s'en efface bientôt, si au lieu de s'attacher au sens de ces termes, & de s'en pénétrer, on ne s'occupe à les inculquer dans son esprit qu'à force de les répéter, & qu'on s'amuse à les redire machinalement, sans vouloir faire attention aux choses qu'ils expriment.

ARTICLE III.

Apprendre par cœur ne cultive pas la Mémoire.

C'EST, dit-on, pour cultiver la Mémoire d'un enfant, qu'on l'exerce dans le bas âge à apprendre par cœur ce dont on veut qu'il se souvienne; mais c'est une précaution inutile, ou, pour mieux dire, une erreur ; car apprendre par cœur ne cultive pas la Mémoire. En l'exerçant on l'agite en vain : si elle est foible, elle s'affoiblit encore, & affoiblit le jugement ; si au contraire elle est dure, & qu'elle devienne ensuite flexible, en apprenant par cœur il ne lui reste que sa flexibilité, & rien du *local* qu'elle s'est efforcé d'étudier, parce que la réflexion ne s'y est pas trouvée jointe.

On voit donc que le meilleur moyen de cultiver de bonne heure la Mémoire des enfans, n'est pas d'employer le *local* tout seul, en leur faisant apprendre par cœur beaucoup de phrases & de mots qu'ils n'entendent point, & qui distraient toute leur attention des choses qui pourroient les satisfaire ; on voit aussi que leur esprit forcé de s'attacher à la connoissance de signes, qui ne lui offrent ni agrément, ni utilité, fait des efforts qui l'énervent, ou du moins qu'il se rebute d'une occupation qui lui semble inutile, tandis que leur jugement, qu'on n'a point exercé, demeure sans force & sans consistance.

Une preuve de ce que je dis, c'eſt que dans les Colleges, la méthode d'apprendre par cœur n'augmente, ni la capacité de l'eſprit, ni la ſomme des connoiſſances. En effet, ſoit Langues, ſoit Hiſtoire; je défie quelqu'un de pouvoir me dire qu'il ſe ſouvienne d'autre choſe que de ce qu'une fréquente lecture & une attention non forcée, lui ont fait retenir. « Lorſque l'eſprit n'eſt » point gêné, il ſe porte de lui-même au » réel, parce qu'il n'y a que le réel qui » puiſſe le mouvoir ». Les enfans à qui on fait beaucoup apprendre par cœur, ne s'y prêtent jamais avec plaiſir, quelque bonne Mémoire qu'ils aient; c'eſt la partie de leur devoir qui les fatigue le plus. Ce qu'on a tant de peine à leur faire apprendre par cette méthode, s'efface même très-facilement dans la ſuite, au lieu qu'ils retirent beaucoup de fruit d'une lecture faite avec attention & ſouvent réitérée.

ARTICLE IV.

On retient mieux par une lecture attentive, que par la méthode d'apprendre par cœur.

QUOI que ce soit qu'on veuille apprendre à un enfant, il faut d'abord lui en donner des idées sans prétendre forcer sa Mémoire. Pour y graver l'objet dont on veut qu'il se souvienne, il suffira de l'offrir plus souvent. L'expérience nous le prouve. Entrez dans une galerie de tableaux ; si vous les parcourez trop rapidement, & sans les examiner l'un après l'autre, vous n'en prendrez qu'une idée confuse qui s'effacera bientôt ; mais si vous y revenez plusieurs fois & jusqu'à ce que le goût soit satisfait, le fond du sujet, l'ordonnance, l'expression, le coloris de chaque tableau s'imprimera peu-à-peu dans la Mémoire, & vous pourrez rendre un compte fidele des choses que vous aurez vues. Il en est de même des enfans ; s'ils ne retiennent pas en allant bien

vîte,

vîte, il est bon qu'ils reviennent souvent sur
leurs pas, & sur-tout qu'ils entendent le sens
des choses dont on veut qu'ils se souviennent.
Une simple lecture soutenue & réglée chaque jour, faite attentivement sur quelque
matiere intéressante & expliquée avec soin,
leur feroit acquérir une infinité d'idées, &
formeroit peu-à-peu leur jugement ; de sorte
qu'ils seroient bientôt en état d'en rendre
compte, sinon mot à mot, du moins quant
au sens. En redressant leur façon de parler,
en leur suggérant alors ce qui ne leur vient
pas à l'esprit, on les accoutumeroit à s'é-
noncer dans la conversation d'une maniere
plus nette & plus facile.

Au reste, lorsqu'on s'apperçoit qu'un enfant est capable de faire connoître aux autres qu'il comprend, on peut employer la
Mémoire artificielle ; elle servira à mettre
de l'ordre dans les idées que la réflexion
aura fait sentir. Alors on peut faire apprendre par cœur ; mais, « s'il faut appren-
» dre par cœur, dit Locke, ce n'est pas
» des regles de Grammaire ; ce ne sont pas
» des morceaux suivis d'Auteurs, tels que

Tome III.   K

» la suite d'un livre les présente : mais des
» endroits choisis, quelques passages qui
» renferment un beau sens, & qui soit ex-
» primé d'une maniere noble & concise ».

C'est au profit du jugement & de la sensibilité qu'il faut exercer la Mémoire, ou,
pour mieux dire, c'est par le cœur qu'on
doit passer pour arriver sûrement à l'esprit;
rien ne se grave mieux dans la Mémoire
que ce qui affecte le sentiment. Faut-il
s'étonner après cela qu'il reste si peu de
chose dans l'esprit des enfans, de toutes ces
leçons où rien ne les intéresse ? Les livres
& le maître leur déplaisent également. L'i-
magination rebutée, ne donne rien à garder au souvenir.

ARTICLE V.

*Raisons dont on appuye la méthode
d'apprendre par cœur, & réponse
à ces raisons.*

ON oblige les enfans à apprendre par
cœur, nous dit-on, non pour qu'ils retien-

nent tout ce qu'ils ont ainsi étudié; mais pour qu'il en reste quelque chose qui fructifie, lorsque la raison sera formée.

Je réponds à cela, que cette raison seroit bonne, s'il étoit vrai qu'il pût rester dans l'esprit quelque chose de ce qu'on ne comprend pas dans le bas âge, & sur-tout lorsque la contrainte apporte un continuel obstacle à la perception des idées. Ne voit-on pas que si un enfant retient machinalement quelque chose par la maniere d'apprendre par cœur, il l'oublie bientôt après, sans qu'il se rappelle dans la suite d'avoir jamais appris ou su telle chose?

Mais, ajoute-t-on, puisqu'il faut, suivant vos principes, que nos idées *reviennent fréquemment pour entrer dans l'esprit*, par quel autre moyen les graver dans le souvenir des jeunes gens, qu'en les obligeant à relire souvent & avec attention ce qu'on veut qu'ils retiennent, & comment les obliger à le relire, si on ne leur fait une loi de l'apprendre par cœur?

Je replique que ce seront les mots, & non point les idées qui reparoîtront sou-

vent, & qui frapperont les sens & les yeux
de l'enfant, & non son esprit. Quiconque
en voudra faire l'expérience, se convaincra
de cette vérité à n'en pas douter. Qu'on
interroge un enfant sur ce qu'il vient d'apprendre par cœur, il sera très-rarement en
état de répondre.

Si on continue de m'objecter, qu'un enfant ne se portera pas de lui-même à lire
attentivement quelque chose, je puis dire,
qu'il lira avec plaisir tout ce qui flattera
son imagination sans la fatiguer ; qu'il té-
moignera de la joie & de l'empressement
à réciter tout ce qui lui aura plu davantage, & ce qu'il aura compris, par où l'on
pourra juger de la capacité de son esprit,
& j'ajoute que, si on le gêne, au contraire,
il ne tardera pas à avoir de l'aversion pour
ce qui lui faisoit d'abord le plus de plaisir.

Enfin, si on replique que nous gênons
nous-mêmes un élève, en exigeant de lui de
l'attention, lorsqu'on lui explique quelque
chose, ou qu'on le lui fait lire & qu'on lui
en demande compte, je conviendrai que
c'est le gêner en effet que de l'obliger de

s'appliquer à quelque chose qu'il ne connoît pas; mais que c'est l'affaire d'un moment; qu'il ne tarde pas à y prendre goût quand ce sont des traits choisis qui le flattent ou qui l'intéressent. Semblable en cela à un homme qu'on obligeroit par de belles raisons ou par prieres, à prendre une boisson dont il ne voudroit point, parce qu'il ne la connoîtroit pas; mais qu'il trouveroit ensuite délicieuse quand il l'auroit goûtée; au surplus un enfant ne seroit-il pas encore plus gêné, si on le forçoit à lire & à apprendre quelque chose de désagréable.

CHAPITRE X.

DE LA PHILOSOPHIE.

ARTICLE PREMIER.

De la Philosophie en général, & qu'est-ce que nous entendons par ce mot.

LA Philosophie n'est pas, selon nous, ce que l'on enseigne dans le College sous ce nom ; ce n'est pas cet assemblage de définitions & de regles pedantesques, de mots & de formules barbares, qu'on est bien-aise d'oublier, & dont on n'oseroit faire usage dans le monde poli. C'est un cercle de sciences plus ou moins utiles, pour nous apprendre à nous connoître nous-mêmes, à bien employer notre raison & à faire usage des objets qui nous environnent. On peut dire qu'elle est aux autres sciences ce que la prunelle est à l'œil ;

K

elle y fait paſſer la lumiere, & elles ne voient en quelque ſorte que par ſon moyen.

On l'appella *Philoſophie*, c'eſt-à-dire, *amour de la ſageſſe*, parce qu'elle s'occupe du bonheur de l'homme, en ce qu'elle nous donne des notions certaines des propriétés de tous les êtres, & qu'elle nous enſeigne les rapports qui exiſtent entr'eux & nous ; d'où ſe déduiſent naturellement les connoiſſances les plus importantes à l'individu & à l'eſpece entiere, les moyens les plus plauſibles de trouver notre bien-être & de contribuer à celui d'autrui ; ce qui renferme certainement la perfection de l'intelligence, le plus haut point de la ſcience & de la raiſon.

On définie la Philoſophie, *la ſcience des choſes divines & humaines*, c'eſt-à-dire, de Dieu & de l'univers ſon ouvrage, de l'homme & de ſes devoirs. D'après cette définition la Philoſophie doit être bien ancienne, puiſque l'homme, créature intelligente & raiſonnable, a dû, dès l'enfance du monde, connoître & aimer ſon Créateur, qu'il devoit employer à cette connoiſſance

K iv

& à cet amour le merveilleux spectacle de
la nature ; & qu'enfin, destiné à vivre avec
d'autres hommes, il ne pouvoit pas ignorer
quels devoirs lui imposoit cette société.
Delà devoient sortir en effet la théorie
sublime des plus hautes connoissances, &
leur pratique non moins recommandable ;
en deux mots, la science & la vertu.

Ces deux parties si intéressantes, qui
constituent par leur union la vraie Philosophie, en ont chacune porté le nom séparément. La profondeur des connoissances
qui, supposant la supériorité des lumieres,
suppose en même temps, plus de droiture,
de bienfaisance, de grandeur d'ame, a fait
donner à la science le nom de *sagesse* ;
tandis qu'on le donnoit également à la
vertu, c'est-à-dire, à cette force de l'ame
qui, née du desir ardent de bien faire, doit
avoir pour base une notion juste des choses & de leurs convenances ; à la vertu qui
nous fait sacrifier à l'amour de l'ordre, nos
passions, notre fortune, notre réputation,
& jusqu'à la vie même, & dont le noble enthousiasme nous portant à nous oublier en

quelque forte pour autrui, a produit tant de
grandes actions dans le monde. Si l'éclat &
fur-tout l'utilité de la fcience a mérité le
nom de Philofophie ; ce courage fublime,
qui nous éleve au deffus de nous-mêmes,
a dû le recevoir à jufte titre. Cependant,
comme on abufe de tout, le nom augufte
de Philofophe a été ufurpé en différens
temps par des gens qui, n'en prenant que
le mafque, étoient plus capables de flétrir
ce nom que d'en tirer du luftre ; d'un côté,
l'orgueil emphatique du faux favant ; de
l'autre, l'orgueil caché du faux dévot ont eu
des prétentions au nom de Philofophie, &
fouvent l'ont obtenu au défavantage de la
vraie Philofophie, qui, jugée fur ces ap-
parences par les efprits foibles ou prévenus,
& néceffairement méconnue, en a été fouvent outragée & quelquefois calomniée. Il
ne faut pas s'étonner après cela fi fes ennemis nous en ont fait des portraits fi
horribles ; s'ils l'ont peinte blafphémant
contre le ciel, s'efforçant d'ébranler à la
fois l'autel & le trône, & cherchant à égarer
les hommes dans le dédale de fes paradoxes

K v

impies. Mais injurier la Philosophie, parce qu'on en abuse, & vouloir la proscrire pour le mal qu'on a fait sous son nom, c'est n'avoir pas plus de sens, que ceux qui voudroient bannir le feu de l'usage de la vie, parce qu'il détruit quelquefois nos demeures & embrase nos cités, sans se souvenir des services journaliers qu'il nous rend, lorsqu'il nous éclaire & nous échauffe, & qu'il prépare nos alimens. Quoi qu'on en dise, la Philosophie n'en mérite pas moins notre application & nos hommages, car elle est pour l'homme une douce consolation dans les amertumes de la vie, & un grand secours pour les travaux qui en sont inséparables. Elle ne nous donne pas seulement des idées justes des êtres & de leurs propriétés, elle ne nous fait pas seulement juger d'une maniere exacte de leurs relations; elle nous assure même du mérite de notre pensée & de nos jugemens; en nous donnant les moyens de vérifier avec scrupule la rectitude de l'instrument de nos recherches, de nos connoissances, de nos raisonnemens. Enfin dans la découverte de la vérité, elle ne sert pas feulement à diriger nos choix, en nous éclairant fur ce que nous devons croire ou rejetter, elle eft encore comme le creufet qui épure nos fentimens, & qui ne leur laiffe rien de groffier ou de terreftre.

On divife communément la Philofophie en quatre parties principales, la Logique, la Morale, la Métaphyfique, la Phyfique, qui fe fubdivifent en nombre d'autres. Nous allons fuivre cette méthode qui nous offre la commodité d'une divifion déja connue.

ARTICLE II.

De la Logique.

LA Logique (a), comme fon nom l'exprime, eft l'art de raifonner; c'eft-à-dire,

---

(a) Il tire fon étimologie du mot grec λογὸς, parole, difcours, & fignifie exactement l'art de parler avec juftefle.

La Logique fe divife en naturelle & en artificielle. La premiere comprend la *perception*, le *jugement*, le *raifonnement*; elle nous apprend à

K vj

l'art de faire ufage de notre raifon dans la recherche & l'expreffion de la vérité. Elle confidere la nature de nos idées, elle les range & les diftribue par claffes dans la perception, elle les unit dans le jugement,

---

penfer jufte. La deuxiéme eft renfermée dans la *méthode*, & nous enfeigne la maniere de communiquer nos penfées avec ordre.

La Logique, la Grammaire, la Rhétorique s'occupent du même objet, *nos idées*; mais elles les confiderent diverfement. La Logique en examine la vérité, elle nous enfeigne à les rendre, autant qu'il eft poffible, conformes à leurs modeles; elle tend à leur donner la plus grande certitude. La Grammaire ne s'attache qu'à leur expreffion, elle nous apprend à les peindre telles qu'elles exiftent dans notre efprit, à les retracer avec fidélité. Enfin, la Rhétorique leur donne le coloris, & cherchant à réveiller l'attention & à émouvoir, elle en fait des tableaux animés, dans lefquels elle s'efforce de répandre toute la grace & l'énergie poffibles. On a cru jufqu'ici devoir commencer par l'expreffion ou la Grammaire : je crois, au contraire, qu'on doit plutôt s'occuper de l'art de penfer, ou de la Logique, fuivant cet axiome connu, *prius eft effe quàm operari.*

elle les combine dans le raisonnement ; enfin elle apprend dans la méthode à nous instruire nous-mêmes ou à instruire les autres.

S'il est vrai, comme on n'en peut douter, que les erreurs soient les vrais maux de l'ame, il n'est point de science plus utile que la Logique, qui nous enseigne les regles propres à nous garantir de l'illusion & du faux raisonnement ; il n'est en effet rien de plus important que de penser juste surtout dans les raisonnemens dont la conclusion est d'une extrême conséquence ; car, de même que toutes les vérités tiennent ensemble, & que l'une conduit à l'autre, une erreur n'est jamais isolée, elle tient à une longue chaîne d'autres erreurs, en sorte que, pour peu qu'il y ait de faux dans un des principes sur lesquels on raisonne, on va d'égarement en égarement par une marche toute naturelle.

Pour nous garantir de ces illusions, & former en nous l'habitude de bien raisonner, les Philosophes nous ont donné un grand nombre de regles. On appelle Logique l'affemblage de ces regles qu'il feroit facile de réduire à ces quatre principales.

1°. On ne doit jamais juger qu'une chofe eft ou n'eft pas, fans en avoir une raifon qu'on puiffe expliquer en termes fi clairs qu'elle convainque naturellement l'efprit. C'eft ainfi qu'en ufe le Géometre.

2°. De peur de fe laiffer emporter à la précipitation d'efprit ou aux préjugés qui nous entourent, on doit examiner tous les termes dans lefquels une raifon eft expofée, en la divifant en autant de fegmens qu'il fe peut; car il n'eft pas poffible, ayant l'efprit auffi borné que nous l'avons, de bien juger d'une chofe même fimple, fans en bien voir tous les côtés, & lorfqu'elle eft compofée ou étendue, fans en confidérer toutes les parties l'une après l'autre. Tel eft le procédé de l'Arithméticien.

3°. Il faut établir un ordre dans toutes les penfées, fous lefquelles on peut concevoir un fujet. Ce qu'il y a de plus fimple, de plus général, de plus aifé à connoître, doit précéder ce qui eft plus compofé, parce qu'il n'y a rien qui foit d'un plus

grand fecours que cet ordre, pour connoître fi l'on ne fe trompe point en raifon-
nant, c'eft-à-dire, en déduifant une chofe
d'une autre. C'eft ce que l'on appelle méthode.

4°. On doit être bien attentif à faire des
dénombremens fi exacts, que l'on foit affuré de ne rien omettre. Si l'on oublie
une feule chofe, il eft impoffible qu'il n'y
ait du défaut dans ce que l'on avance. C'eft
en quoi confifte la juftefse de l'analyfe.

Ce qui fe réduit à ceci :

1. Ne tenez pour vrai que ce qui eft très-
évident.

2. Divifez les chofes pour les connoître.

3. Conduifez vos penfées par ordre (a).

4. N'omettez rien dans ce que vous di-
viferez.

_____

(a) Cela revient à ces moyens fimples que Locke
enfeigne pour trouver la vérité.

1°. Il faut fe défier du rapport des fens & du de-
fir qu'on a de trouver une propofition vraie.

2°. N'en admettre aucune fur l'autorité de qui
que ce foit, & auparavant de l'avoir examinée.

On peut voir par tous ces préceptes,
que le principal deſſein de ceux qui les pu-
blierent, fut de nous armer de précautions
contre nous-mêmes, dans la recherche de
la vérité, afin que nous défiant de la fidélité
de nos ſens, nous puiſſions nous aſſurer de
la juſteſſe de leurs rapports en les vérifiant
l'un par l'autre (a), & que nous tenant en
garde contre la précipitation de nos jugemens, nous allions à la certitude par le
doute, & ne prononcions rien d'une choſe

3°. Il faut définir, analyſer les expreſſions dont
on ſe ſert, acquérir un grand nombre d'idées ſur
le ſujet qu'on veut approfondir; rejetter tout principe qui n'eſt pas fondé ſur l'évidence, ou ſur une
ſuite d'obſervations faites ſur la nature.

4°. Ne pas perdre de vûe l'état de la queſtion.

5°. Se munir des vérités fondamentales, qu'on
appelle principes.

(a) C'eſt par le toucher ſeul que nous pouvons
acquérir des connoiſſances complettes & réelles;
c'eſt ce ſens qui rectifie les autres ſens, dont les effets ne ſeroient que des illuſions, & ne produiroient
que des erreurs dans notre eſprit, ſi le toucher ne
nous apprenoit à juger. *M. de Buffon.*

avant que l'évidence nous ait montré quelle
est cette chose.

Toutes nos idées nous viennent des fens;
& la matiere de nos penſées, de nos jugemens, de nos raiſonnemens, ce ſont nos
idées. L'idée eſt la repréſentation que nous
nous faiſons en eſprit d'un ou pluſieurs
objets (*a*), ſoit réels, ſoit fantaſtiques (*b*).

(*a*) Le mot *idée*, que les Latins & nous avons
emprunté des Grecs, ſignifie mot à mot, 1°. une
image, une figure, les formes d'un objet; 2°. la
connoiſſance ou la vue de ces formes, de ces images; 3°. tout ce qui ſe peint dans notre eſprit, tout
ce qu'il conſidere, tout ce qu'il ſe dit; ſoit qu'il
ſe peigne un objet qu'il a ſous les yeux, ſoit qu'il
s'en rappelle le ſouvenir, ſoit enfin qu'il s'occupe
de quelque objet qui n'a point de modele hors de
lui. *M. de Gebelin, Gram. univerſelle*, page 8.

(*b*) Nous parlons improprement, quand nous di-
ſons que notre eſprit peut créer des idées; on reconnoît l'empreinte d'un modele dans toutes ſes
productions. Les monſtres même qu'une imagination déréglée ſe figure dans ſes délires, ne peuvent
être compoſés que de parties priſes dans la nature.
L'eſprit eſt comme la terre qui ne produit rien
qu'elle n'en ait reçu la ſemence. La nature, c'eſt-à-

Quand nous confidérons un de ces objets
en lui-même & d'une maniere abftraite,
l'idée que nous nous en formons alors eft
fimple & toujours vraie, c'eft-à-dire, qu'elle
eft la jufte image de cet objet, felon la
maniere dont nous l'avons envifagé; nous
ne pouvons nous tromper à ce fujet, parce
que nous n'en nions rien; nous n'en affir-
mons rien; mais, quand nous faifons comparaifon de deux ou plufieurs objets, quand
nous jugeons de leurs rapports & de leurs
différences, l'idée eft complexe ou compofée, & peut être conforme ou contraire à
la vérité, de même que la décifion que
nous en portons & les conféquences qui
s'en déduifent. Ainfi nous n'avons pas à
craindre de nous tromper fur les vérités
idéales; mais il n'en eft pas de même des
vérités judiciaires, parce que nous pouvons
fouvent prendre la poffibilité & l'apparen-

dire, tout ce qui eft ou que nous concevons comme poffible, eft l'original dont notre efprit imite
les traits; nos idées ne font que les copies qui les
repréfentent.

ce pour la réalité , fi nous ne portons la plus grande attention à n'affeoir nos juge- mens que fur les preuves les plus folides , & n'employons le flambeau de l'analyfe pour nous guider.

Il eft donc bien néceffaire de fe convain- cre, qu'on ne doit juger des chofes que fur leurs rapports véritables ; qu'il ne faut point s'en tenir à ce qu'elles nous paroiffent , mais à ce qu'elles font en effet. L'efprit léger & fans confiftance fe contente de ce qu'elles lui femblent ; l'efprit faux les juge autres qu'elles ne font ; le ftupide & l'imbécille , ou ne comparent jamais , ou imaginent des rapports qui n'exiftent que dans leur penfée ; mais celui qui eft capable de grandes com- binaifons , & qui pouvant comparer davan- tage peut faire des comparaifons plus juftes , eft celui fans contredit qui ayant le plus d'efprit , l'a en même temps le plus folide.

Notre éleve , comme tous les hommes bien organifés , eft doué de la faculté de fentir , de juger , de raifonner , d'ordonner ; il ne fent peut-être pas mieux que les au- tres , mais par l'heureufe habitude où nous

l'avons mis de comparer avec circonfpec-
tion, il juge mieux que bien d'autres, il
raisonne plus conféquemment. Nous lui
avons donné des idées juftes, il s'agit maintenant de le rendre tel qu'il ne fe trompe
jamais par fa faute fur celles qu'il acquerra
dans le temps, Ce n'eft pas tant la vérité
qu'on doit lui faire connoître, que la maniere de la chercher & les moyens de la
découvrir.

Il ne faut pas lui laiffer ignorer que les
fens nous trompent, & que pour juger fai-
nement d'après eux, il eft effentiel de vérifier les rapports des fens l'un par l'autre,
& de favoir enfuite vérifier par lui - même
le rapport de chaque fens. Il importe fur-
tout qu'il fache voir & douter avant qu'il
juge, & que l'expérience lui apprenne qu'il
eft plus facile d'éviter l'erreur, que de fe dé-
gager de fes pieges une fois qu'on y eft tombé.

Il ne fuffit pas de concevoir nettement
une chofe, de s'en former une idée jufte;
on n'imagine que pour comparer, juger,
déterminer : or, fi d'après une idée même
véritable, nous admettrons des rapports qui

ne le foient pas, nos jugemens ne peuvent être que défectueux, nos raisonnemens faux, nos réfolutions inconféquentes. Si votre éleve par exemple, en voyant de loin une tour quarrée, juge qu'elle eft ronde, parce qu'elle lui paroît telle, fi fe confiant alors au fimple rapport des yeux, il fe détermine en conféquence fans être auparavant affuré par le rapport d'un fens plus certain, il eft évident qu'il fe trompe.

Pour rendre ceci plus fenfible, fuppofons, pour un moment, que votre jeune homme fait feul un petit voyage. Il y a dans le lieu où il doit fe rendre, une tour ronde affez remarquable; à une affez grande diftance de cet endroit, il y a une tour quarrée non moins apparente; notre voyageur s'égare; il erre quelque temps à l'aventure; il ne fait plus retrouver fon chemin; lorfqu'appercevant de loin la tour quarrée, & la jugeant ronde, il penfe dans fon embarras fe reconnoître à ce renfeignement; il croit voir le terme de fa route. Qu'alors il raifonne ainfi en lui-même : je vois une tour; c'eft l'endroit que je cherche,

car la tour eft ronde ; or puifque c'eft-là
que je dois aller, il faut fuivre cette route
qui m'y menera.

Vous voyez que fon idée eft vraie, mais
qu'il juge par induction, & qu'il fait un
jugement faux fur de faux rapports; la conféquence qu'il en tire n'eft pas jufte; fa ré-
folution ne vient que de fon erreur. C'eft
ainfi qu'en Phyfique, en Morale, en Politique on erre tous les jours, parce qu'on ne
fonde pas affez fes jugemens fur l'expérience, & qu'on prend l'apparence ou la poffibilité que notre imagination nous préfente
pour la réalité. Delà tant d'erreurs & de
préjugés dont l'univers abonde, & que tout
pere fage doit être bien-aife de faire éviter
à fon fils.

Mais pour l'en préferver, je le répete, il
doit lui apprendre à voir foigneufement, à
examiner, vérifier, comparer, douter; cette
méthode eft longue à la vérité; ce procédé
minutieux demande des foins & de la patience ; mais acheterons-nous trop cher la vérité par un peu de peine? & quel pere ne
fera pas dédommagé de la fienne, fi, par ce

moyen moins gênant au fond qu'il ne paroît, il donne à son fils l'habitude de juger exactement des choses, & de raisonner conséquemment ?

Pour notre éleve accoutumé de bonne heure à chercher le vrai en tout, à n'être jamais décisif, les principes de la Logique se graveront d'autant plus facilement dans sa mémoire, qu'ils lui sembleront très-analogues à ce qu'il a toujours pensé. La constance de nos soins, l'expérience & l'étude des bons livres que nous avons sur cette matiere (*a*), lui apprendront bientôt à juger & à raisonner juste, & soit qu'il se serve de l'analyse (*b*) ou de la synthese, soit en des-

_____

(*a*) La Méthode de Descartes, la Recherche de la vérité de Mallebranche, l'Art de Penser, l'Essai sur l'entendement humain de Locke, la Logique de Leclerc, celle du Professeur de Felice. Les questions frivoles en sont bannies ; on y applique les regles à des choses qui intéressent les sciences & le commerce de la vie civile.

(*b*) L'analyse est bien préférable à la synthese pour découvrir la vérité, & sur-tout quand elle est plus compliquée. En suivant l'analyse, on part en

cendant des idées générales aux particulieres, ou en remontant des idées particulieres
aux générales, il trouvera toujours la vérité.

---

quelque forte du tronc d'une propofition, dont il eſt
facile de parcourir toutes les branches ; dans cet
ordre les choſes inconnues font toujours déduites
de celles que l'on connoît ; mais dans la ſyn-
theſe, on parcourt l'arbre des vérités en ſens contraire, il faut que les conféquences nous menent
aux principes ; ce qui eſt non - ſeulement plus difficile mais plus ſujet à erreur. L'analyſe veut qu'on
ſuppoſe que ce qui eſt en queſtion eſt vrai ou
même qu'il eſt faux ; que de cette ſuppofition,
on tire les conféquences qui s'en peuvent tirer ;
que de ces premieres conféquences, on en déduiſe
des ſecondes, de ces ſecondes des troiſiémes, &
qu'on continue ainſi de raiſonner juſqu'à ce qu'on
ſoit venu à une propofition évidemment vraie
ou évidemment fauſſe. Dans le premier cas, ce
qu'on a ſuppofé vrai l'eſt effectivement, puiſqu'il
conduit à une vérité évidente, d'où l'on peut retourner par la ſynthéſe, à ce que l'on a ſuppoſé
être véritable. Ce que l'on a ſuppofé être faux
l'eſt effectivement, s'il conduit à une propoſition
évidente, d'où l'on retourne à ce qui étoit en queſtion par la même voie de la ſynthéſe. Dans le

Cependant

Cependant, en cherchant à inſtruire un jeune homme des principes de la Logique, par les regles ſimples que nous avons expoſées, je ne prétends pas lui cacher ce que peut avoir d'utile la méthode ſcholaſtique, ſi fort en vogue autrefois, & aujourd'hui ſi décriée. La vérité eſt recevable de quelque part qu'elle vienne; la méthode des écoles a ſon bon comme ſon mauvais. En rejettant ce qu'elle a de défectueux ou de puérile, il ne convient pas de rejetter en même temps ce qu'elle a d'avantageux.

La plupart des ſcholaſtiques avoient étrangement défiguré la Logique, par le langage & les formules barbares qu'ils y avoient introduits, & par les vaines ſubtilités dont ils l'avoient ſurchargée (a). On a reconnu

***

deuxiéme cas, où l'on arriveroit par des conſéquences toujours évidentes à une propoſition évidemment fauſſe, il eſt clair que ce qu'on avoit ſuppoſé être vrai est rendu faux.

(a) Les écoles pendant douze ſiecles de barbarie, firent de la Logique un art de pointiller plu-

l'abus , & pour éviter cet excès on eſt tombé dans un autre. On s'eſt fait un mérite

---

tôt que de raiſonner ; ce fut un amas d'imperti-
nentes queſtions.

On demandoit ſi la Logique *enſeignante ſpé-
ciale* eſt diſtinguée de la Logique *pratique habituelle.*

Si les degrés métaphyſiques dans l'individu ſont
diſtingués *réellement*, ou s'ils ne le ſont que *virtuel-
lement & d'une raiſon raiſonnée.*

Si l'être eſt *univoque* à l'égard de la ſubſtance
& de l'accident.

Si la relation du pere au fils, ſe termine à ce
fils conſidéré *abſolument*, ou à ce fils conſidéré *relativement.*

Si la fin meut ſelon ſon être *réel*, ou ſelon ſon
être *intentionnel.*

On enſeignoit à bien concevoir par le moyen
des *univerſaux*, à bien juger par le moyen des
catégories, à bien conſtruire un ſyllogiſme par le
moyen des figures *Barbara celarent* , &c. quelle
Philoſophie ! *Plan d'éducat. pub.* page 163.

Quoiqu'on ait nettoyé la Logique des Colleges,
on y a encore laiſſé de l'ancienne rouille. Par exemple , à quoi ſert d'agiter ſi les ſenſations ſont des penſées ou des connoiſſances ; ſi l'eſſence ſeule des choſes
peut être l'objet de l'idée ; ou ſi leur exiſtence peut
l'être également : ſi les idées ont une étendue généri-

de n'avoir rien de commun avec les fcholaftiques ; on a profcrit jufqu'aux opérations
logiques & à l'art du raifonnement. L'Abbé
Pluche a prétendu prouver que l'efprit humain n'a pas befoin de ces regles pour apprendre à raifonner ; mais il a prouvé par
fon exemple , qu'en les méprifant on ne
raifonne pas toujours jufte.

Il eft certain que la doctrine de la contradiction, qui fert en quelque forte de bafe
à la méthode fcholaftique , pourroit être
d'un grand fecours pour la découverte de
la vérité, fi on gardoit certaines précautions en l'employant. On ne peut difcon-
venir que de deux propofitions contradictoires oppofées l'une à l'autre , & pouffées
auffi loin que le raifonnement peut les mener, il ne réfulte une connoiffance certai-

que, fpécifique, individuelle : fi le jugement eft un
acte de la volonté ou de l'entendement : fi un jugement négatif peut être changé en affirmatif fans en
changer le fens : fi de deux propofitions contradictoires qui ont pour objet le futur contingent libre , la
vraie peut devenir fauffe, & la fauffe vraie, &c. *ibid.*

ne de ce qu'elles ont de faux ou de véritable (*a*); mais il faut pour cela, 1°. que les

---

(*a*) La doctrine de la contradiction eſt une partie très-utile de la Logique. D'abord elle nous apprend 1°. que deux propoſitions contradictoires ne
peuvent être enſemble vraies ou fauſſes; d'où il
ſuit que la vérité de l'une ſuppoſe la fauſſeté de
l'autre, & *vice verſa*; 2°. que deux propoſitions
contraires peuvent être fauſſes en matiere contin-
gente; mais que toutes deux ne peuvent être vraies,
d'où il ſuit que la vérité de l'une ſuppoſe la fauſſeté de l'autre; mais que la fauſſeté de celle-ci ne
ſuppoſe pas la vérité de celle-là; 3°. qu'il n'eſt aucune propoſition logique dont on ne puiſſe tirer la
contradictoire. L'oubli des regles que la Logique
nous donne à cet égard, ne peut mener qu'à de
faux raiſonnemens.

Un célebre Ecrivain, qui a critiqué les penſées
de Paſcal, cite deux exemples pour prouver que
les deux contraires peuvent être faux. Le premier
eſt celui-ci, *un bœuf vole au ſud avec des ailes*. Le
deuxiéme, *un bœuf vole au nord ſans ailes*. Ces
deux propoſitions ne ſont point contraires : ſi elles
ſont fauſſes, c'eſt que réellement les bœufs ne vo-
lent, ni au ſud, ni au nord, ni avec des ailes, ni
ſans ailes. Du reſte, il n'y a qu'à changer de matiere, & on trouvera que des propoſitions ſembla-

deux champions de la difpute cherchent de bonne foi la vérité; qu'ils n'emploient point de fubterfuges & de faux-fuyans; 2°. qu'ils définiffent exactement les termes qu'ils employent; car la différence de fentimens, les contradictions, les controverfes fur le même objet, ne viennent pour l'ordinaire que de la mauvaife intention qu'on apporte dans la difpute, de l'idée contraire qu'on a des chofes, & du fens différent que chacun attache aux termes des propofitions combattues. Il faut donc remplir tous ces préalables, pour que la contradiction foit utile. C'eft parce qu'on y a manqué, que les controverfes fcholaftiques ont produit tant de mauvais effets, qu'au lieu de nous éclairer dans la recherche de la vérité, elles l'ont couverte d'un épais nuage; enfin qu'à

---

bles peuvent être toutes deux véritables : un bateau cingle au fud avec des voiles, un bateau cingle au nord fans voiles. Cet exemple fait voir que l'Auteur ne concevoit pas affez nettement ce que c'eft que deux contraires, & pourquoi deux contraires peuvent être faux.

la place de la perfuafion, de l'accord, de l'unanimité des fuffrages, elles ont enfanté l'aigreur, l'entêtement & la groffiéreté.

Autant ces difputes futiles & interminables des écoles font dignes de mépris, autant la controverfe amiable, employée avec prudence & foutenue de bonne foi, doit être approuvée. Comme elle nous offre une route pour aller au vrai, on peut l'enfeigner à un jeune homme. Il importe qu'il apprenne bien la forme fyllogiftique. L'art du raifonnement mérite d'être connu par lui - même, indépendamment de l'utilité qu'on en retire. On eft parvenu dans cette partie de la Logique à déterminer le nombre des combinaifons, dont les termes & les propofitions d'un raifonnement font fufceptibles, pour qu'il foit concluant. Les regles qu'on en tire fournilfent un exemple précieux, d'une fuite de démonftrations rigoureufement géométriques, dans une matiere qui n'eft pas du reffort de la Géométrie (a).

_____

(a) Parmi le grand nombre d'Ecrivains, dont le

Par l'exercice des regles syllogistiques, l'esprit contracte l'heureuse habitude de placer les termes & les propositions d'un raisonnement, de la maniere la plus convenable pour raisonner juste en quelque matiere que ce soit ; habitude qui reste lors même qu'on oublie ces regles ; & enfin il acquiert plus de facilité à reconnoître non-seulement si un raisonnement est défectueux, mais encore à démêler sur le champ en quoi consiste le vice du raisonnement.

Je veux donc que notre éleve participe à ces avantages ; que prémuni contre les sophismes, il en découvre l'artifice d'un coup-d'œil ; qu'il en démontre le faux ; qu'il 'es confonde dans la replique s'il est obligé

---

siecle abonde, on voit assez souvent de beaux diseurs & de faux raisonneurs. Le défaut de méthode y influe plus qu'on ne pense. Un homme est en état de raisonner avec bien plus de force, lorsqu'il a des idées réfléchies qui l'éclairent & le rassurent sur l'exactitude du raisonnement, que lorsqu'il s'en rapporte aux lumieres naturelles de son esprit.

L iv

d'y répondre. A Dieu ne plaise néanmoins que je veuille lui rendre l'*ergoterie* si agréable qu'il s'y adonne par plaisir ; qu'il en prenne l'habitude de toujours disputer. Il est bon qu'il connoisse la méthode d'argumenter pour s'en servir au besoin, mais jamais pour satisfaire sa vanité ; qu'il puisse l'employer pour sa défense, & non pour braver & pour attaquer les autres. Bien loin de lui donner une haute idée de cette sorte d'escrime, je serois bien-aise de lui faire voir combien on y abuse de son adresse : je voudrois le mener quelquefois dans ces lieux publics où à la faveur des armes & des subtilités que fournit l'ergoterie, on fait assaut d'argumens & d'opiniâtreté, afin qu'il pût se convaincre que rien n'est plus opposé à la découverte de la vérité, à la douceur, à la politesse, à la modestie ; que rien enfin ne rend plus sottement entêté ni plus contredisant, que toutes ces disputes.

Ce n'est pas la vérité que cherchent les ergoteurs, c'est le vain orgueil de briller, le méprisable avantage de triompher d'un adversaire à la faveur d'un mot à double

fens, ou d'une frivole diftinction. La vanité
des hommes n'a peut-être rien imaginé de
plus futile, que cet art de toujours difpu-
tailler fans s'entendre, & fans vouloir jamais céder, quelque bonnes raifons qu'on
nous allegue. Il ne faut pourtant point s'é-
tonner qu'il ait eu la vogue fi long-temps;
la raifon en eft fenfible. Des hommes pleins
d'orgueil devoient naturellement foutenir
une méthode qui flattoit leurs plus doux fentimens, quand il n'en coûtoit qu'un babil
inépuifable, ornée de fubtilités ridicules, pour
s'attirer l'eftime publique & le nom de favant. Pour faire tomber cette ergoterie en
difcrédit, il a fallu toute la lumiere de la
vraie Philofophie, & c'eft un bien de plus
que nous lui devons.

Au lieu de fe fervir des fubtilités épineu-
fes de la dialectique, notre éleve doux &
honnête, fera toujours prêt dans la difpute
à rendre les armes à la vérité d'auffi loin
qu'il la verra. Il ne trouvera point désho-
norant de la reconnoître ailleurs que chez
lui; il penfera au contraire qu'il eft non-
feulement incivil, mais indigne d'un hon-

nête homme de ne pas céder à l'évidence
& au sentiment intime, lors même qu'ils
nous condamnent.

ARTICLE III.

De la Métaphysique.

LA Métaphysique est la connoissance des
choses purement intellectuelles, & qui ne
tombent point sous les sens. Elle comprend
l'*Ontologie*, qui traite de l'Etre en général, de ses rapports, de ses propriétés, & la
Pneumatologie qui traite de Dieu, de l'ame
humaine, &c. Elle est regardée, sous ce
double aspect, comme la science des principes; mais elle n'est pas toujours également
certaine ni utile, parce que souvent ces
principes ne sont rien moins qu'évidens, ou
que, d'une vérité reconnue, ils ne servent
point à nous éclairer davantage sur les objets que la Métaphysique veut découvrir,
& n'augmentent point la somme de nos
connoissances (a).

(a) Tels sont ces principes incontestables. *Rien*

Il faut diftinguer, dit M. l'Abbé de Condillac, deux fortes de Métaphyfiques ; l'une ambitieufe, veut percer tous les myfteres, la nature, l'effence des êtres, les caufes les plus cachées ; voilà ce qui la flatte, & ce qu'elle promet de découvrir : l'autre plus retenue, proportionne fes recherches à la foibleffe de l'efprit humain ; & auffi peu inquiete de ce qui doit lui échapper, qu'avide de ce qu'elle peut faifir, elle fait fe contenir dans les bornes qui lui font marquées. La premiere, fait de la nature une efpece d'enchantement qui fe diffipe com-

ne produit rien. *Il ne faut point multiplier les êtres fans néceffité. Le tout eft plus grand que fa partie. A des quantités égales, fi vous ajoutez des quantités égales, elles reftent toujours égales. Il eft impoffible que la même chofe foit ou ne foit pas. Avec le moins on ne fait pas le plus. Il n'y a point d'effet fans caufe. Tout ce qui eft renfermé dans l'idée claire d'une chofe, en peut être affirmé avec vérité.*

Tous les principes évidens par eux-mêmes, n'ont pas befoin de démonftration quand il feroit poffible de les démontrer ; parce que portant la marque de la certitude la plus invincible, ils prouvent fans raifonnement.

me elle : la feconde, ne cherchant à voir les chofes que comme elles font en effet, eft auffi fimple que la vérité même : avec celle-là les erreurs s'accumulent fans nombre, & l'efprit fe contente de notions vagues, & de mots qui n'ont aucun fens : avec celle-ci, on acquiert peu de connoiffances, mais on évite l'erreur, l'efprit devient jufte & fe forme toujours des idées nettes......... Les Philofophes ont fouvent demandé s'il y a un premier principe de nos connoiffances : c'eft la *liaifon des idées*. Tel eft le principe le plus fimple, le plus lumineux & le plus fécond : c'eft le reffort qui donne le mouvement à tous les autres.

Voulons - nous apprendre la Métaphyfique à un jeune homme, enfeignons-lui donc à lier fes idées, en lui faifant porter le flambeau de l'analyfe fur tous les objets fpirituels; elle ne nous fera pas moins utile ici qu'en Logique; mais dédaignons de nous enfoncer dans les ténebres (*a*) de ces quef-

_____

(*a*) Telles font ces queftions :
Comment Dieu exifte-t-il ?

tions infolubles, dont le fond eft un abîme
où l'on ne peut que fe perdre ou s'égarer. Ne
cherchons à pénétrer que celles qui étant
plus utiles, font en même temps plus accef-
fibles. Prouvons à notre éleve que Dieu

Comment Dieu a-t-il pu créer ?

Quel eft le fiege de l'ame humaine ?

Quel eft le moyen d'union des deux fubftances,
l'ame & le corps ?

Comment une volonté toute fpirituelle produit-
elle une action phyfique & corporelle ?

L'ame des bêtes, quelle eft-elle ? leurs mouvemens font-ils fpontanés ?

Quelle eft la caufe finale de la création de la
matiere ?

Quelle eft la nature de l'efpace, où elle fut créée,
& du temps auquel elle co-exifte ?

Queftions abfurdes ou du moins inutiles, puifque
l'efprit humain ne peut en percer l'obfcurité. A
quoi bon vouloir expliquer ce qui reftera toujours incompréhenfible ? Détachons-nous donc de
l'envie de les comprendre, de même que de favoir
ce que c'eft qu'*infini*, *prefcience*, *éternité*, *prémo-*
tion phyfique, *harmonie préétablie*, *monades*, *cau-*
fes premieres, *caufes finales*, &c.

« La Métaphyfique contenue dans les bornes de
» l'intelligence humaine, eft une fcience fublime qui

exiſte , & qu'il exiſte par lui - même ; que
tous les êtres ne ſont que par lui ; qu'il
eſt ainſi l'auteur de la Nature , qui n'eſt
elle-même autre choſe que la force active
répandue dans l'univers pour la réproduction des êtres , la perpétuité de l'ordre &
le maintien de l'enſemble. Ne diſcutons
néanmoins avec lui ces queſtions intéreſ-
ſantes , ainſi que celles du bien & du mal
moral , de la nature du principe qui nous
fait penſer , de l'exercice de notre liberté , &c. qu'avec une ſorte de défiance ; ne
marchons qu'avec précaution , & en ſon-
dant toujours le terrein devant nous. C'eſt
alors que le doute doit être la bouſſole néceſſaire pour nous conduire ; c'eſt alors qu'il
faut apprendre à douter à notre élève , afin
qu'après avoir penſé un moment que tout
n'eſt qu'illuſion , il puiſſe s'aſſurer par un
examen méthodique de ce qu'il y a de

» ſe mêle à toutes les ſciences : car chacune a
» ſa Métaphyſique ; mais ſi elle va au-delà , elle
» ſe jette dans la région des ſonges ».
Plan d'éduc. pub. page 171.

réel dans les êtres, & que les paradoxes même du pyrrhonisme le ramenent à la vérité.

Veux-je le convaincre que l'ame établie surveillante du corps a, par ses sens, non-seulement la perception de sa propre exis-tence, mais encore celle des corps qui sont à sa portée; je le fais ainsi raisonner avec moi : « Je sens, lui dis-je; par conséquent » je suis, & l'appréhension que j'ai de cette » sensation, ne me laisse pas douter que je » suis par-tout où je sens, & que mes or-» ganes ne soient moi. J'ai donc la plus » grande certitude que j'existe. Cependant » mes organes ne sont pas toujours la cause » unique & immédiate de mes sensations; » il est des objets externes qui agissent sur » moi, comme j'agis sur moi-même & sur » eux. Si je pose ma main sur ma tête, je » suis actif & passif en même temps, je » me sens exister à la fois à la main & » à la tête; mais, si je suis heurté par un » corps étranger, si je pose ma main sur » lui, ma sensation n'est plus double, je » ne me sens exister que dans le point où

» j'en fuis touché, ou dans l'organe qui le
» touche ; je n'exifte point au-delà. Je ne
» puis douter néanmoins que ce qui me
» caufe cette fenfation, ne foit un corps
» exiftant, & qu'il ne foit indépendant de
» mon être. J'apprends donc qu'il y a des
» corps autres que le mien, & je parviens
» ainfi à une double certitude ».

Si de là je veux paffer à l'examen de notre liberté, & en déduire des conféquences,
je puis continuer de la forte. « Une fois
» averti de mon exiftence & de celle des
» chofes qui m'environnent ; j'ajoute bien-
» tôt à cet acquis des notions non moins
» néceffaires. J'apperçois, je compare, je
» me détermine, ma volonté dirige mes
» fens : j'éprouve qu'elle en eft indépendan-
» te; qu'elle confent ou réfifte à fon gré, &
» j'ai dès-lors la confcience de ma liberté.
» Le befoin qui excite mes facultés, me fait
» foupçonner mes forces. Je fais que je
» veux, je comprends que je puis; j'effaye
» ce que je puis, & j'étends mon domai-
» ne auffi loin qu'il m'eft poffible de l'éten-
» dre. J'agis non-feulement fur moi, mais

» fur ce qui m'environne, & le mouvement
» ou l'effort eft toujours la fuite de ma vo-
» lonté, tandis que la matiere brute n'a
» aucun mouvement par elle - même ».

C'eft ainfi que le fenfible nous conduit à
l'infenfible. Le fentiment intime nous donne la certitude de l'exiftence de notre ame
& de fes propriétés, à mefure qu'elle agit,
qu'elle reçoit de certaines impreffions &
qu'elle paffe d'un état à un autre; mais la
réflexion arrêtée fur ces faits, forme en
nous des idées qui nous repréfentent la
nature de ces chofes, dont l'exiftence ac-
tuelle n'eft qu'un fait. L'expérience ne nous
fait voir en quelque forte que l'écorce des
chofes, elle ne nous montre que des effets;
nous en trouvons la caufe dans les idées,
qui nous apprennent les raifons, la nature,
& la vérité de ces chofes. Tout ce que nous
connoiffons par l'entremife des fens, eft du
reffort de la Phyfique. « Mais au - deffus
» d'elle s'éleve le monde des pures idées,
» qui nous éclaire fur l'effence des corps
» & fur celle des efprits, pour nous ap-
» prendre à diftinguer ces deux genres de

» substances, & pour nous rendre raison
» des divers phénomenes que l'expérience
» nous y découvre; & c'est là précisément
» en quoi consiste la Métaphysique. C'est
» à cette Métaphysique, aujourd'hui si dé-
» criée, que nous devons les preuves de
» l'existence de Dieu & de ses perfections
» infinies; celles de l'immortalité de notre
» ame & sa distinction avec le corps, mal-
» gré le lien incompréhensible qui les unit.
» C'est elle qui nous montre la différence
» essentielle du juste & de l'injuste, & qui
» nous découvre dans les loix éternelles de
» l'ordre la base de toute la morale. Si
» l'industrie, qui compare entr'eux les dif-
» férens rapports de nos sens, pour cons-
» tater les phénomenes sensibles, est ce
» qui fait le Physicien; la science intellec-
» tuelle, qui consiste à consulter les idées
» immuables & primitives, forme le vrai
» Philosophe ».

Lorsqu'on voudra donner à un jeune
homme une haute connoissance de la Métaphysique, il sera bon de lui faire étudier
ce que nous avons de meilleur sur cette ma-

tiere. Defcartes , Mallebranche , Leibnitz, Locke, M. l'Abbé de Condillac l'ont traitée d'une maniere diftinguée; ces deux derniers fur-tout mériteroient la préférence par la folidité de leurs principes , la jufteffe de leurs raifonnemens & la vérité de leurs déductions , s'ils n'étoient peut-être encore trop élevés pour les jeunes gens. La Métaphyfique, plus à leur portée comme la plus fimple, eft celle que nous devons leur préfenter; par cette raifon nous choifirons d'abord le Traité de Sgravefande, imprimé en françois , & dont les propofitions s'enchaînent dans l'ordre géométrique.

ARTICLE IV.

De l'Efprit Philofophique.

COMME je ne pourrois dire à ce fujet rien de mieux, ni d'une maniere plus concife, que ce qu'en a écrit M. l'Abbé Coyer , je me contente de rapporter ici fes propres paroles.

Ce qui caractérife le Philofophe & le diſtingue éminemment du vulgaire, ce n'eſt pas de ſavoir toutes les regles du ſyllogiſme, tous les ſyſtêmes qui ont tenté d'arranger le monde, tous les argumens pour & contre dans les queſtions métaphyſiques; mais c'eſt de ne rien admettre ſans preuve, de ne point acquieſcer à des notions trompeuſes, de poſer exactement les limites du certain, du probable & du douteux, de ne jamais ſe payer de mots & de ne rien expliquer par les qualités occultes. Tel eſt l'eſprit philoſophique ſupérieur à la Philoſophie même, dont il eſt le réſultat & le but. Indépendant des opinions & de la coutume, applicable à tout, utile à tout, c'eſt lui qui a produit tous les bons ouvrages du ſiecle : c'eſt lui qui donne à la Morale plus de force perſuaſive, à l'Hiſtoire plus de vérité & d'inſtruction, au Théatre même plus d'intérêt : c'eſt lui qui, dans tous les pays, rend les grands plus traitables, les petits plus confians, le guerrier plus humain, l'homme d'Egliſe plus citoyen, le Magiſtrat plus éclairé. Il a éteint, ou peu s'en faut, les bûchers de l'Inquisition ; il a presque désarmé l'intolérance ; il a banni de nos Tribunaux les jugemens par le combat, par la croix, par l'eau bouillante ; il a fait disparoître l'Astrologie judiciaire, les sortileges & les sorciers. S'il eût eu sous le ministere de Richelieu, l'ascendant qu'il a aujourd'hui, Urbain Grandier & la malheureuse épouse du Maréchal d'Ancre n'auroient pas péri dans les flammes. Il peut également nous délivrer des erreurs qui nous restent, soit dans la Jurisprudence, soit dans la Finance, soit dans la Politique, soit dans les opinions théologiques. De nos jours encore des disputes sur la grace, des convulsions miraculeuses, ont presqu'enfanté des convulsions d'État. Si l'esprit philosophique n'avoit pas percé en Russie, y travailleroit-on à un Code de Loix ? & une Impératrice despote auroit-elle proposé à ses esclaves cette question délicate : *la servitude est-elle préférable à la liberté ?* la liberté ! elle paroît donc l'annoncer à ses peuples ; mais que feroient-ils de la liberté, sans une bonne éducation ?

Tant que l'on confondra l'esprit philosophique avec je ne sais quelle Philosophie, qui n'éclaire ni ne perfectionne l'humanité, on s'égarera. Comme il y a bien des
Géometres qui n'ont pas l'esprit géométrique, bien des gens de loix, qui n'ont pas
l'esprit des loix, ainsi est-il beaucoup de
Philosophes qui n'ont pas l'esprit philosophique.

Vous devez sentir de quelle nécessité il
est pour conduire les hommes. Voulez-vous
le former dans vos éleves ? après les avoir
munis d'une Logique exacte, d'une Physique toute expérimentale, d'une Métaphysique lumineuse, & des regles de la critique données par le Clerc, appliquez leur
judiciaire au courant des choses humaines. C'est sur-tout en lisant l'Histoire avec
eux, que vous les accoutumerez à discerner les mensonges imprimés d'avec les faits
certains ou vraisemblables. Ils pourront
croire que Vespasien mit un impôt sur
les urines, quelque singuliere & bizarre que
soit cette idée fiscale dans la tête d'un grand
Empereur ; mais ils ne croiront pas avec

Dion & Suétone, qu'avec sa salive il rendit la vue à un aveugle, & qu'en touchant
un paralytique, il le guérit. Ils distingue-
ront la crédulité populaire de la conviction; l'obéissance aux loix, de l'esclavage;
la superstition, de la Religion. Et quand les
vertus viendront à passer sous leurs yeux,
ils démêleront les vraies, des fausses; l'é-
conome, de l'avare; le généreux, du prodigue; l'homme juste, de l'homme dur; le
Financier, du maltotier; le Magistrat, du
pointilleux formaliste; le Héros, du force-
né; le grand Roi, du peuple des Rois. Le
commun des hommes n'a que deux yeux:
le vrai Philosophe en a cent, & il fait
peur à ceux qui n'en ont que deux; mais
ceux qui ont peur, ignorent combien doit
leur être utile l'esprit philosophique dans
les gardiens de la Nation.

CHAPITRE XI.

De la Grammaire.

L'Esprit de l'homme ne produit rien de lui-même ; ses inventions les plus brillantes ont leur modele , & ce modele est toujours dans la nature. Les arts n'en font que l'imitation. Ce font les observations des hommes de génie , fur nos befoins & fur la possibilité de les fatisfaire , qui ont fait naître les arts ; les combinaisons de leurs procédés en ont établi les regles , & la connoissance de ces regles a fait la science. Mal-à-propos l'on a penfé jufqu'ici que ces regles pouvoient être purement conventionnelles , une connoissance plus profonde des chofes a fait voir que cette opinion n'étoit qu'une erreur. On s'en est furtout apperçu , lorsque le favant M. de Gebelin a démontré que la Grammaire , dont on croyoit les principes plus arbitraires que ceux des autres arts , n'étoit pas moins

dépendante

dépendante que ceux-ci des loix naturelles, & qu'on n'avoit pû s'en écarter dans
la marche d'aucune Langue.

La Grammaire ou l'Art de parler cor-
rectement, est composée des regles que
nous observons dans la peinture de nos
idées par la parole; elle ne peut être arbitraire, puisque la parole même ne l'est pas.
En effet, les élémens du discours, les sons
primitifs & les mots syllabiques sont comme obligés, tant par la structure des organes de la voix commune à tous les hommes, que par l'essence & la forme des objets qu'ils avoient à peindre; & il a dû en
résulter une premiere Langue, dont toutes
les autres ne sont qu'une dérivation plus ou
moins altérée (a). Les principes de cette pre-

_____

(a) M. de Gebelin a très-bien prouvé qu'il y a
les rapports les plus frappans entre toutes les Langues, même entre celles des peuples qui n'ont
jamais pû avoir de communication, « parce que
» toutes les Langues originales ont pour pere l'ono-
» matopée, & un certain nombre de cris naturels
» expressifs des passions, & pour mere une méta-

miere Langue renferment donc nécessairement les principes de toutes les Langues, &
ses regles, leurs regles communes. La Grammaire universelle peut donc seule nous apprendre ce que les Langues ont de relatif &
de conforme, parce qu'elle seule contient
les loix, « sans lesquelles il n'y auroit point
» de Langues, point de Grammaire, point
» de peinture d'idées, & que ces loix sont
» établies sur la nature des idées, puisées
» elles - mêmes dans l'univers qu'elles pei-
» gnent à notre esprit.

» Ces principes indispensables dirigent

» physique très-fine, qui est la même chez tous
» les hommes, d'autant que tous les hommes ont
» les mêmes organes & le même fond de raison,
» & qu'ils se trouvent à peu près dans les mêmes
» circonstances physiques & morales, lors de la
» formation des Langues & des Sociétés. Ce sa-
» vant est parvenu à porter si loin ses découver-
» tes, qu'il a rassemblé presque toutes les racines
» communes à toutes les Langues originales, &
» qui peuvent aussi servir de clefs pour les Lan-
» gues modernes.

Ephém. du Cit. année 1771, tom. IV, pag. 226.

» néceſſairement les tableaux de la parole,
» dans quelque temps & en quelque lieu
» que ce ſoit; mais ſi les Nations n'ont pu
» s'écarter de ces loix conſtitutives du diſ-
» cours, ſi elles ont été forcées d'en ſui-
» vre l'impulſion; elles ont pu ſe livrer à
» leur propre génie dans la maniere d'exé-
» cuter ces loix, dans l'emplacement à
» donner aux diverſes parties d'un tableau,
» dans les formes dont elles pouvoient être
» ſuſceptibles, dans le plus ou le moins de
» force avec laquelle on les deſſine ; ce
» qui a donné lieu aux Grammaires parti-
» culieres.

  » Tout arrangement, tout ordre, ſuppo-
» ſe un goût dans l'ordonnateur ; mais ce
» goût n'eſt pas donné en particulier par
» la nature ; en nous faiſant ſentir la né-
» ceſſité de l'ordre dans le tableau d'une
» idée, elle laiſſe au génie & au goût de
» chaque peuple, les arrangemens particu-
» liers dont ce tableau peut être ſuſcepti-
» ble, pourvu qu'ils ne ſoient pas en con-
» tradiction avec ſes principes.

  » C'eſt le choix que chaque peuple a

» fait d'un arrangement qui lui eſt pro-
» pre, qui établit l'uſage & devient l'ori-
» gine des Grammaires particulieres. Com-
» me des ruiſſeaux qui ſortent d'une même
» ſource, elles coulent toutes naturelle-
» ment du côté vers lequel leur pente les
» entraîne » (a). Ainſi il faut toujours remonter à cette ſource commune des regles
qu'on obſerve dans la peinture des idées,
pour trouver les élémens de cette peinture, ou les diverſes eſpèces de mots qui
conſtituent le diſcours, les formes qu'ils
doivent prendre pour s'unir entr'eux, l'arrangement qu'il faut leur donner pour en
faire un tableau convenable, enfin la maniere dont la Grammaire univerſelle ſe
prête au génie particulier de chaque Langue. Alors & ſeulement alors on peut décider des avantages d'une Langue ſur une
autre, parce qu'on a un moyen de les apprécier en leur appliquant une meſure commune, c'eſt-à dire, en les comparant aux
principes de la Grammaire univerſelle, &

_____

(a) Grammaire univerſelle de M. de Gebelin.

l'on eſt aſſuré qu'une Langue eſt plus ou moins parfaite, en raiſon de ce qu'elle tient de plus près ou s'écarte davantage de ces principes.

Les bornes que je me ſuis preſcrites, ne me permettent pas de traiter en détail des regles de la Grammaire, il me ſuffit de renvoyer ceux qui veulent les apprendre ou les enſeigner, à l'excellent ouvrage de M. de Gebelin. Les principes y ſont expoſés d'une maniere neuve, & en même temps ſi lumineuſe, qu'elle eſt à la portée de tout jeune homme, pour peu qu'il ait d'intelligence. Dépouillés de ces formules inconſéquentes, qui rendent les ſuffiſans ſi trompeuſe jeuneſſe, ces principes en feront ſaits avec un plaiſir & une facilité inconnus dans les écoles. Les ſuccès ne ſont point douteux : voulez-vous les accélérer, voulez-vous hâter les progrès de votre éleve, analyſez vous-même la Grammaire de M. de Gebelin, afin de donner à votre diſciple le moyen de voir d'une ſeule vue l'enſemble & tout l'enchaînement des regles du diſcours. Déja pourvu des connoiſſances que

M iij

nous avons parcourues, il sera dès-lors en
état d'étudier fructueusement ces regles ; il
en concevra les rapports , il en suivra les
conséquences. Les Langues qu'il sait lui feront pénétrer le méchanisme de la Grammaire universelle, & celle-ci lui fera mieux
connoître le génie particulier de chacune.
En comparant le grec & le latin avec le
françois , par exemple, il appercevra non-
seulement les différences qui se trouvent
dans la marche de ces Langues, mais encore la raison de ces différences ; il verra
ce qu'elles ont de commun & de relatif,
& l'étymologie des mots qui dérivent de
l'une à l'autre.

Ces rapports & ces étymologies serviront à se convaincre, que les Langues n'ont
pas été composées par système, & qu'ayant
toutes leur source dans la nature , il n'est
pas surprenant qu'elles se ressemblent par
bien des endroits ; il y remarquera leur
conformité qui décele leur commune origine ; mais, en les lui faisant voir d'une vue
générale, nous devons lui faire observer
qu'elles ont suivi pas à pas l'expansion des

mouvemens du cœur & les connoiffances
de l'efprit; que comme elles rendent les
penfées, les circonftances qui les accompagnent, les parties avec leurs configurations,
leurs liaifons, leurs degrés, elles doivent
être plus ou moins riches, énergiques, har-
monieufes, fuivant que les peuples, qui les
ont parlées, ont été plus ou moins favans,
plus ou moins polis; car le génie des peuples détermine celui des Langues dont ils
fe fervent.

Ce principe développé contribuera beaucoup à lui faire comprendre la variété des
idiômes, la contrariété & la diverfité des
fens. Il s'appercevra que les peuples du
midi, généralement plus fpirituels, mais
moins robuftes que les peuples du nord,
ont la prononciation plus douce; que leurs
Langues font plus fonores, plus majeftueu-
fes, plus coulantes; que les hommes des
pays voifins du pole ou des régions froides & élevées, naturellement plus forts que
les premiers, & moins touchés de la poli-
teffe du langage, appuyent davantage fur
les fyllabes, & font plus capables de pro-

noncer des mots remplis de confonnes.
Ayant fûr les autres l'avantage de la taille,
la poitrine plus large, & la chaleur intérieure plus grande, ils prononcent leurs
mots avec plus de véhémence, leur voix
eſt plus roque, leurs Langues font moins
agréables; &, comme ils s'appliquent moins
aux ſciences, qu'ils font d'un caractere plus
ſilencieux, il n'eſt pas étonnant que leur
vocabulaire s'en reſſente.

Il verra en même temps que les peuples
qui ont plus de feu & de vivacité, expriment moins de choſes, & en laiſſent plus
à deviner à leurs auditeurs, parce que, ſe
contentant d'exprimer fortement les principales idées qui ſe préſentent à leur imagination, ils laiſſent ſuppléer le reſte à
ceux qui les écoutent, pour faire courir
leur expreſſion au gré de leur vivacité; il
connoîtra que leur vocabulaire étant plus
reſſerré, le génie de leur Langue doit être
la clarté, afin qu'ils ne trouvent pas d'embarras à ſe faire entendre.

Il faut alors lui faire appliquer ce principe à ſa Langue maternelle, afin qu'il en

connoisse toutes les propriétés. Si l'on est
si soigneux de lui apprendre les Langues
mortes ou étrangeres, ne doit-on pas être
plus attentif à lui faire parfaitement connoître celle qui lui est comme naturelle.
On ne doit pas être indifférent sur ce qu'on
possede, pour acquérir ce qu'on n'a pas.
Ne seroit-ce pas d'ailleurs une honte à un
François d'ignorer sa Langue, aujourd'hui
qu'elle est si répandue, & qu'elle semble devoir être un jour l'idiôme commun de l'Europe.

CHAPITRE XII.

DE L'ELOQUENCE ET DE LA RHÉTORIQUE.

L'ÉLOQUENCE eſt cette force du diſcours, qui ébranle & ſubjugue la volonté, ou cette douceur inſinuante qui la perſuade & la détermine. Malgré ce proverbe connu de tout le monde, *la nature forme le Poëte, & c'eſt l'art qui fait l'Orateur*, il n'eſt pas moins vrai que nous tenons de la nature toutes les diſpoſitions à l'Eloquence, & que l'art ne fait que les mettre en œuvre & les perfectionner.

Tout homme doué d'une ame ſenſible & élevée, d'un eſprit facile & prompt, & qui eſt ému d'une paſſion véhémente, ſera naturellement éloquent ; il ſentira vivement ; il s'exprimera de même, & fera paſſer avec rapidité, dans l'ame des autres, le ſentiment dont il eſt pénétré (a). Mais ſes

_____

(a) C'eſt l'ame ſeule, dit Quintilien, qui nous

difcours feront une impreffion plus profonde, s'il les forme d'après cet art qui
éclaire le génie, qui fait en employer les
forces, qui féduit l'oreille & échauffe l'ame
par la magie avec laquelle il préfente les
objets. Ainfi l'Eloquence a précédé la Rhétorique, parce que dans tout art les regles

---

rend éloquens, & les ignorans même, quand une
violente paffion les agite, ne cherchent point ce
qu'ils ont à dire.

La nature, dit M. de Voltaire, rend les hommes éloquens dans les grands intérêts & dans les
grandes paffions. Quiconque eft vivement ému,
voit les chofes d'un autre œil que les autres hommes ; tout eft pour lui objet de comparaifon rapide & de métaphore : fans qu'il y prenne garde,
il anime tout, & fait paffer dans ceux qui l'écoutent, une partie de fon enthoufiafme. Un Philofophe très-éclairé a remarqué que le peuple même
s'exprime par des figures ; que rien n'eft plus commun, plus naturel que les tours qu'on appelle tropes ; ainfi, dans toutes les Langues, le cœur brûle,
le courage s'allume, les yeux étincellent, l'efprit
eft accablé ; il fe partage, il s'épuife : le fang fe
glace, la tête fe renverfe : on eft enflé d'orgueil,
enivré de vengeance, &c.

M vj

ont toujours précédé l'art lui-même; mais la Rhétorique, née de l'usage qu'ont fait les plus grands Orateurs du talent de la parole, a beaucoup servi à l'Eloquence naturelle, dont elle tempere la fougue & modere les écarts.

Quand je dis que l'Eloquence naturelle doit beaucoup à la Rhétorique, je n'entends pas, en m'énonçant de la sorte, me rendre l'apologiste de la Rhétorique de College, c'est-à-dire, de cette méthode qui nous enseigne les figures, sans nous montrer les vrais jours où il faut les placer; je veux parler de cet art merveilleux qui, nous faisant connoître le fond du cœur humain, nous apprend ce que nous devons dire pour l'émouvoir. Il est indispensable à celui qui se propose de persuader, d'acquérir une connoissance préalable de l'ame, de ses inclinations, de ses affections diverses; de savoir quelles modifications la fortune, le rang, l'éducation, les loix, apportent à sa constitution primitive; enfin, de bien saisir l'humeur & le caractere de ceux dont il ambitionne les suffrages; car, sans ces con-

noiſſances préliminaires, il marchera toujours au haſard. Comment des vérités ſi
évidentes n'ont-elles pas frappé ceux qui
ont prétendu montrer à tout venant les regles de l'Eloquence? vains ſophiſtes qui ne
pouvoient former, d'après leurs principes,
que de ridicules déclamateurs (a)?

Je ne puis m'empêcher de ſourire de pitié, quand je vois enſeigner gravement la
Rhétorique à des enfans. La Rhétorique!
l'art peut-être le plus difficile qu'aient inventé les hommes, l'art d'émouvoir les
cœur & de maîtriſer les eſprits! que de parties ne faut-il pas en effet pour arriver à
l'Eloquence? Vues étendues & lumineuſes,
ſentiment profond & véhément, élocution

(a) En parlant ainſi, je n'ai garde de vouloir noter perſonne, & ſur-tout un petit nombre de Pro-
feſſeurs de Rhétorique très-eſtimables, qui, con-
noiſſant à fond l'art ſublime qu'ils enſeignent depuis long-temps, ſeroient très-capables de former
leurs diſciples à l'Eloquence, ſi leurs diſciples
avoient l'âge & les diſpoſitions néceſſaires pour
profiter de leurs leçons, & ſi le choix qu'ils en
pourroient faire leur étoit permis.

noble & facile, heureux choix de tours & d'expreſſions, &, plus que tout cela , l'art de tirer des principes de juſtes conféquen-ces, d'enchaîner des raiſons l'une à l'autre, de les appuyer de preuves évidentes ; enfin la parfaite connoiſſance du ſujet que l'on traite, la ſcience des droits & des devoirs, & l'habitude à ſuivre la marche des paſſions ainſi que les mouvemens du cœur de l'hom-me ; tels ſont les préalables qu'exige la Rhétorique : elle tient non - ſeulement à la Grammaire, mais à la Logique, à la Mé-taphyſique, à la Morale, &c. & l'on penſe qu'elle eſt à la portée des enfans ! A quoi bon ſemer ſur un terrein qui n'a pas eu les préparations néceſſaires ! A quoi ſervent les préceptes de Rhétorique, lorſqu'on les prodigue à de jeunes eſprits qui, ſouvent loin d'avoir acquis de juſtes notions des choſes, n'en ont pas ſeulement l'idée, & ne ſauroient même exprimer ce qu'ils ſa-vent, avec le peu de latin qu'ils ont ap-pris. Si l'Éloquence, fille de la liberté (a),

_____

(a) L'Éloquence , & ſur-tout l'Éloquence ſubli-

demande toutes les forces de l'ame, toutes les lumieres de l'efprit; fi elle eft le chef-d'œuvre de la raifon, peut-on croire que des enfans en feront capables, lorfqu'ils n'ont encore que quelque teinture de Grammaire? peut-on les y former par un ennuyeux & ftérile amas de regles & de figures, dont ils ne fauroient faire l'application: c'eft un abus d'autant plus condamnable qu'il eft plus commun, & que les effets en font plus funeftes.

Cherchons à éviter ce que nous blâmons dans les autres, & prévenons ces abus, puifque nous les connoiffons. Nous fentons l'utilité de l'Eloquence pour tous les états de la vie civile, & la néceffité dont elle eft, fur-tout pour les hommes qui, devant occuper des poftes éminens, doivent acquérir, par leurs difcours, plus d'influence fur la multitude. « C'eft par elle qu'un Mi-

---

me, n'appartient qu'à la liberté, parce qu'elle confifte à dire des vérités hardies, à étaler des raifons & des peintures fortes. Souvent un maître n'aime pas la vérité, craint les raifons, & aime mieux un compliment délicat que de grands traits.

» litaire calme les féditions ; qu'un Ora-
» teur facré captive les fentimens de fon
» auditoire ; qu'un Avocat fait triompher le
» Droit ; qu'un Magiftrat eft le plus fort
» dans les délibérations de fa compagnie ;
» qu'un Négociateur habile fait un traité
» avantageux pour fa patrie ; qu'un Minif-
» tre domine dans les Confeils , & que cha-
» cun dans fa fphere fe rend le maître des
» efprits ». Je ferai donc bien foigneux
d'accoutumer mon éleve à l'étude de l'Eloquence ; mais dans le deffein de la rendre
plus fruEueufe, je n'ai garde de m'aftrein-
dre à la méthode vulgaire , ni au temps
qu'on a choifi pour l'enfeigner.

C'eft à la fuite des humanités que l'on
diEe la Rhétorique aux jeune gens, c'eft-à-
dire , dans un âge où leur raifon eft encore
imparfaite, où leur efprit n'a que de foibles
lueurs : pour moi j'attendrai que les lumieres
de la Philofophie aient éclairé l'intelligence,
& mûri la raifon de mon difciple, pour le
faire puifer aux fources de la Rhétorique (a).

_____

(a) La raifon feule m'avoit d'abord fait fentir

Alors s'il a du talent, & qu'il se destine à annoncer les vérités de la Religion, à défendre les droits de l'innocence opprimée; à soutenir les intérêts de la patrie par la parole & la négociation, je m'empresserai de lui apprendre à s'énoncer en termes propres & énergiques, à forcer les autres par le jour qu'il peut donner à la vérité, d'adopter ses sentimens, de les épouser, de s'en passionner même.

Il ne faut pas croire pourtant que dans

---

la nécessité de n'enseigner la Rhétorique qu'après la Philosophie. J'ai vu depuis que plusieurs Ecrivains célebres avoient eu cette opinion. C'étoit le sentiment de Protagore, le chef des Sophistes, d'Aristote, de Cicéron, d'Horace, de Quintilien & de quelques Modernes. Le célebre Grotius, traçant à M. de Maurier, Ambassadeur de France en Hollande, un plan d'éducation propre à former un homme d'Etat, se déclare pour cette opinion. *Rhetorica Aristotelis omnino tibi legenda, arbitror, sed alio quàm vulgus censet ordine, post Ethica & Politica; vidit enim ille omnium scientiarum atque artium consummator, ad persuadendi artificium rivos à morali ac civili sapientiâ molliter deducendos.* Grot.

cette vue je lui mettrai d'abord fous les
yeux les Rhéteurs les plus recommanda-
bles. Je ne lui parlerai point des préceptes
d'Aristote, de Quintilien, de Jouvenci; il
ignorera les noms de Métonimie & de Profo-
popée, mais il fe rendra familiers les chefs-
d'œuvre de l'Eloquence. Je ne m'amuferai
point à lui définir ni les figures, ni les tropes; mais je lui dévoilerai la nature dans
les ouvrages des grands Orateurs; je lui
ferai voir dans fon fein les regles dont l'art
eft compofé, & toutes les parties qui le
conftituent (a). Ma Rhétorique n'aura de même rien d'abftrait, ni de rebutant. Les pré-

(a) Ariftote fut le premier qui diftingua trois
genres dans l'art oratoire, le Délibératif, le Démonftratif & le Judiciaire. Dans le Délibératif, on
exhorte ceux qui déliberent, à prendre un parti. Il
s'agit, dans le Démonftratif, de faire voir ce qui
eft digne de blâme ou de louange. Dans le Judiciaire, de faire abfoudre ou condamner. Ces trois
genres rentrent fouvent l'un dans l'autre. Cicéron
remarqua que ces trois genres pouvoient chacun fe
divifer en trois autres genres, le fimple, le tem-
péré, & le fublime.

ceptes fe puiferont dans les exemples, un choix éclairé fera naître le goût, & le plaifir en fera la fuite ; alors les progrès de mon éleve ne peuvent manquer d'être rapides. Dès qu'il fera fenfible aux beautés de l'Eloquence, il fera tous fes efforts pour acquérir l'art de perfuader. Admirateur paffionné des anciens, il aura fans ceffe entre les mains les ouvrages qui leur ont acquis tant de gloire.

N'attendez pas que j'entre ici dans le détail des moyens particuliers de le guider ; parvenu à ce terme, il n'a plus befoin que de bons livres ; il fuffira de les lui indiquer, il faura bientôt en faire ufage. Montrez-lui donc les Démofthenes, les Cicéron, les Muret, les Fénélon, les Fléchier, les Boffuet, les Maffillon, les Bourdaloue, les Cochin, les d'Agueffeau ; qu'il les parcoure ; qu'il les étudie ; qu'il life furtout, qu'il relife Démofthenes, & fon ame entraînée par la rapidité de ce torrent, ne fera point de réfiftance. Seulement occupé des grandes chofes dont il parle, il ne fongera point à fa maniere de les préfenter ;

mais nous remarquerons enfemble, dans le calme de la réflexion, qu'elle eft d'autant plus excellente que l'art n'y paroît jamais. Je veux qu'il l'étudie avec foin, comme le plus parfait modele d'éloquence; qu'il s'échauffe de fon feu, qu'il fe pénetre de fes traits, qu'il fe les rende comme propres; bientôt s'il a quelque talent, il fera paffer dans fes difcours beaucoup de grace & d'énergie; il ne fera pas un Rhéteur, mais un homme éloquent, qui faura fe fervir à propos des vrais principes de la Rhétorique.

CHAPITRE XIII.

DE LA LITTÉRATURE.

ON comprend généralement, sous le nom de *Littérature*, toutes les productions de l'esprit humain, qui, pouvant nous être communiquées par la voie de l'écriture, servent à épurer le goût, à rectifier le cœur, à orner la mémoire. Elle renferme ainsi toutes les maniere d'écrire & tous les genres d'ouvrages en profe & en vers, depuis la simple lettre jufqu'à l'histoire univerfelle, & depuis le poëme épique jufqu'au madrigal (a).

(a) C'eft-à-dire, le Commerce épistolaire, le Dialogue, la Critique, les Journaux, les Romans, l'Histoire, le Difcours oratoire, les Sermons, le Panégyrique, l'Oraifon Funebre, l'Eloquence du Barreau, l'Art de traduire : la Verfification, l'Epopée, la Tragédie, la Comédie, l'Opéra, l'Eglogue, la Fable, l'Ode, la Satyre, l'Epître, la

On peut déja fentir, par ce court expo-
fé, que la plupart des objets qu'embraffe
la Littérature, méritent du moins, par leur
agrément, d'être connus d'une vue générale, & qu'il doit y en avoir dont l'importance exige une attention plus particuliere.
Elle doit trouver une place diftinguée dans
une bonne éducation ; auffi un fage maître
ne négligera pas d'en donner une jufte idée
à fon éleve. Mais, comme il n'entre pas
dans le plan d'une bonne éducation de
tout enfeigner à un jeune homme, que
même dans ce qu'on lui montre, il ne s'a-
git pas tant de l'inftruire à fond, que de
lui donner du goût & des méthodes fûres
pour s'inftruire par lui-même dans la fuite,
il ne lui préfentera les objets intéreffans de
la Littérature qu'avec difcernement, & ne
le laiffera puifer aux fources qu'avec prudence ; il fentira que pour bien réuffir, il

---

Poëme didactique, l'Epigramme, la Dévife, le
Madrigal, &c. enfin l'art d'écrire en général, &
les regles particulieres de chaque genre.

convient de tenir un juste milieu entre la conduite de ceux qui, présentant à la fois trop d'objets à la mémoire d'un jeune homme, jettent nécessairement dans son esprit le trouble & la confusion ; & la pratique des Colleges, qui consiste à faire voir à la jeunesse un petit nombre d'Auteurs latins bien ou mal entendus, & si l'on veut quelques passages d'Auteurs grecs qu'elle oublie d'ordinaire le reste de la vie.

En effet, la Littérature classique, bornée à un cercle étroit d'ouvrages mal assortis, a de plus le défaut d'être enseignée à des enfans à qui la foiblesse de l'âge ne permet pas d'en saisir les principes, d'en sentir les rapports, d'en pénétrer les beautés, ni de nourrir leur esprit de leur substance la plus douce ; l'insuffisance des lumieres & du goût, la maniere décousue dont on leur présente le petit nombre d'Auteurs qu'on leur fait voir, les leur rend insipides ; tandis que ceux qui donnent dans un extrême contraire, promenant la vue de leurs éleves sur une immensité d'objets, qui devient pour eux un cahos, les accoutument à un déſordre d'idées informes & incohérentes, qui les rend incapables de bien juger du mérite d'un ouvrage d'eſprit, parce qu'ils ne peuvent démêler en quoi conſiſtent ſes vrais principes.

Profitons de l'erreur des autres pour mieux conduire notre éleve, & tâchons de tirer parti de notre expérience & de ſes diſpoſitions. Il eſt muni des connoiſſances préalables; la Philoſophie, l'Hiſtoire, les Langues, la Rhétorique, ne ſont plus pour lui des pays inconnus; il n'entrera pas en novice dans la carriere des Belles Lettres; l'intelligence des Auteurs & le goût des bons ouvrages, n'excéderont pas alors la portée de ſon eſprit. Si nous ſommes obligés de le ſoutenir dans ſes premiers élans, il volera bientôt de ſes propres aîles. Nous ne bornerons point ſa Littérature à celle d'un ſiecle, d'une langue, d'un pays; (tout bon ouvrage, ſans exception, doit être ſon patrimoine; car il eſt celui des bons eſprits, & un temps viendra qu'il en aura la libre jouiſſance); mais nous la fixerons d'abord aux bons ouvrages des meilleurs Auteurs,

&

& à un feul ouvrage dans chaque genre. Il a déja vu ceux qui excellent dans l'Hiftoire & dans l'Eloquence, il fuffit maintenant de lui montrer les Poëtes d'élite des fiecles les plus fameux.

Mais, en lui faifant obferver les beautés particulieres de chaque genre & de chaque Auteur, il eft bon de remonter avec lui aux principes généraux de l'art d'écrire, pour voir delà avec plus d'étendue quels font les points effentiels qui conftituent le mérite d'un bon ouvrage, & l'intérêt qui doit en réfulter. Il importe qu'il ait pardevers lui des regles fûres, d'après lefquelles il puiffe fentir avec délicateffe, apprécier avec goût, & juger avec difcernement; qui lui donnent les moyens de combiner tout le plan d'un ouvrage, d'en comparer toutes les parties, d'en connoître les liaifons, d'en faifir tous les rapports; enfin de difcerner les taches qui le déparent, des beautés qui en font le charme.

Il faut donc qu'il s'affure & qu'il fe pénetre de la vérité de ces regles, qu'il fache en quoi elles confiftent & jufques où elles s'étendent, afin de n'en faire jamais de fausses applications. La raison seule pourroit peut-être lui faire découvrir ce qu'il y a d'intéressant dans un ouvrage, le secours de nos réflexions l'y conduira plus vîte & plus sûrement.

Il y a dans tout ouvrage quelconque de Littérature, en prose ou en vers, deux choses principales à considérer ; le fond & la forme, c'est-à-dire, le sujet & la maniere, & c'est ce qui frappera d'abord sa vue ; mais chacune de ces parties se subdivise en nombre d'autres, dont il est bon de lui faire connoître l'enchaînement & le détail, & ceci demande, pour être bien saisi, plus d'attention & d'expérience.

En examinant avec lui, quelles conditions doit avoir le sujet d'un ouvrage pour qu'il nous intéresse, nous remarquerons, qu'il faut du moins qu'il soit vrai (a) ; qu'il

(a) Rien n'est beau sans le vrai ; mais qu'est-ce que le vrai dans un ouvrage ? C'est, selon moi, la conformité qui se trouve entre le sujet qui en fait la matiere, & l'idée que la saine raison peut en

ne manque pas de nous affecter s'il est
utile (a), mais qu'il nous affecte plus vivement, s'il présente en même temps de la
difficulté, c'est-à-dire, s'il est délicat ou
profond, ou hardi, ou compliqué; enfin,
qu'il nous touche davantage, s'il nous
offre encore de la nouveauté (b), de la

---

concevoir. C'est la réalité dans les faits, dans les
principes, dans les ressemblances; réalité fondée
sur la certitude des témoignages, sur l'évidence
du raisonnement ou sur l'exactitude de l'imitation,
& qui produit la vérité dans l'Histoire, dans les
Sciences & dans les Beaux-Arts. Nous demandons
la vérité jusques dans la fiction; un sujet absolument faux, cessera de nous plaire s'il n'est pas au
moins vraisemblable. Delà vient que quelque brillant que paroisse un ouvrage qui manque de vérité,
il ne peut long-temps nous séduire : « on le com-
» parera à ces nuages qui, vus de loin, imitent une
» longue chaîne de hautes montagnes, & qui ne
» sont de près qu'un amas de vapeurs ».

(a) Les sujets utiles se puisent dans les sentimens
agréables ou dans les connoissances nécessaires à
l'homme; sources intarissables qui coulent sans cesse
& se divisent à l'infini.

(b) Un sujet est neuf lorsqu'il développe un

variété (*a*) , & fur - tout s'il eſt ſublime (*b*).

« Plus il y a dans un ouvrage de cet-
» te variété qui nous délaſſe , de cette
» nouveauté qui nous réveille, de cette ſu-
» blimité qui nous ſaiſit, de cette difficulté
» qui nous étonne, de cette utilité qui nous
» attire, de cette vérité qui nous fixe; plus
» il eſt propre à nous affecter, plus il con-
» tribue à l'intérêt d'un ouvrage ».

Quand nous voudrons enſuite nous occuper de la forme d'un ouvrage, & que
nous aurons vu qu'elle contient l'ordonnance & la décoration, ou ſi l'on veut, le

---

germe inconnu d'idées , d'images ou de ſentimens,
lorſqu'il nous offre un rapport non encore apperçu , un événement non encore décrit , un objet non encore dépeint, un caractere non encore
ſaiſi , une ſituation non encore rendue , &c.

(*a*) Un ſujet eſt varié , lorſque c'eſt le centre de
pluſieurs ſujets divers qui procurent à l'œil des
tableaux diverſifiés , & des ſenſations contraires.

(*b*) Un ſujet eſt ſublime, lorſqu'il réveille dans
notre ame l'idée ou le ſentiment des grandes choſes.

plan & le ſtyle, il faudra chercher en quoi l'un & l'autre peuvent rendre un ouvrage plus intéreſſant ; & nos obſervations ne tarderont pas à nous apprendre que le plan d'un bon ouvrage doit réunir la juſteſſe, la netteté, la ſimplicité, la fécondité, la proportion & l'unité ; & que le ſtyle doit joindre à la correction, la clarté, la faci- lité, l'harmonie, & ſur-tout la propriété (a).

Le plan d'un ouvrage aura de la juſteſſe, s'il embraſſe le ſujet dans toute ſon éten- due, & le renferme dans ſes véritables li- mites ; s'il eſt combiné d'après le génie & ordonné d'après la nature ; enfin s'il pré- ſente l'ordre & l'analogie qui ſe trouvent dans les choſes. Il aura de la netteté, s'il

---

(a) Tout écrit qui de mots offre un vain étalage,
Eſt un arbre étouffé ſous un épais feuillage :
Le Jardinier avide y cherche en vain des fruits...
Que votre expreſſion naturelle & ſenſée,
Par un juſte rapport, s'uniſſe à la penſée.
Orner un trait commun de mots majeſtueux,
C'eſt parer un faquin d'ornemens ſomptueux.
Selon votre ſujet, il faut changer de ſtyle....
Et que l'expreſſion ſoit l'écho de l'eſprit.
          Pop. Eſſ. ſur la cr. Chant 2.

grave diftinctement, dans notre efprit une image précife de tout le fujet; s'il fépare les parties fans les ifoler, & les grouppe fans les confondre; fi les plaçant de maniere qu'elles s'éclairent mutuellement, il fait fortir un plus grand jour de ces clartés réunies. Il fera fimple, s'il nous donne le moyen de réduire tout le fujet à un petit nombre de penfées directes, précifes, effentielles, qui naiffent de fon fond, qui s'y arrêtent & fervent toujours plus à le découvrir. Il fera fécond, fi chacune de fes idées, portant la lumiere & la chaleur dans l'ame, fert à y développer les germes d'une foule d'idées fimilaires qui y reftent fans mouvement. Enfin il aura l'unité & la proportion, fi, malgré leur différence & leur multiplicité, fes parties appartiennent au même fujet, & forment un feul tout; en forte que celles qui précedent ébauchent celles qui fuivent, & que celles qui fuivent complettent celles qui précedent, que rien ne foit fuperflu, que rien ne foit déplacé, & que les ornemens eux-mêmes rendent l'enfemble plus folide.

Quant au ftyle, d'où naît le charme du coloris & de l'expreſſion, nous ſaurons qu'il eſt dans le juſte rapport qui lui convient avec le ſujet & le plan, & doit mettre le comble à l'intérêt d'un ouvrage , s'il réunit à un point éminent toutes les qualités qui lui ſont néceſſaires.

Le ſtyle ſera correct , ſi l'on n'y apperçoit point de négligence, ſi le mouvement en eſt ſage, la marche naturelle, l'expreſſion châtiée; il ſera facile, ſi l'on n'y ſent point le travail; il ſera clair, s'il n'offre point de conſtructions louches , de phraſes entortillées, ſi, comme une eau pure & tranſparente, il nous laiſſe voir nettement toutes les idées qu'il enveloppe (a). Il aura de l'harmonie, ſi le choix & l'arrangement des mots produit une ſucceſſion de ſons agréables qui, par un heureux mêlange, frappent délicieuſement l'oreille, ſi le diſcours a du nombre, ſi la phraſe tombe avec grace & toujours à propos (b). Enfin il joindra à ces

---

(a) Puroque ſimillimus amni.
(b) « On ne ſauroit croire, & je ne crains point

qualités néceffaires une qualité plus inté-
reffante, la propriété, fi l'on y voit toujours
le parfait rapport ou l'affortiment convenable des termes aux idées, du ton au genre,
du tour au fujet, de la maniere de l'Auteur
à fon génie. Ce n'eft en quelque forte que
par la propriété, que le ftyle nous plaît
& qu'il nous attache. Sans la propriété, il
n'y a pas de ftyle, comme fans ftyle, il n'y
a pas de bon ouvrage. « C'eft l'expreffion
» qui anime tout ; fans elle on peut voir
» les objets, mais on ne les fent pas ; fans
» elle le fentiment affadit, & le pathétique
» eft fans force » (a).

» d'être démenti là deffus par les bons Juges, com-
» bien un mot, plus ou moins long à la fin d'une
» phrafe, une chûte mafculine ou féminine, &
» quelquefois une fyllabe de plus ou de moins dans
» le corps de la phrafe, produit de différence dans
» l'harmonie. L'étude réfléchie des grands Maîtres,
» & fur-tout un organe fenfible & fonore, en ap-
» prendront plus fur cela que toutes les regles ».

(a) « Chez les Auteurs médiocres, l'expreffion
» eft, pour ainfi dire, toujours à côté de l'idée,
» leur lecture fait aux bons efprits le même genre

Telles font les obfervations qui peuvent aider un jeune homme à fentir le mérite d'un ouvrage, & qui, en lui formant le goût, doivent le prémunir contre les défauts trop communs dans la Littérature moderne. Dès qu'il connoîtra bien toute la folidité de ces remarques, les ouvrages éphémeres, qui inondent aujourd'hui la république des Lettres, ne fauroient lui faire illufion (a); ce ftyle affecté, précieux,

---

» de peine que feroit à des oreilles d'licates un » chanteur, dont la voix feroit entre le faux & le » jufte. La propriété des termes eft, au contraire, » le caractere des grands Ecrivains; c'eft par-là » que leur ftyle eft toujours au niveau du fujet; » c'eft à cette qualité qu'on reconnoît le vrai ta- » lent d'écrire, & non l'art futile de déguifer, par » un vain coloris, des idées communes ».

(a) « Un titre fingulier, des aventures imagi- » nées, un ftyle marqueté, des fentences hardies, » un tour de penfées bizarres, un affemblage d'ex- » preffions colorées, un jargon obfcur & précieux; » difons tout, une barbarie de langage ornée & » parée de faux brillans & de clinquans, où le ver- » nis eft fubftitué à la peinture, la découpure au

néologue; ces penſées fines qui dégénerent
en puérilités & en clinquant, cet oripeau,
que les ſots prennent pour de l'or, ne lui
en impoſeront plus; il a en main une pierre
de touche qui lui en montrera la valeur.
Loin d'applaudir à ce goût faux, à ce ſtyle
apprêté, qui s'écartent ſi viſiblement de la
maniere des bons Auteurs, il jugera qu'il
a été dans tous les temps la cauſe de la
décadence des lettres. Il verra qu'après les
ſiecles de Périclès & d'Auguſte, pluſieurs
Ecrivains, tels que Séneque & Pline le
jeune, ſont devenus des modeles de mauvais goût en s'écartant de la nature; que
parmi nous ſur-tout, des beaux eſprits dé-
daignant d'imiter la ſimplicité & le naturel
des Auteurs célebres qui font la gloire de
la France, ſemblent s'efforcer de nous ramener à la barbarie, en prenant pour guide
le caprice & l'affectation. Il verra qu'en
ambitionnant la réputation de bel eſprit,

» tableau, & au ſérieux du bon ſens, le frivole de
» l'affectation. N'eſt-ce pas le fond de la plupart des
» ouvrages modernes » ?

ils n'écrivent plus que pour leur siecle sans songer à la postérité ; que leurs imitateurs ne veulent plus que des pensées fines, des tournures singulieres ; que le fond se compte pour rien, & qu'enfin ils méprisent le bon sens des anciens, parce qu'ils n'en ont pas ; mais que leurs ouvrages, qui plaisent un moment, parce qu'ils sont de mode, comme ces fleurs qu'un jour voit naître & mourir, tombent bientôt dans un oubli, dont ils ne sortiront jamais. En vain ils prétendroient suppléer aux graces de la nature par l'artifice de leur petite maniere, on s'apperçoit enfin qu'ils ne s'efforcent de rajeunir des pensées communes & usées, qu'ils n'emploient ridiculement les lieux communs, qu'ils n'affectent si constamment l'ordre dans les mots & le désordre dans les pensées, que pour cacher leur indigence. Ces faux ornemens ne peuvent la dérober aux yeux d'un connoisseur, ils en deviennent, au contraire, un indice très-remarquable.

CHAPITRE XIV.

PENSÉES DE BACON SUR L'ÉTUDE ET LA LECTURE, ACCOMPAGNÉES DE QUELQUES RÉFLEXIONS.

I. « ON peut retirer trois avantages de
» l'étude & de la lecture (a); le plaisir de
» savoir, la facilité de bien parler, la ca-
» pacité pour les affaires ; mais il y a des
» excès à éviter. La retraite est ce qu'il y
» a de plus favorable au plaisir de la con-
» templation : c'est abus de s'y livrer au pré-
» judice des devoirs de son état. Employer
» à la lecture le temps qu'on devroit don-
» ner à ses affaires, c'est une belle paresse
» si l'on veut, mais c'est paresse » (b).

(a) Réflexions sur l'Education, page 144.
(b) Studia & Lectiones librorum, aut meditatio-
num voluptati, aut orationis ornamento, aut negotiorum subsidio inserviunt. Usus eorum quatenus
ad voluptatem, in secessu & otio imprimis percipi-
tur..... Temporis nimium in Lectione & Studiis
terere speciosa quædam socordia est.
Bacon. Serm. fid. de Stud. & Lect. libror.

Il est peu d'hommes si occupés qui n'ayent des momens de solitude volontaires ou forcés, quand ce ne seroit que par la nécessité du repos. Rien n'est alors plus avantageux que de trouver dans la lecture & la réflexion un délassement utile, propre à donner de nouvelles forces à l'esprit. Nul poids plus accablant, que celui d'un esprit fatigué qui retombe sur lui-même. Combien de gens qui cherchent à se fuir plus encore que le monde ne les fuit, qui ne peuvent se supporter vis-à-vis d'eux-mêmes, faute d'avoir contracté l'habitude de lire & de penser. Il faut donc inspirer le goût de la lecture aux jeunes gens. Les études classiques font laborieuses & assujettissantes. On peut en diminuer la contrainte, mais on ne peut l'éviter entiérement. Ce n'est donc guère par le moyen de ces sortes d'études qu'on peut parvenir à inspirer le goût de la lecture aux enfans ; mais on y réussira par des lectures amusantes & instructives, qu'on se gardera bien de leur proposer comme une partie de leurs études (ce nom seul pourroit tout gâter) ; mais plutôt comme une récompense de leur application à étudier. Des traits d'histoire choisis, des relations curieuses de quelques voyageurs, des dialogues, des suites d'estampes, de médailles, de raretés de différens genres, de curiosités naturelles, &c. pourront servir à cet usage.

Mais pour tirer de ces différentes pieces le profit qu'on en peut attendre, il faut y mettre un certain-ordre, & faire en sorte que tous ces hors-d'œuvre dirigés par un homme expérimenté, se lient & se rapportent au but général de l'éducation ; car autrement c'est orner l'esprit aux dépens de la justesse & de la solidité, dont l'acquisition doit être le fruit le plus précieux de l'étude & des lettres.

Ces sortes d'exercices qui ne sentent point l'étude, sont très-propres à réveiller la curiosité des enfans, qui ne manquent pas de faire mille questions sur les objets qu'on leur présente. Dans ces momens précieux, un mot placé à propos fera plus d'effet qu'une longue instruction. L'enfant ne vous croit occupé qu'à satisfaire sa curiosité, ce-

pendant il apprend avec vous à raisonner
sur les objets que vous lui présentez, à les
comparer, à former des combinaisons, à lier
les principes pour en tirer des conséquences.

II. « L'étude & la lecture servent à don-
» ner du relief au talent de la parole. Ce
» talent s'exerce soit dans les discours d'ap-
» pareil, soit dans les entretiens familiers.
» L'affectation est l'abus qu'on y doit éviter
» avec le plus grand soin » (a).

Un beau parleur s'annonce toujours heureusement : le talent de la parole releve toujours le mérite, & en tient lieu quelquefois; mais ce talent ne réussit que lorsqu'il
est naturel. Rien de plus ridicule que l'affectation à vouloir paroître beau parleur. En
vain vous étalez les plus belles phrases, les
expressions les plus choisies; on sent à l'effort que vous faites pour les assembler qu'elles
ne coulent pas de source. Vous blessez l'a-

(a) *Quatenus ad orationis ornamenta, in sermo-
ne tam familiari quàm solemni locum habet.....
Iisdem ad ornatum mollius abuti, affectatio mera
est quæ se ipsam prodit.* Idem.

mour - propre de ceux qui vous écoutent ;
en laissant appercevoir que vous voulez les
surprendre. Le meilleur parti est de s'étudier
à parler nettement & judicieusement. Ce
n'est pas le moyen de se faire admirer des
fots ; mais c'est le moyen de plaire aux
gens sensés, & de ne déplaire à personne. Ce
talent qui n'est pas refusé aux génies même
les plus bornés dépend en grande partie de
la premiere éducation.

Voulez-vous qu'un jeune homme apprenne à parler avec justesse & précision, accou-
tumez-le à concevoir nettement ce qu'il
doit dire & à le dire naturellemment sans
effort & sans apprêt. La lecture formera son
langage à l'exactitude, & l'usage du monde
y ajoutera l'agrément. Il ne faut point qu'un
jeune homme s'étudie à mettre de l'esprit
dans ce qu'il dit.

L'esprit qu'il veut avoir gâte celui qu'il a.

Qu'il dise donc simplement ce qu'il veut
dire ; s'il a de l'esprit, l'esprit s'y montrera sans qu'il le cherche ; s'il n'en a pas
il feroit de vains efforts pour en montrer,

fes efforts ne feroient que dévoiler fon im-
puiffance. Les Livres qui pétillent d'efprit
ne font pas faits pour la jeuneffe. Séneque,
Pline, Fontenelle & d'autres Ecrivains dans
le même goût ne feroient propres qu'à cor-
rompre le fien.

III. « Quant aux affaires, la lecture &
» l'étude fourniffent des fecours pour les
» entreprendre & les conduire avec plus
» de jugement & de maturité. Ceux qui
» n'ont que de l'expérience peuvent réuffir
» dans l'exécution & dans les détails, mais
» les connoiffances ne font pas inutiles pour
» les vues générales & la conduite des gran-
» des affaires. Il ne faut pourtant pas vou-
» loir toujours décider par les regles de l'art;
» cela fent l'école & ne réuffit pas. L'étude
» aide la nature, l'expérience perfectionne
» l'étude. Les préceptes de l'art font trop
» généraux, s'ils ne font déterminés par
» l'expérience » (a).

<hr>

(a) *Quatenus vero negotiorum fubfidium, hoc*
fpectat, ut accuratiore judicio res & fufcipiantur
& difponantur. Etenim homines rerum gerendarum

Les maximes générales sont bonnes sans
doûte ; mais s'il ne falloit que cela on seroit
bientôt au faîte de la prudence. L'essentiel
est de savoir faire une application convenables des maximes aux cas particuliers. Il
me semble que les maximes générales peuvent être comparées à la boussole. Celle-ci
sert à diriger le Pilote ; mais si le Pilote
croyoit n'avoir autre chose à faire qu'à tenir
roidement la route marquée par la boussole, souvent il iroit donner dans les bancs
& dans les écueils. Tout consiste à savoir
se détourner à propos sans perdre de vue le
point où l'on doit tendre.

Ajoutons qu'il est deux sortes d'avantages que l'on peut retirer de l'étude, & qu'il

---

quæ ad ingenio exequenda idonei fortasse sunt,
sæpe specialibus judicio non malo utuntur. Verum
consilia de summis rerum, eorumque inventio &
administratio recta facilius à Litteratis promanat...
de rebus autem ex regulis artis judicare, scholam
omnino sapit nec bene succedit. Naturam Litteræ
perficiunt, ab experientiâ autem ipsæ perficiuntur...
Litteræ generalia nimis præcipiunt, nisi ab experientiâ determinentur. Idem.

importe beaucoup de bien diftinguer. Le premier eft d'orner fimplement fon efprit par les connoiffances que l'on acquiert ; le fecond, de former fa maniere de penfer par l'exercice des facultés intellectuelles, & de leur donner par ce moyen plus de force & d'étendue. Il eft un certain nombre de con- noiffances qui font abfolument néceffaires ; les autres font quelquefois utiles & toujours eftimables ; mais une fois qu'un homme a acquis les lumieres indifpenfables pour fe conduire dans la carriere qu'il parcourt, ce n'eft pas le plus ou le moins de con- noiffances qui décide du plus ou du moins de mérite & de capacité ; c'eft la maniere de penfer, la fupériorité des vues, l'aptitude à faire un bon ufage des connoiffances ac- quifes, qui rend un homme fupérieur à un autre. Combien de Géometres qui ont plus de connoiffances de mathématiques que n'en avoit Galilée, & qui ne font pas auffi grands Géometres que Galilée ? Folard avoit plus de connoiffances relatives à l'art militaire, que Turenne ; mais quoique Folard ait paffé pour bon Officier, il y a lieu de douter qu'il

eût été auſſi grand Général que Turenne.
C'eſt donc moins ſur les connoiſſances que
ſur la façon de penſer, qu'un ſage inſtituteur doit porter ſes vues & ſon attention.
Il s'agit moins d'orner l'eſprit, que d'exercer convenablement les facultés de l'eſprit.
C'eſt tout le contraire de ce qui ſe pratique
ordinairement.

　IV. « Les eſprits trop fins font peu de
» cas des lettres (a), les ſimples en ſont
» éblouis, les ſages ſavent s'en ſervir. Les
» arts & les ſciences ne montrent point
» quel doit être leur véritable uſage, rela-
» tivement à la ſociété ; c'eſt l'affaire d'une
» prudence ſupérieure qui s'acquiert par l'ob-
» ſervation (b) ».

　V. « Il ne faut lire ni pour critiquer, ni

(a) C'eſt, ſans doute, comme le remarque
M. de la Rochefoucault, parce que l'uſage de la
fineſſe eſt le ſigne d'un petit eſprit.

(b) *Callidi Litteras contemnunt ; ſimplices admi-
rantur ; prudentes operâ earum quantùm par eſt
utuntur. Neque enim Litteræ verum ſui uſum ſatis
edocent ; ſed ea res prudentia quædam eſt, extra eas &
ſupra eas ſita, obſervatione tantùm comparata.* Idem.

»pour tout adopter, ni pour étudier la
»leçon du jour, à étaler dans les conver-
»sations; mais il faut pefer ce qu'on lit,
»dans la vue de s'instruire & faire ufage de
»son jugement en lifant » (*a*).

VI. « Il y a des livres qu'il suffit de lire
»par fragmens ; il en est qu'on doit lire
»d'un bout à l'autre, mais fans trop s'y
»arrêter ; il en est, mais peu, qu'on ne
»sauroit trop lire & trop étudier » (*b*).

VII. « La lecture instruit, la difpute
»donne de la promptitude & de la faci-
»lité; l'attention à écrire & à noter soulage
»la mémoire » (*c*).

(*a*) *Libros non legas animo contradicendi, &*
disputationum præliis concertandi, neque rurfus
omnia pro concessis accipiendi, aut in verba auc-
toris jurandi ; neque denique in sermonibus te ven-
ditandi ; fed ut addifcas, ponderes & judicio tuo
aliquatenus utaris.

(*b*) *Libri quidam per partes tantùm infpiciendi ;*
alii perlegendi quidem, fed non multum temporis
in iis evolvendis infumendum ; alii autem pauci
diligenter evolvendi, & adhibitâ attentione fingulari.

(*c*) *Lectio copiofum reddit & bene instructum ;*

VIII « L'Histoire donne des leçons de
» prudence ; la lecture des Poëtes fournit
» des pensées ingénieuses ; les Mathémati-
» ques rendent l'esprit plus subtil & plus
» exact ; la Philosophie naturelle, plus pro-
» fond ; la Morale, plus grave ; la Rhétori-
» que & la Dialectique, plus propre aux dis-
» cussions » (a).

IX. Enfin , ajoute Bacon , « l'esprit n'a
» presque point de défaut qu'on ne puisse
» venir à bout de redresser par une étude
» convenable , de même qu'on vient à bout
» de remédier à certaines infirmités ou indis-
» positions corporelles par certains exercices
» de la Gymnastique » (b).

---

disputationes & colloquia promptum & facilem ;
scriptio autem & notarum collectio perlecta in animo imprimit & altius figit.

(a) Historiarum lectio prudentes efficit ; Poeta-
rum ingeniosos ; artes Mathematicæ subtilitatem
donant ; naturalis Philosophia judicium profundum
parit ; Moralis gravitatem quandam morum conci-
liat ; Dialectica & Rhetorica pugnacem reddunt &
ad contentionem alacrem. Idem.

(b) Quin & vix occurrit in intellectu impedimen-

Ajoutons que l'amour de l'étude nous garantit souvent des passions violentes : elle peut cependant elle-même dégénérer quelquefois en passion ; mais au moins elle nous éloigne alors des plus dangereuses (*a*) ; elle nous rend insensibles à la cupidité & à l'ambition , nous console de beaucoup de privations , & souvent nous empêche de les sentir ou même de les connoître. On doit conclure de tout cela qu'il est bon d'accoutumer de bonne heure les jeunes gens à l'étude , puisqu'elle est un secours si usuel

---

tum aliquod insitum , aut naturale , quod non studio quopiam idoneo emendari & edolari possit : quemadmodum morbi corporis exercitiis quibusdam propriis levari possunt. Idem.

(*a*) Pense-t-on que tu ne serves
    Qu'à remplir de vains loisirs ?
    Étude , tu nous préserves
    Du piege des faux plaisirs.
    Pope fuit la voix qui l'attire ,
    Ulisse au mât du navire
    A besoin d'être enchaîné :
    Mais prenant sa lyre , Orphée
    S'en occupe , & par la Fée
    Ne craint plus d'être entraîné.
                            Roy.

dans la vie ; mais qu'il est nécessaire de les diriger avec prudence pour les dérober aux dangers qui peuvent en résulter ; qu'il importe beaucoup de proportionner les sujets d'étude qu'on leur propose, à leurs forces & à leur destination , c'est-à-dire , de les assortir à la portée de leur esprit & à l'état qu'ils doivent embrasser , de maniere que l'étude ne leur devienne jamais nuisible , ni par le choix des matieres , ni par l'excès de l'application. Avec de telles précautions l'étude ne sauroit être que très-profitable, & ceux qui s'y appliquent doivent tout balancé , être encore meilleurs que les autres hommes.

CHAPITRE

CHAPITRE XV.
De la Morale.

ARTICLE PREMIER.

Qu'est-ce que la Morale ?

ON s'étonnera peut-être de ce qu'ayant posé pour principe général d'éducation, que toutes nos études doivent se rapporter à nos devoirs & servir à nous rendre plus vertueux, je n'ai pas mis la Morale à la tête de toutes nos connoissances. J'ai voulu en la renvoyant ici en pouvoir traiter librement, & n'être pas interrompu par d'autres matieres.

Je n'entends point par le mot de *Morale*, cette froide anatomie des passions à laquelle on s'amuse assez long-tems dans la plupart des écoles, qu'on fait porter sur des notions confuses de nos devoirs, sur des opinions

peu fondées & fouvent contradictoires; j'entends par *Morale*, une fcience qui forme en
nous le difcernement du bien & du mal,
du jufte & de l'injufte; ainfi je prends la
Morale pour la regle invariable des mœurs,
applicable à tous les cas particuliers de la
vie. Elle n'eft point, comme on l'a cru jufqu'ici, abftraite, arbitraire, conventionnelle,
par conféquent mobile, incertaine, indécife.
Elle n'eft point faite pour être fuivie dans
un lieu & contredite dans un autre, pour
être modifiée au gré des légiflateurs. Elle
eft univerfelle, parce qu'elle embraffe tous
les temps & tous les lieux; elle eft fixe &
immuable, parce qu'elle a fa bafe dans la
nature.

La Morale eft le réfultat de la connoiffance de l'ordre irréfiftible & éternel qui
régit toutes chofes, des loix qui en dérivent, & du droit de l'homme qui enfante
les devoirs. La bafe de toute Morale doit
fe prendre dans l'ordre phyfique, parce
qu'on ne peut juger les idées ou les rectifier que par les fenfations, qui peuvent feules
empêcher l'égarement de l'imagination, &

que dans la nécessaire dépendance où tous
les êtres & la société sont de l'ordre physique, l'on ne peut se soumettre à un ordre
moral qu'autant que les deux ordres se trouvent consonnans. En effet, la loi morale
comme purement morale, ne peut servir de
guide à la raison ni de regle à la société;
car le tact de la raison n'étant pas le même
dans tous les hommes, elle ne pourroit être
qu'une loi variable, & qu'une loi variable
n'est plus une loi.

Si quelqu'un prévenu par les idées communes, douroit de la vérité de ces propositions, il seroit facile de lui faire voir que
la Morale fondée sur d'autres principes n'a
jamais été qu'un assemblage d'opinions absurdes, factices & déréglées; que faute d'a-
voir bien connu les causes de la vertu &
du vice, de l'honneur & du déshonneur, les
hommes s'en sont fait des idées absolument
fausses; qu'ils ont érigé les vices en vertus &
les forfaits en sujets de gloire; erreur funeste
qui a répandu sur le genre humain, les
malheurs les plus affreux.

Pour se convaincre que les vrais prin-

O ij

cipes de la Morale n'ont pas été bien connus, qu'on examine si on les trouvera chez
les anciens Philosophes, chez les Moralistes, chez les Législateurs ; on ne verra
dans leurs écrits fameux que des maximes
abstraites, que des regles de conduite tellement étrangeres à la nature, qu'elles mettent sans cesse l'homme en contradiction
avec lui-même. S'ils nous ont peint quelquefois de grandes vérités, ils n'ont jamais
cherché à les rendre sensibles, en nous
prescrivant une méthode sûre pour ne point
nous en écarter (a). Quelques éloges qu'ils

(a) Quand j'entends les Moralistes nous débiter gravement des maximes générales de Morale, sans nous présenter les motifs que nous avons
de les suivre ; sans nous indiquer les moyens de
nous y conformer ; quand ils nous disent qu'*il ne
faut faire du mal à personne, qu'il faut fuir le vice
& aimer la vertu*, &c. je crois être dans une salle
spacieuse, fermée au jour & sans lumière, où
beaucoup de gens, grands & petits, forts & foibles,
nuds & armés, se promenent à tâtons, se heurtent,
se piétinent ; & je crois entendre dire à la foule,
par quelqu'un des plus entendus : « Mes freres, il

donnent aux vertus, ils ne nous ont point appris pourquoi elles font néceffairement vertus. Ils nous laiffent ignorer les rapports qu'elles ont avec l'intérêt général & ne nous les repréfentent point comme les feuls moyens de le concilier avec l'intérêt particulier; enfin quelqu'horreur qu'ils s'efforcent de nous infpirer pour les vices & les crimes, ils fe taifent fur les premiers principes naturels & immuables, d'après lefquels les vices & les vertus doivent être reconnus & condamnés. Ariftote fut le premier coupable des forfaits d'Alexandre par la fauffe idée de gloire dont il imbut l'efprit de fon difciple.

Si nous confultons l'hiftoire & les exemples de toutes les Nations, nous ne ferons

---

» ne faut point fe heurter les uns les autres; il faut » éviter de choquer fon voifin; de le marcher; de » l'arrêter dans fa courfe ». Leçon bien inftructive ! Eh! laiffez-là vos préceptes; ouvrez les volets, & chacun, à la faveur de la lumiere, verra ce qu'il doit faire, comment il le doit faire, & la confufion ceffera.

pas mieux inftruits. Ici le vol à force ouverte
obtient des éloges ; là le vol clandeftin fut
autrefois applaudi ; ailleurs l'un & l'autre
font réputés des crimes, excepté quand ils
font faits fur le public. Ils fe croyoient vertueux, ces fanatiques Spartiates, qui fe faifoient honneur d'étouffer tous les fentimens
de la nature , de méprifer toutes les loix
de la pudeur , de compter pour rien les
droits facrés de l'hymen , la vie de leurs
efclaves & celle de leurs enfans. Ils fe
croyoient vertueux , tous ces peuples ido-
lâtres, qui fe flattoient de fe propicier leurs
Dieux , tantôt par d'infames proftitutions ,
tantôt par des facrifices horribles de victimes humaines , tantôt encore par d'autres
pratiques moins criminelles fans être moins
abfurdes. Ils fe croyoient vertueux, ces cruels
Saxons, lorfqu'ils buvoient dans le crâne de
leurs ennemis ; ces Maffagètes & ces Der-
bices , quand ils faifoient fervir les morts
de pâture à leurs parens ; ces ambitieux Romains , qui ne connoiffoient d'autres droits
que ceux de la force , & qui dans le fein
de la paix , nourriffoient leur ftupide féro-

cité par des combats & des spectacles de
sang. Ils se croyent vertueux aussi, ces sauvages du Nord de l'Amérique, qui se font
un devoir de massacrer leurs parens avancés en âge; ces barbares Asiatiques, qui après
la mort des maris contraignent les femmes
à se brûler toutes vivantes; ces pénitens
de l'Inde, qui plutôt que de se rendre utiles, se condamnent à passer leur vie char-
gés de chaînes; ces brigands Afriquains, qui
font profession d'être perpétuellement en
guerre ouverte avec le genre humain. Pour
se dire vertueux faut-il être l'ennemi ou
l'ami de ses sens, un Cinique ou un Epi-
curien? faut-il obéir ou servir en esclave,
ou penser & agir en homme libre? faut-il
pardonner les injures ou en tirer vengeance,
& dans la maniere de se venger, exposer
sa propre vie ou prendre la voie de la tra-
hison? faut-il, en un mot, se montrer sensible, humain, bienfaisant, ou se tenir toujours prêt, comme au siecle dernier, à embrasser des querelles étrangeres, à verser le
sang de ses concitoyens, de ses amis même
sans avoir aucun sujet de se plaindre d'eux?

O iv

C'eſt ce que tant d'exemples nous rendroient problématique, ſi on ne remontoit pas aux vrais principes de la Morale.

Pourquoi donc cette bigarrure monſtrueuſe dans la Morale? Eſt-ce qu'il n'eſt point dans la nature des regles certaines & invariables pour diſcerner les vertus d'avec les vices & les crimes? Ah! ne doutons point que ces regles n'exiſtent; mais pour les trouver, il eſt une ſeule route. C'eſt d'interroger la nature même, de conſulter les loix générales & immuables qu'elle s'eſt preſcrites, & les rapports que nous avons néceſſairement avec ces loix.

ARTICLE II.

Les loix naturelles du grand ordre, aſſurant ſon droit à chacun, & lui preſcrivant ſes devoirs, doivent contenir tous les principes de la Morale.

LE vœu conſtant de la nature étant l'exiſtence & la ſucceſſion des êtres, elle iroit

contre ce vœu, elle seroit contradictoire à
elle-même, si les appellant à la vie, elle
ne leur donnoit les moyens de la soutenir.
Il faut bien qu'ils aient tous le droit de
pourvoir à leur conservation & à leurs besoins, puisqu'un devoir impérieux les force
de veiller à leur subsistance. Quelques avantages que puisse avoir l'homme plus que
les autres créatures, il ne peut cependant
se soustraire à cet ordre universel qui régit
toutes choses.

Ainsi, par les loix de la nature chaque
homme est chargé, sous peine de douleur
& de mort, du soin de son existence & de
son bonheur. Son intelligence lui fut donnée
pour le mettre en état de pourvoir à l'un
& à l'autre. La raison consiste à connoître
ces moyens & la sagesse à les employer. En
cela donc s'il fait un bon choix, il se montre vraiment raisonnable & sage, si au contraire il fait un mauvais choix, il agit en
insensé & en vicieux.

Les loix de la nature veulent aussi que
l'homme ne puisse assurer réellement son
existence & son bonheur, qu'à l'aide de sa

réunion à la société. Or, il est sensible que la première des conditions essentielles à cette réunion, nous impose également à tous l'obligation absolue de ne point s'entre-nuire, de respecter les uns dans les autres les droits inséparablement attachés à l'état d'homme vivant en société. Manquer à cette obligation, violer volontairement ces droits, c'est donc s'écarter d'un devoir essentiel, c'est donc se rendre criminel, non-seulement avec les particuliers dont les droits sont ainsi blessés, mais même envers toute la société dont les fondemens se trouvent ainsi ébranlés.

Ces mêmes loix de la nature veulent encore qu'un intérêt commun soit notre seul lien social. Delà suit, que l'obligation de ne pas s'entre-nuire, n'est pas la seule qui soit essentielle à la formation des sociétés, qu'il en est une seconde de la même importance, celle de se prêter une mutuelle assistance, de faire tout ce que l'intérêt commun exige de nous. D'après cette vérité frappante, il est clair qu'on ne peut sans crime ne pas remplir les devoirs particu-

tiers que l'ordre public nous impose perfon-
nellement à cet égard ; s'y refufer c'eft bri-
fer le lien focial, c'eft détruire l'effence de
la fociété, c'eft fe rendre coupable de tous
les maux qui en réfultent. Il eft clair auffi
que remplir ces mêmes devoirs, c'eft agir
conformément à la faine raifon, c'eft être
jufte, c'eft être vertueux. Il eft clair enfin
que dans la fociété, notre maniere d'être,
notre perfonnel, doit être réputé plus ou
moins vertueux, felon qu'il eft plus ou
moins convenable à l'intérêt de la fociété.

ARTICLE III.

Les principes de la Morale que nous
venons d'expofer, nous donnent une
regle fûre pour apprécier toutes les actions
des hommes.

RIEN de plus fimple que les principes
fondamentaux de la Morale univerfelle,
que les vraies notions qu'on doit fe former
dans tous les pays du monde, des vices, des

crimes, & des vertus. *Les vices sont en nous ce qui nous dégrade ; ce qui nuit à nous-mêmes ; les crimes, ce qui nuit directement aux autres ; les vertus, ce qui devient utile à tous.* Démontrons par quelques exemples, la justesse de ces définitions.

L'utilité commune résultante de la bien-faisance, de la compassion, de tous les autres sentimens qui nous intéressent fortement aux maux de nos semblables, les a fait placer à juste titre au rang des vertus ; que penserions-nous cependant d'un particulier qui, pour obliger des malheureux, disposeroit du bien d'autrui; d'un Magistrat qui, par pitié, se refuseroit à punir les coupables; de tout autre qui, par le même motif, s'opposeroit au cours ordinaire de la justice? ces sentimens si précieux ne seroient plus à nos yeux que des foiblesses criminelles & honteuses. En perdant l'utilité dont ils sont, ils perdroient tout leur mérite & tout leur éclat.

La bravoure, cette force de l'ame qui nous rend inaccessibles à la crainte de la mort, est certainement une vertu; mais par

quelle raison est-elle une vertu? par la nécessité dont elle est à la sûreté commune
de la société. Aussi cesse-t-elle d'être une
vertu, pour devenir un vice ou même un
crime, lorsqu'elle est employée à troubler
l'ordre public & la paix intérieure de la
société, & voilà pourquoi elle est punie du
dernier supplice dans les voleurs de grand
chemin, tandis qu'elle est couverte de lau-
riers, lorsque, guidée par la justice, elle se
consacre au service de l'intérêt commun.

L'amitié, cette fille du ciel, descendue
sur la terre pour le bonheur des humains,
n'en devient-elle pas le fléau, ne se chan-
ge-t-elle pas en aveuglement criminel,
lorsque nous faisant oublier nos devoirs,
elle nous rend injustes? Tout doit se rapporter à l'intérêt commun; tout doit se
régler par la loi sacrée de l'intérêt commun. Dans tous les cas, les qualités morales doivent être soumises à cette loi. Jamais il ne leur sera permis de s'en écarter. Si vous cherchez pourquoi l'économie
dégénère en avarice, le désintéressement en
profusion, la libéralité en prodigalité, la

prudence en timidité, enfin notre fenfibi-
lité pour l'honneur & le déshonneur, en
manie infociable, en enthousiafme orageux,
vous trouverez que toutes ces qualités ne
font ainfi dénaturées, que pour avoir paffé
des bornes marquées par l'intérêt commun.
Une grande preuve de la jufteffe de ces
notions, fur ce qui conftitue les vertus, les
vices & les crimes, c'eft qu'elles nous mettent en main une mefure invariable &
fûre pour apprécier fans peine toutes les
actions des hommes.

ARTICLE IV.

Les principes de la Morale, qui nous
éclairent fur nos droits & nos devoirs
dans la fociété, font les mêmes qui
doivent nous faire juger de la conduite
des Nations entr'elles.

VOULEZ-VOUS voir maintenant combien ces vérités font fécondes, combien
elles importent au bien de l'humanité re-

gardez toutes les Nations ; naturellement
unies entr'elles par une réciprocité de befoins , par les nœuds d'une utilité naturelle , cherchant à refferrer encore ces nœuds
naturels par des traités qui puiffent faire la
fûreté commune de leurs poffeffions , de
leur liberté , des avantages qu'elles doivent
fe communiquer réciproquement par le
commerce ; confidérez ces diverfes fociétés
particulieres , comme autant de claffes d'une
feule & unique fociété univerfelle , établie
par l'ordre même de la nature fur un intérêt commun , dont elles ne peuvent violer les loix qu'à leur détriment ; confidérez que propriété , liberté , fûreté conftituent l'intérêt commun de ces différentes
claffes , comme celui des différens particuliers qui les compofent , alors vous recon-
noîtrez que les principes de Morale , dont
il s'agit ici , embraffent toute l'efpece humaine , tous les corps politiques ; & que ,
dans les rapports néceffaires de ces corps
entr'eux , c'eft par ces mêmes principes
qu'on doit juger de ce qui eft jufte ou injufte , vertueux ou criminel , glorieux ou

infâme. Par-tout où regnera cette Morale
bienfaisante, avec elle regneront aussi nécessairement la justice, la paix & le bonheur. Les peuples qui l'auront adoptée, ne
seront plus assez insensés pour s'immoler
eux-mêmes sur les Autels qu'ils ont la stupidité d'élever à la cruelle manie des conquêtes, cette rage, cette fureur qui prend
le pouvoir pour un droit, & change l'homme en bête féroce. Guidés par une connoissance exacte de leur intérêt commun,
unis entr'eux par ce lien politique indisso-
luble, ces peuples ne formeront plus qu'un
seul & même Empire ; ils se trouveront
gouvernés par la même loi, soumis à la
même autorité, & cette autorité sera celle
de la raison.

ARTICLE V.

Des moyens de rendre active la Morale
universelle, & comment on peut en
étendre les effets dans la société.

LA Morale est faite pour devenir un attribut de l'ame, une qualité du cœur, &

non pour rester une science stérile, un vain
ornement de l'esprit. Ce n'est donc pas
assez de poser les fondemens naturels &
invariables de la Morale universelle, d'enseigner aux hommes en quoi consistent la
gloire & l'infamie, les vertus, les vices &
les crimes; il faut encore mettre tout en
usage, pour augmenter en eux les effets que
cette connoissance doit produire, l'horreur
des crimes & l'amour des vertus, chercher
par conséquent à développer, à exalter leur
amour-propre; car de même que cette sensibilité naturelle est susceptible de s'accroî-
tre par la culture; de même aussi des circonstances peuvent parvenir à l'étouffer, à
lui faire perdre du moins son énergie &
son élasticité.

Pour cultiver, pour féconder ce germe
puissant, en un mot, pour imprimer aux
hommes un grand respect pour eux-mêmes, il est indispensable de leur donner
une juste & haute idée de leur espèce, de
leur montrer qu'en leur qualité d'êtres intelligens, ils sont appellés à un genre de
perfection totalement étranger aux brutes,

& qui leur donne des rapports avec la Divinité, & leur faire voir que cette perfection, qui eſt dans les vues de leur Créateur, & qui doit être leur propre ouvrage, doit auſſi leur être d'autant plus précieuſe, qu'elle leur donne un empire abſolu ſur leurs ſens, & qu'elle devient auſſi néceſſaire à leur félicité, non-ſeulement pour la vie préſente, mais encore pour la vie future.

Il ne ſuffiroit pas cependant que les hommes euſſent une grande idée d'eux-mêmes comme hommes, s'ils n'avoient encore une grande idée d'eux-mêmes, comme citoyens; delà ſuit un ſecond moyen infaillible de porter l'amour-propre à ſon plus haut degré d'exaltation, ſecond moyen qui doit s'unir avec le premier ; c'eſt de tenir cet amour-propre toujours en action, c'eſt de l'intéreſſer perſonnellement à tous les actes de la vie publique & privée. Mais un plan ſi ſage, ſi conſéquent à la nature de l'homme, ne peut être exécuté que par le Gouvernement lui-même. Ce plan important requiert une chaîne de polices, de diverſes inſtitutions qui, toutes enſemble, concou-

rent au même but ; celui de rendre les Citoyens fenfibles à la difformité des vices
& des crimes, à l'attrait des vertus, à l'honneur enfin d'être dans tous les temps, tels
que l'intérêt commun veut qu'ils foient (a).

L'intervention & les foins du Gouvernement font donc néceffaires pour donner à la

---

(a) Une très-grande partie de ce Chapitre eft
tirée d'un excellent Mémoire fur l'Inftruction publique, fait par M. le Mercier de la Riviere, Con-
feiller honoraire du Parlement de Paris, ancien
Intendant de la Martinique, Magiftrat auffi recommandable par les vertus, que célebre par fes ouvrages. Il a été compofé fur les invitations faites
par le Gouvernement de Suede à tous les Philofophes de l'Europe, de concourir par leurs lumieres
à l'éclairer fur un point fi intéreffant. Il a été traduit
en Suédois & imprimé en Suede, mais il ne l'eft
point encore en France. M. de la Riviere qui a
bien voulu me le communiquer, & à qui j'en rends
graces publiquement, ne doit point trouver mauvais qu'en publiant ce fragment, j'anticipe fur
l'impreffion du Mémoire. Il complette ce que j'a-
vois à dire, & le dit beaucoup mieux que je n'au-
rois fait. Si fa modeftie me condamne, je ferai ab-
fous par vous mes Lecteurs.

Morale toute son extension sur les diverses classes de la société; mais quoiqu'indispensables pour lui faire opérer des effets en grand, & qu'il n'y ait que l'instruction publique & perpétuelle des droits & des devoirs qui puisse en porter l'influence aussi loin qu'elle peut aller, rien n'empêche, que dis-je? il est très-désirable, que jusqu'à l'enseignement public de cette doctrine, nous cherchions à la faire connoître à nos éleves, à les convaincre de son efficacité, à les pénétrer de son importance, de maniere qu'ils en fassent pour toujours la regle invariable de leur conduite. Si nous ne pouvons faire luire le soleil de l'évidence sur l'universalité des esprits, plaçons du moins quelques flambeaux dans la foule, & les ténebres ne seront pas si générales. Loin de borner la connoissance de la Morale au sentiment intérieur, comme on a fait jusqu'ici, faisons voir que la Morale de l'homme social a sa base dans les loix physiques & constitutives des sociétés; qu'il lui importe d'autant plus d'étudier ces loix, qu'on peut en appliquer la connoissance à toutes les circonstan-

çes de la vie , & qu'elle sert à nous former
à cette Philosophie vigoureuse (*a*) qui n'est
pas moins la science d'un esprit éclairé, que
l'habitude originelle d'une bonne ame. Allu-
mons sur-tout dans le cœur de nos disciples
un courage si déterminé pour les actions
honnêtes & vertueuses , qu'ils n'imaginent
pas même que l'autorité la plus despotique

(*a*) La vraie Philosophie suppose outre la rési-
gnation, le courage & le sang froid, les lumieres
les plus approfondies sur l'ordre naturel des moyens
de conduire les hommes au bonheur, sur toute l'é-
tendue des droits que leur donnent leurs diverses
relations , & des devoirs réciproques qu'elles leur
imposent. Mais ces lumieres elles-mêmes perdroient la moitié de leur utilité chez des hommes
qui ne sauroient pas commander à leurs passions ,
cultiver celles qui peuvent mener aux choses louables, réprimer celles qui pourroient égarer leur
vertu, ajouter aux forces naturelles de leur raison
par un exercice perpétuel, comme on ajoute aux
forces du corps en fuyant une vie trop molle, en
marchant beaucoup, en courant, en portant des
fardeaux, en maniant les armes, en domptant des
coursiers fougueux.

Ephémer. du Citoy. année 1769, tome H.

puiſſe jamais les/forcer à devenir injuſtes (a).
En deux mots, inſtruiſons - les du droit naturel de l'homme & de la ſanction des loix
ſacrées qui l'établiſſent ; indiquons - en les
bornes en même-temps , dès - lors ils ſeront aſſurés de ce qu'ils doivent faire ou
éviter , & dans la vue de leur propre intérêt , charmés d'étendre les droits des autres auſſi loin qu'ils peuvent aller , c'eſt-à-
dire , empreſſés de remplir tous leurs devoirs
envers leurs ſemblables , leurs cœurs enflam-
més de la noble émulation de bien faire

(a) Un jeune homme qui veut vivre & mourir
homme de bien , doit , ſans ceſſe , avoir préſent à
la mémoire ce Dialogue énergique qu'Epictete
ſuppoſe entre un Tyran & lui. — Dis-moi ton ſe-
cret. — Je ne le dirai point , car j'en ſuis le maître. — Mais je te ferai mettre aux fers. = Que
dis-tu là ? moi ! tu feras mettre aux fers mes jam-
bes , mais quant à ma volonté nul mortel ne ſauroit la vaincre.

Il y a des exemples de ce courage inébranlable ,
même parmi les ſcélérats , à combien plus forte
raiſon ne doit-il pas être l'appanage de l'homme
vertueux.

feront pleins d'horreur pour le vice & d'a-
mour pour la vertu; leur Morale deviendra active., & on les verra s'efforcer de
rendre à leurs freres tous. les fervices dont
ils pourront les gratifier.

CHAPITRE XVI.

DU DROIT NATUREL DE L'HOMME.

ARTICLE PREMIER.

Qu'est - ce que le Droit naturel de l'Homme.

SANS nous arrêter aux diverses définitions que les Philosophes & les Publicistes nous ont données du Droit naturel de l'homme, & qui toutes sont ou vagues ou incomplettes (*a*), nous dirons, dans le sens du célebre

---

(*a*) Ainsi Justinien définit vaguement le Droit naturel, lorsqu'il dit que c'est le droit que la nature enseigne à tous les animaux. Ainsi le Sophiste *Trasymaque*, *Hobbes* & l'Auteur des *Principes du Droit naturel & de la Politique*, le définissent d'une maniere fort inexacte, en disant que c'est le droit illimité de tous à tout. Ainsi ceux qui ont

Docteur

Docteur Quesnay, le premier qui l'a défini exactement, que c'est le droit accordé à tout homme par la nature aux choses propres à sa jouissance & à son bonheur, ou la juste prétention qu'il a en vertu des loix constitutives de son essence, aux choses qui lui sont nécessaires.

L'homme composé d'intelligence & de matiere, est obligé à des devoirs qui naissent de sa constitution originelle ; comme

---

dit que le Droit naturel se borne à l'intérêt particulier de chaque homme ; ceux qui ont dit que le Droit naturel est une loi générale & souveraine, qui régle les droits de tous les hommes ; ceux qui ont dit que c'est un droit formé par une convention tacite ou explicite ; ceux qui ont dit qu'il ne suppose ni juste, ni injuste ; ceux qui ont dit qu'il est juste, décisif & fondamental, &c. ne nous en ont donné que des idées vagues ou partielles, parce qu'ils ne l'ont pas vu sous toutes les faces. Ces définitions sont vraies à certains égards, mais ne nous présentent pas l'ensemble du Droit naturel, ou des conditions qui lui sont essentielles, elles ne permettent pas que nous en prenions une idée juste & complette, & sont par conséquent insuffisantes.

Tome III. P

animal, il est sujet aux infirmités & aux besoins de l'animalité, par conséquent forcé de pourvoir à sa subsistance; & comme être pensant, il doit (a) travailler à son bonheur, & chercher à en étendre les limites. Mais s'il ne peut se dérober aux loix du grand ordre, s'il est impérieusement assujetti à exécuter les conditions sous lesquelles il existe, à céder à l'attrait qui le porte vers son bien-être, il doit trouver dans cet ordre naturel des droits qui répondent à ces devoirs & qui lui donnent les moyens de s'en acquitter. L'existence & le bonheur seroient pour nous des biens illusoires, si en nous les rendant nécessaires, la nature ne nous

---

(a) Tout est vrai dans cette idée jusqu'aux mots qui l'énoncent, car le mot *doit*, dont je me suis servi, est vrai même dans le sens où il est obligatoire.

Que je demande à un sauvage bien fort, bien alerte, bien libre : que dois-tu, à quoi es-tu obligé? à rien, me répondra-t-il. Ne dois-tu pas te rendre heureux? oui; eh bien! tu dois donc quelque chose.

avoit donné un titre légitime pour les pof-
féder.

Le premier droit de l'homme eft donc
le droit à l'exiftence & à la vie, c'eft-à-dire,
à la propriété perfonnelle ; le fecond, au
bien-être dont il eft fufceptible dans ce
monde, ou à l'acquifition & à la poffeffion
paifible des biens qu'il peut acquérir par
l'emploi de fes facultés ; d'où fuit d'un côté
la liberté & la fûreté de fa perfonne, &
de l'autre, la garantie de fes propriétés mo-
biliaires & immobiliaires. Si je fuis en poffeffion de ces premiers droits, je fuis maître
de ma perfonne & de mes biens ; ma tête eft
à moi, mes bras font à moi & les fruits de
mon travail font à moi, & non à un autre ;
mais par la négation de ces droits je perds
mon droit à la fubfiftance, je ne fuis plus
rien, je deviens nul fur la terre. Ainfi quand
la nature nous a donné l'être, elle nous
a accordé le droit de jouir de la vie, d'acquérir les chofes néceffaires à la foutenir ; &
quand elle nous a fait defirer le bonheur, elle
nous l'a rendu légitime. C'eft dans cette
loi générale que chacun trouve fes premiers

droits. Ils font les droits de tous ; mais ils ne font pas les mêmes pour tous ; car quoique les droits à la confervation & au bien-être foient communs à tous les hommes, il ne fuit pas delà que tous doivent en jouir dans une proportion égale ; ces droits fe modifient fuivant l'état & la fituation de chaque individu & fur-tout fuivant fes rapports fociaux, & l'on ne fauroit en avoir une idée complette qu'après en avoir connu toute la liaifon & la correfpondance (a). Avant donc de confidérer le Droit naturel des hommes, il faut confidérer l'homme lui-même dans fes différens états de capacité corporelle & individuelle, &

_____

(a) « Il en a été des difcuffions fur le Droit naturel, comme des difputes philofophiques fur la liberté, fur le jufte & l'injufte : on a voulu concevoir comme des êtres abfolus ces attributs relatifs, dont on ne peut avoir d'idée complette & exacte, qu'en les réuniffant aux corrélatifs dont ils dépendent néceffairement, & fans lefquels ce ne font que des abftractions idéales & nulles ».
Première note du Traité du Droit naturel, du Docteur Quefnay.

dans ses différens états relatifs aux autres
hommes. Sans cet examen préalable, il est
impossible de bien connoître ce que c'est
que le Droit naturel, & c'est faute de remonter à ces premieres observations, que les
Philosophes nous ont donné des idées si
différentes & souvent si contradictoires du
Droit naturel des hommes, parce que ne
le considérant que sous certains aspects, ils
s'arrêtoient au parallogisme ou argument
incomplet qui ne nous présente point un
sujet dans toutes ses parties.

ARTICLE II.

Du Droit naturel considéré relativement aux
capacités individuelles de l'homme.

ILL est certain que les besoins d'un homme
venant à changer par une mutation d'état
individuel & par la facilité plus ou moins
grande qu'il a de les satisfaire, ses droits
doivent éprouver en même-temps une altération manifeste, c'est-à-dire, qu'ils doi-

vent être plus ou moins étendus en raison
de ce qu'il peut en faire usage. Les droits
d'un homme fort & ceux d'un homme foible, ceux d'un homme sain & ceux d'un
infirme, les droits d'un homme fait &
ceux d'un enfant; enfin ceux d'un grand
génie & ceux d'un imbécille, ne peuvent
avoir pour chacun une extension égale. Là
où la capacité de satisfaire les besoins augmente, là s'accroît le droit d'y pourvoir;
là où elle diminue, là le droit s'affoiblit;
enfin ce droit devient comme nul pour
celui qui est privé de son usage. Ainsi un
enfant dépourvu de forces & d'intelligence
a un droit à la subsistance, fondé sur ses
besoins indiqués par la nature au pere & à
la mere; mais si le pere & la mere viennent à mourir & laissent l'enfant sans autre
ressource, alors privé de l'usage de son
Droit naturel, ce droit devient nul pour
lui. Au contraire si cet enfant plus heureux
peut profiter des soins & des avances de
ses parens, s'il devient grand & robuste,
qui doute que plus de facilité à jouir de
ses droits n'en étende bientôt les limites?

On en peut dire autant d'un homme infirme qui recouvre la santé, & d'un ignorant
qui devient habile.

« Si nous voulons donc confidérer les
» facultés corporelles & intellectuelles, &
» les autres moyens de chaque homme en
» particulier, nous y trouverons une grande
» inégalité relativement à la jouiffance du
» Droit naturel des hommes. Cette inéga-
» lité n'admet ni jufte ni injufte, elle réfulte
» de la combinaifon des loix de la nature,
» & devient une fuite néceffaire des proprié-
» tés par lefquelles nous éprouvons les biens
» & les maux de cette vie, propriétés fon-
» dées elles-mêmes fur les regles immuables
» & juftes que l'Etre fuprême a inftituées
» pour la formation & la confervation de
» l'univers ».

L'efprit borné de l'homme s'étonne en
voyant que ces loix éternelles font les caufes du mal phyfique, mais fans en pénétrer
la profondeur, il peut dü moins s'appercevoir, s'il examine ces loix avec attention,
que ces caufes du mal font elles - mêmes
les caufes du bien ; que la pluye qui in-

commode le voyageur fertilise les terres ;
que ces caufes qui ne font inftituées que
pour le bien , ne produifent le mal qu'inci-
demment ; qu'ainfi elles ne font dans l'ordre naturel relatif à l'homme, que des loix
obligatoires pour le bien , en lui impofant
le devoir d'éviter autant qu'il peut tout le
mal dont fa prudence fait lui faire prévoir
les fuites.

Si l'homme abufant de fa force & de
fes richeffes, viole l'ordre des loix phyfiques inftituées pour le bien , il ne doit donc
pas attribuer à ces loix les maux qui font
la jufte peine de leurs tranfgreffions ; fi le
mauvais ufage qu'il fait de fa liberté lui
attire des malheurs funeftes & vient à caufer
fa ruine, il n'a pas à fe plaindre de (a) ce-

_____

(a) Qui eft-ce qui ne voit pas que les dons
les plus précieux de la nature, peuvent devenir, pour l'homme qui en fait un mauvais ufage,
des caufes de dommages & de deftruction ; la force, la fanté, la liberté, l'intelligence font pour lui
des biens ineftimables ; s'il les employe dans l'intention de la nature & de la raifon ; mais s'il en

lui qui l'a fait libre. Dès que par l'attribut conſtitutif de ſon eſſence, il peut fuir le mal & choiſir le bien, il ne doit s'en prendre qu'à lui-même de ſes mauvais choix & des ſuites de ſes folies. Mais s'il n'excede point les bornes de ſon droit, ſi ſa raiſon eſt éclairée, il peut ſe conduire avec ſageſſe autant que le permet l'ordre des loix phyſiques qui conſtituent l'univers.

Quoique le bien phyſique & le mal phyſique, le bien moral & le mal moral ayent

jouit avec excès, s'il les fait ſervir à contenter ſes caprices, s'il en fait l'inſtrument de ſes paſſions fougueuſes & de ſes plaiſirs déréglés, ils ſe changent en poiſons, ils operent la perte de ſa fortune, ils cauſent ſouvent ſa ruine, & quelquefois celle de ſa famille; tous ces maux ſont une ſuite des loix phyſiques, ſi l'on veut, mais c'eſt par la faute de celui qui en brave la ſanction. Il eſt un être libre, & il s'égare : en accuſera-t-on la liberté? eſt-ce elle qui en eſt la vraie cauſe? point du tout, puiſqu'il étoit libre de faire un meilleur choix. Elle en eſt la cauſe occaſionnelle, comme Dieu l'eſt de toutes les actions humaines, *cauſa cauſæ*, & non pas *cauſa cauſati.*

P v

leur origine dans les loix naturelles (*a*), elles
font juſtes & parfaites dans le plan général, parce qu'elles font conformes à l'ordre & aux fins que l'Auteur de la nature
s'eſt propoſées en les inſtituant; car il eſt
lui-même l'auteur des loix & des regles, &
par conféquent fupérieur aux loix & aux
regles; mais leur deſtination eſt d'opérer
le bien, & tout eſt foumis à celles qu'il a
inſtituées. L'homme doué d'intelligence, a
le droit de pouvoir les contempler & de les
connoître pour fon plus grand avantage;
d'où fuit qu'il a auſſi le droit de faire ufage
de toutes les facultés qui lui ont été dépar-
ties par la nature, dans les circonſtances où
elle l'a placé, fous la condition de ne nuire
à foi-même ni aux autres; condition fans
laquelle perfonne ne feroit aſſuré de con-
ferver la jouiſſance de fon Droit naturel (*b*).

(*a*) Voyez la Note précédente.
(*b*) *Phyſiocratie, tome I, page 22.*

ARTICLE III.

Du Droit naturel des hommes considérés relativement les uns aux autres, & de l'établissement de la propriété foncière.

POUR se faire une idée juste du Droit naturel de l'homme, relativement aux autres, il faut d'abord considérer l'homme dans ses divers états de société. Le sentiment de ceux qui ont regardé l'homme comme un animal naturellement insociable, est un vrai paradoxe démenti par le fait. Nulle part on ne trouve les hommes cherchant à s'éloigner les uns des autres. L'homme ne vit isolé qu'accidentellement, ou par le caprice d'une volonté particuliere qui ne fait loi pour personne. Dans cet état de pure solitude, l'homme n'a plus de rapport qu'avec la nature ; mais cet état ne peut subsister que le temps de la vie de chaque individu.

On auroit beau dire que l'homme est

P vj

infociable; puifqu'il y a des hommes fur la terre, la fociété eft prouvée. Chacun doit la vie à des êtres de fon efpece qui ont dû s'affocier, non-feulement pour lui donner le jour, mais pour veiller à fa fubfiftance, à fa défenfe, à fa confervation. Sans une fociété entre le pere & la mere, la race des hommes étoit féchée dans fes racines; fans une fociété durable entre un enfant & les aureurs de fa vie, l'enfant n'auroit pu fubfifter. Enfin, fans une fociété continuelle avec fes femblables, l'homme n'eût point étendu fes facultés perfectibles, inventé les arts & les fciences; & formé les grandes familles des Etats.

La premiere fociété fut donc celle de l'homme & de la femme, & fi l'on veut celle de la famille, & dès qu'elle exifta, des relations de befoins & de fervices, de pitié & de reconnoiffa-ce, commencerent à fe former entre fes divers membres; l'habitude de fe voir tous les jours, fortifia les liens de l'attachement qui les uniffoit & affigna fes droits à chacun; ce qui établit naturellement, un ordre de dépendance, de

justice, de devoirs, de sûreté & de secours
réciproques.

Chacun est pour soi dans ce monde;
c'est-à-dire, que chacun est obligé pour sa
conservation & son bien-être, de se procurer
les choses nécessaires; & comme il souffre
seul s'il vient à y manquer, la préférence
de ses soins, pour lui-même, est son premier devoir. Tous ceux qui lui sont asso-
ciés doivent s'acquitter des mêmes devoirs
envers eux-mêmes & sous les mêmes peines. Mais ces devoirs sont plus faciles à
remplir, si les hommes naturellement portés les uns vers les autres, trouvent dans
l'union de la famille, l'avantage des secours
mutuels, pour l'entiere jouissance de leurs
droits respectifs. Or, c'est ce que les besoins
& l'attrait naturel ont dû opérer dans la
premiere société. Le dessein de la nature
n'a donc pas été de restreindre nos droits
dans la société, mais de les étendre au contraire par le concours des forces & des intérêts de tous ceux qui la composent. Il est
évident en effet que l'union de l'homme &
de la femme établie sur l'inclination & le

befoin n'a pu leur être que très-avantageufe;
elle ne leur a pas feulement donné plus
de facilité de pourvoir à leur fubfiftance;
mais la femme y a trouvé une fûreté contre les dangers, & le mari, l'adouciffe-
ment de fes travaux & de fes peines. Il n'a
pas dû entrer dans l'idée de celui-ci, de
borner les droits de la femme qui lui devenoit fi chere, ni dans les deffeins de la
femme, de fe fouftraire à l'autorité de l'homme dont les forces & l'affection lui deve-
noient fi utiles. Et fi, par la furvenance des
enfans, les devoirs du pere & de la mere
ont augmenté à caufe du fuccroît de travaux
& de foins qu'exigeoit l'augmentation de
la famille, leurs droits ont dû s'étendre
dans la même proportion fans pourtant rien
fouftraire aux droits de ces nouveaux membres.

Dans cet ordre de fociété, l'autorité fur
les autres a dû naturellement appartenir au
pere comme à celui qui avoit plus de force
& d'intelligence; mais il n'auroit pu empiéter fur les droits naturels de ceux qui
lui étoient fubordonnés, non-feulement fans

blesser les sentimens de tendresse qu'il leur
devoit, mais sans contrevenir aux notions
de justice & de raison qui le lui défendoient.
Les enfans, dans leur foiblesse, avoient
droit aux secours paternels comme étant
une extension de la substance & de la propriété des parens, & ceux-ci n'auroient pu
encore s'y refuser, sans renoncer à l'espoir
d'en recevoir le prix au déclin de l'âge dans
la reconnoissance de leurs enfans (a).

_____

(a) L'opinion de sa supériorité sur la femme,
ne dut inspirer à l'homme, qui l'aimoit, que le desir & l'attention de lui sauver les dangers & les peines, sa pitié pour la foiblesse de ses enfans, jointe
à l'idée qu'ils étoient une partie de lui-même, en
les lui faisant chérir tendrement, lui fit une loi de
veiller plus particuliérement à leur sûreté & de pourvoir à leur nourriture. Ceux-ci devant tout à leurs
parens, s'accoutumèrent à les regarder avec sou-
mission & avec respect. Leur pere sur-tout, supérieur en force, en stature, en intelligence, en expérience, toujours occupé de leur conservation,
dut leur paroître un être puissant & bon, à qui ils
devoient l'attachement le plus cher, la gratitude
& l'obéissance la plus parfaite.

A mesure que les enfans prirent de l'accroissement, leur concours aux travaux pro-

---

L'homme fut donc reconnu pour le chef de cette société, par toutes les raisons de justice & de nécessité qui justifient le pouvoir. Le temps ne fit que cimenter cette espece d'empire, & la suite des générations servit à le prolonger. Il est vraisemblable que ces enfans, devenus peres à leur tour, inspirerent leurs sentimens à leurs enfans ; que tous demeurant ensemble dans la cabane paternelle, ou tout auprès, la vénération pour le pere commun & l'obéissance ne firent que s'étendre. L'homme né bon, ne fait point de mal à ses semblables, s'il n'est égaré par le calcul d'un faux intérêt. J'ose dire qu'il se plaît à reconnoître les bienfaits reçus, qu'il n'est même content de lui, qu'après avoir donné des marques de gratitude à ceux qui l'ont obligé. Quels ne devoient donc pas être les sentimens de ces premiers hommes, tous enfans du premier homme, pour ce chef de la famille ? Ils n'avoient point cessé d'éprouver sa bonté ; dans sa vigueur, il avoit été la force & le soutien de tous ; jeune, on lui avoit dû l'obéissance & le respect, comme à l'être nécessaire & puissant ; vieux, ils lui devoient des secours & la plus tendre reconnoissance pour avoir usé sa vie au soutien de la leur, & pour l'affection qu'il leur témoignoit encore dans son impuissance. L'a-

fitables à la famille dut étendre leurs droits
par l'emploi de leur perſonne & de leurs

mour, la juſtice, la piété, leur en faiſoient un
devoir rendu plus ſacré par la prévoyance de leur
propre intérêt. C'eſt ainſi que les relations morales, qui ſe ſont étendues dans la ſociété civile,
ſortent des relations phyſiques inſtituées par la nature, à laquelle nous devons toujours remonter
pour trouver le vrai principe de toute ſociété.

La famille devenue trop nombreuſe obligea enfin les plus jeunes couples de s'en ſéparer, & peu-
à-peu les familles qui en provinrent, trop multipliées encore pour pouvoir habiter ſous le même
toit, ſe diviſerent & s'éloignerent en raiſon de la
difficulté qu'elles trouverent de pourvoir à leur
ſubſiſtance; car il ne faut pas s'imaginer que dans
ces premiers temps où les hommes étoient réduits
à vivre des fruits ſpontanés de la terre, & des produits d'une chaſſe d'autant moins abondante que
leur induſtrie étoit plus groſſiere; il ne faut pas
s'imaginer que ces familles puſſent trouver leur
nourriture ſur un petit eſpace de terrein.

Cependant le nombre des hommes croiſſant, &
les beſoins de la nourriture revenant tous les jours,
les fruits de toute une contrée étoient bientôt con-
ſommés; ils n'étoient bons qu'en certaines ſaiſons
de l'année; ils ne pouvoient ſuffire long-temps.

talens, & le chef dut leur faire trouver, suivant
les regles mêmes de la justice distributive,

Les accidens naturels & les météores les détrui-
soient souvent en tout ou en partie. La pêche &
la chasse qui devoient y suppléer, offroient moins
de facilités en proportion de la quantité de parts à
faire. Les succès même des chasseurs & des pêcheurs devenant plus incertains, cette maniere de
subsister devenoit toujours plus précaire. Les hommes se trouvoient dans une extrême disette d'alimens. Tout leur faisoit desirer une meilleure situation : & quand cet état de recherche eût été sujet
à moins de vicissitudes, quand il auroit réuni moins
d'inconvéniens, ils devoient sentir que ce n'étoit
pas le plus avantageux possible. N'avoir pour boisson que l'eau pure, pour alimens que des fruits
sauvages, pour demeure que des antres ou des forêts, pour vêtemens que la dépouille de quelques
bêtes, c'est ne connoître qu'une existence peu
agréable. Aussi les hommes songerent à se procurer une nouvelle source de subsistances.

Dans leurs courses journalieres, ils avoient eu
occasion de connoître les diverses especes d'animaux qui peuploient leur contrée, & d'en remarquer les mœurs. D'après cette connoissance, ils re-
poussoient ou évitoient les bêtes carnassieres, con-
currens dangereux; mais ils cherchoient les her-

dans les secours & les travaux des autres,
& dans la participation de leurs avantages,

---

bivores comme plus douces & plus faciles à vaincre. Ils ne s'attacherent d'abord qu'à les faire tomber sous leurs coups ; ils comprirent ensuite, qu'ils
trouveroient plus d'avantage à les avoir près d'eux,
parce qu'ils pourroient disposer d'elles & de leur
produit à leur gré. Cette prévoyance les exerça
donc à les soumettre ; ils en prirent quelques-unes
pour avoir, comme sous la main, une provision de
réserve, & leur chair fut le premier secours qu'on
en tira ; mais dans la suite ils se contenterent de
tuer une partie des mâles, résolus de faire leur
nourriture ordinaire du lait des femelles. Leur utilité
reconnue les fit multiplier en grands troupeaux, qui
formant une masse plus assurée de subsistances, servit à augmenter encore le nombre des hommes.

Dès-lors, moins assujettis à des courses pénibles
& lointaines, & bornés en grande partie au soin de
ces troupeaux, les hommes connurent, pour la
premiere fois, les doux loisirs de la vie pastorale.
Ils inventerent les arts, enfans de l'industrie & de
la tranquillité. Le hasard fit découvrir les métaux &
leurs propriétés utiles, le génie & la réflexion les
appliquerent aux premiers besoins : on en fit des
outils, des instrumens, des armes ; & le fer devint,
entre les mains de l'homme, le sceptre avec lequel

la compenſation de leur peine & de leurs
ſervices. Il eſt juſte en effet que celui qui

---

il gouverna la terre , & ſut dompter les élémens.

C'eſt ici que la propriété immobiliaire commence , que l'inégalité ſe montre , que la ſociété s'annonce ; la hache abat les arbres qui ombragent le
ſol , & la débarraſſe de leurs racines ; la bêche le
profonde & le creuſe , pour le rendre capable d'en
recevoir de nouveaux plus propres à nourrir l'homme. Les vergers paroiſſent , le travail étend , pour
ainſi dire , la propriété perſonnelle ſur la ſurface ,
en fait une dépendance de l'individu , qui le premier y emploie ſes forces , ſon temps , ſon avoir ,
& la lui attribue excluſivement. Le foſſé dont il
l'entoure , la paliſſade dont il la borde , en défendent l'entrée aux animaux ; mais ce qui la fait reſpecter de l'homme , c'eſt l'intègre équité qui lui
dit : « ne fais point à autrui ce que tu ne veux point
» qu'on te faſſe , & ne lui enleve point les fruits de
» ſon travail , ſi tu ne veux pas autoriſer les autres
» à t'enlever ce qui t'appartient ».

C'eſt de ce point , que les détracteurs de la ſociété commencent à dater la corruption & le malheur de l'homme ; tandis qu'il eſt facile de voir ,
en évitant l'illuſion des conjectures paradoxales ,
que c'eſt ici proprement où il ſort de ſa miſere ,
en paſſant d'un état précaire à un état doux & aſ-

travaillé pour un autre dans la société & à
sa décharge, participe à ses bénéfices ; la

---

furé ; que c'est ici qu'on peut trouver l'origine de
son bien-être, dans la possibilité des moyens & des
secours nécessaires à ses besoins, dans le rappro-
chement de ses semblables, & dans l'extension de
leurs droits & de leurs sentimens réciproques.

L'homme berger s'étoit rendu ses loisirs utiles,
par l'invention de plusieurs arts commodes ou
agréables, lorsqu'il parvint à découvrir l'art par
excellence, l'art des arts, la noble & sainte Agriculture. Le hasard & la réflexion qui avoient tant
contribué aux inventions déja connues, furent sans
doute d'un grand secours pour arriver à celle - ci.
Il est évident néanmoins que le hasard, appuyé
même de la connoissance des rapports de la substance des grains aux besoins de la nourriture, ne
pouvoit rendre cette invention praticable, sans le
concours heureux des forces que l'industrie humaine avoit acquises, & sans l'avance nécessaire d'une
provision de vivres sur laquelle il pût compter.

Dans le temps où la recherche des alimens indispensables au soutien de la vie forçoit l'homme
à s'y employer tout entier, il n'auroit pû savoir
quel avantage il devoit trouver dans les plantes
farineuses ; occupé d'un objet plus pressant, celui-ci
ne fixoit ni ses soins, ni ses regards. Le besoin con-

femme qui prépare les repas, la fille qui fait les habits, les fils qui déchargent le pere

---

tinuel, les dangers, les accidens ne permettoient guère à son intelligence d'enfanter des idées, ni à sa réflexion de les combiner. Il n'auroit pas eu le loisir de faire des expériences, ni le temps d'en attendre le succès. Quand il auroit connu les qualités nutritives de ces plantes, tout lui manquoit pour les cultiver. L'établissement de la famille & l'assistance de ses enfans ne lui en donnerent pas les moyens; que lui eût servi de savoir qu'il pouvoit se nourrir de grains, qu'il pouvoit les confier à la terre, s'il n'avoit aucun des instrumens propres à la rendre féconde ? & de quelle utilité eussent été pour lui des instrumens, s'il n'avoit pas eu les avances nécessaires pour se nourrir pendant le travail long & pénible, qui précede les semailles & accompagne les moissons.

On sait aujourd'hui qu'il a fallu la réunion de plusieurs circonstances favorables, de connoissances, de loisirs, de subsistances; enfin une espece de société pour faire naître l'Agriculture; que nous lui devons avec la multiplication des fruits, l'assurance de la vie & la progression du genre humain à l'infini; qu'elle est comme le thermometre de la population & du bonheur des peuples; le nombre des hommes & leur bien-être augmentant avec ra-

d'occupations diverses pour le laisser à la
principale, travaillent tous avec lui & pour
lui, ils doivent donc tous & un chacun

---

pidité par-tout où l'Agriculture est florissante, &
décroissant en proportion de ce qu'elle décroît ; en
sorte cependant que ce n'est pas en raison du nombre des hommes que l'Agriculture prospère, mais
en raison des progrès de l'Agriculture que le nombre des hommes va croissant.

Aussi, quoique la culture ne fût encore que dans
son enfance avant l'aggrégation sociale, quoique
dénuée des secours que lui fournirent depuis les
instrumens perfectionnés & les animaux domesti-
ques, quoique sa foiblesse laissât peu de ressort à son
industrie, elle s'étendit néanmoins peu-à-peu, fournit un accroissement successif à l'espece humaine,
& mit l'homme dans l'heureuse nécessité de marcher dans le chemin du bonheur ; car plus l'homme s'éloigne de l'état de simple recherche où de-
meurent les autres animaux, plus il a droit de se
regarder comme leur supérieur, par ses lumieres ;
plus il augmente ses moyens de subsistance, plus il
assure & varie ses jouissances, plus il s'approche
du bonheur.

Tiré d'un discours, encore manuscrit, que j'avois
fait pour servir d'introduction à un autre ouvrage.

jouit dans la famille, de toute l'étendue de leur Droit naturel, conformément au bénéfice qui résulte du concours des travaux de cette société.

Si on considere les hommes dans un état de multitude, c'est-à-dire, un nombre de familles vivant ensemble sur le même territoire, sans aucune dépendance les uns des autres ni d'aucun de leurs membres, par conséquent sans loix positives qui en fassent une société régie par une autorité souveraine, « il faut les considérer comme une peu- » plade de sauvages dans des déserts, qui y » vivroient des productions naturelles du » territoire, ou qui s'exposeroient par né- » cessité aux dangers du brigandage, s'ils » pouvoient faire des excursions chez des » Peuples où il y auroit des richesses à pil- » ler » (a); mais cet état ne peut pas durer long-temps entre des hommes qui tournent leurs soins à multiplier les troupeaux & enfin à l'Agriculture, parce qu'ils tendent à la société policée, & jusques-là pourtant ils doi-

(a) *Physiocratie*, page 26.

vent

vent par des conventions tacites ou explicites, refpecter la perfonne d'autrui & fes propriétés quelconques pour la garantie de leur fûreté perfonnelle & de leurs propriétés acquifes.

Telle fut fans doute la marche des hommes vers l'ordre focial & vers le bonheur, pour la jouiffance de leurs droits réciproques. Ils vécurent d'abord des produits de leurs recherches ; ils devinrent enfuite bergers ; enfin, ils étendirent leurs droits fur le fol & fe firent des propriétés plus conftantes, en forçant la terre par leur travail de multiplier leurs fubfiftances.

Quoique certains Ecrivains ayent avancé en traitant du Droit naturel de l'homme, *que tous avoient un droit à tout*, c'eft-à-dire, que tout devoit leur être commun, & qu'ainfi perfonne ne pouvoit fe faire une poffeffion exclufive, fans empiéter fur le droit des autres & fans voir repouffer fon entreprife par des attaques que la force pouvoit feule réprimer, il eft inconteftable, & par le raifonnement & par le fait, que ce droit s'arrêtant de lui-même au point où chacun

Tome *III*.   Q

peut le porter, il se réduit aux choses dont chacun peut obtenir la jouissance. Qu'est-ce en effet que ce droit illimité qui étant commun à tous, nécessite chacun à ne jouir de rien, si ce n'est un droit absolument nul par l'impossibilité d'en faire usage?

Si le premier qui fit l'entreprise de s'approprier un terrein, eût blessé par un acte aussi manifeste la propriété des autres, est-il vraisemblable qu'ils eussent tous souffert de le voir possesseur tranquille de leur bien usurpé? Plusieurs se seroient réunis contre lui; il eût été forcé d'abandonner sa terre, & cet exemple eût anéanti pour jamais de pareilles entreprises; car qui eût voulu seul contre tous, tenter une usurpation tout au moins inutile, employer un temps précieux & des richesses plus précieuses encore pour se faire tant d'ennemis à pure perte? Mais les propriétés foncieres existent; elles ont donc existé par l'approbation tacite & unanime de tous les hommes, qui n'ont vu exercer au premier propriétaire qu'un acte de justice naturelle, qu'il leur étoit libre d'exercer comme lui. Sans l'intime conviction de son droit exclufif à la terre qu'il auroit travaillée & aux productions de cette terre, l'homme n'y eût point fait de travaux. S'il n'eût pas cru pouvoir recueillir en fûreté, il n'eût pas femé. Il faut donc convenir que l'homme ne trouva pas d'obftacles de la part de fes femblables, à l'établiffement de fa propriété fonciere, & qu'il ne devoit pas en trouver.

La propriété n'eft donc pas une injuftice, un attentat contre le droit de tous, comme on l'a dit, elle eft au contraire le garant de la vie. Les prétentions de l'homme à cet égard font donc bien fondées ; elles n'auroient même de bornes que fon infuffifance, fans la propriété d'autrui, que la juftice naturelle & la raifon lui apprennent à refpecter pour ne pas donner aux autres des motifs d'attenter à la fienne. Il n'eft donc pas poffible de révoquer en doute le droit de l'homme à la propriété, puifqu'il eft fondé fur fon droit à l'exiftence, qu'on ne fauroit lui contefter fans les plus terribles conféquences pour foi-même.

Mais quand ces principes feroient problématiques, je demande à ceux qui regardent l'établissement de la propriété comme un crime de lèze-humanité & un monument de servitude, si dans l'hypothèse qu'un homme a été la base du genre humain, quelqu'un a pu lui disputer le droit de propriété; si ses enfans n'ont pas eu le droit, la liberté, la facilité d'en acquérir autant qu'il y avoit de place vuide. Cela est trop évident pour être contesté. Et si le genre humain doit son origine à plusieurs hommes primitifs, me dira-t-on? Mais ces hommes auroient eu de quoi choisir; & de l'aveu des ennemis de la propriété, l'homme naturel étant sans astuce & sans envie, il n'auroit pas imaginé d'attaquer la possession d'un autre, quand il avoit toute la facilité de s'en donner une pareille ou même une plus grande s'il la vouloit.

L'homme n'acquiert pas la propriété d'un terrein qui n'a pas de maître, en le mesurant des yeux & en disant : *ceci est à moi*. Sa propriété se borne où finit son travail, & le travail ne sauroit embrasser les limites indiquées par la pensée ou même par la vue. Il

eſt reſtreint à une modique portion. Sa propriété n'eſt rien au-delà; car une propriété
qui ne produit rien eſt une propriété nulle.
C'eſt une partie de la ſubſtance de l'homme, ce ſont ſes forces, ſon temps, ſes richeſſes employés à bonnifier la terre, qui la
rendent excluſivement ſienne. Tout autre
pouvoit avant lui l'acheter au même prix,
& la juſtice des mêmes raiſons devoit la
lui garantir. C'eſt donc une bizarrerie de
l'eſprit de paradoxe, de vouloir que deux
hommes qui ſont ſeuls dans le monde,
ayent à ſe faire la guerre pour la prétention des limites de leurs poſſeſſions.

La propriété fonciere fut donc aſſurée à
l'homme par ſon droit & par le conſen-
tement des autres; & la convention tacite
d'en jouir ſans trouble, établie ſur la raiſon
de la paix commune & générale, la rendit
immune & ſacrée. L'idée de la compenſation en bien & en mal, fut comme une
regle qui dirigea toutes les volontés vers
l'avantage de tous, en les accoutumant au
plus grand reſpect pour la propriété des
autres, & cette lumiere devint pendant quel-

que temps la garde tutélaire des sociétés. Les habitations d'abord éparses & éloignées par la nécessité de la recherche se rapprocherent avec les possessions. Les occasions de se voir étant plus fréquentes, la confiance augmenta, les relations s'étendirent. L'homme convaincu qu'il n'avoit sur l'homme que le droit de l'échange, s'accoutuma à secourir les autres pour mériter leurs secours. On s'entr'aida, on s'allia par des mariages. Ces sociétés multipliées formerent en quelque sorte des nations particulieres, où tous demeurerent tacitement ligués pour la défense & la sûreté de tous ; mais cet état qui avoit quelque douceur ne dut pas être d'une longue durée, puisqu'il ne pouvoit guère subsister qu'entre ceux qui avoient un même & commun intérêt à la maintenir. Dès que les propriétés établies ne permirent dans un même pays que l'établissement moins avantageux de nouvelles propriétés, l'inégalité naturelle de l'homme, rendue plus manifeste ou même accrue par une position fâcheuse, jetta des semences de jalousie & de cupidité dans son cœur aigri du

bonheur des autres, qui faifant naître fouvent la défiance, le trouble & la guerre,
forcerent les propriétaires à chercher un abri
fous la protection turélaire d'un pouvoir nouveau, pour parer (a) leurs propriétés des
entreprifes hardies de tout homme injufte ;
ce qui fit naître la promulgation des loix
pofitives, écrites ou de convention, & une
autorité fouveraine pour les faire obferver.

(a) Chaque cultivateur, occupé tout le jour au
travail de la culture de fon champ, avoit befoin de
repos & de fommeil pendant la nuit, ainfi il ne pouvoit pas veiller alors à fa fûreté perfonnelle, ni à la
confervation des productions qu'il avoit fait naître
par fon travail & par fes dépenfes; il ne pouvoit pas
non plus abandonner fon travail pendant le jour,
pour aller au loin défendre le territoire contre les
ennemis du dehors. Tous les propriétaires furent
donc néceffités de concourir unanimement, & de
contribuer à l'établiffement & à l'entretien d'une
force & d'une garde affez puiffantes pour affurer la
défenfe de la fociété & de fes richeffes contre les
attaques extérieures, pour maintenir l'ordre dans
l'intérieur, prévenir & punir les crimes des mal-
faiteurs; ce qui fit naître l'autorité fouveraine d'un
ou de plufieurs chefs.

Q iv

Ainsi « la forme des sociétés (*a*) dépend
» du plus ou du moins de biens que *leurs*
» *membres* possedent ou peuvent posséder, &
» dont ils veulent s'assurer la conservation
» & la propriété. Ainsi les hommes qui se
» mettent sous la protection des loix posi-
» tives & d'une autorité tutélaire, étendent
» beaucoup leur faculté d'être propriétaires,
» & par conséquent étendent beaucoup l'usa-
» ge de leur Droit naturel au lieu de le res-
» treindre » (*b*).

(*a*) Les hommes se sont réunis sous différentes
formes de sociétés, selon qu'ils y ont été déterminés par les conditions nécessaires à leur subsistance,
comme la chasse, la pêche, le pâturage, l'Agriculture, le commerce, le brigandage ; delà se sont
formées les Nations sauvages, les Nations ichthyo-
phages, les Nations pâtres, les Nations agricoles,
les Nations commerçantes, les Nations errantes,
barbares, scenites & pirates.

(*b*) *Physiocratie, page* 28.

ARTICLE IV.

*Du Droit naturel des hommes réunis en
sociétés policées.*

EN paſſant de l'état de multitude à l'union
ſociale , les hommes reconnurent en divers
pays diverſes formes de Gouvernement ou
d'autorité ſouveraine ; ici , elle fut réunie
dans les mains d'un ſeul ; là , elle fut divi-
ſée entre pluſieurs chefs ; ailleurs , le peuple
en corps , voulut en quelque ſorte la retenir en ne la confiant que pour un temps
à des membres qui le repréſentèrent ; delà
naquirent la Monarchie ou la Royauté, l'A-
riſtocratie ou la République des nobles , la
Démocratie ou la République populaire.
Ces trois ſortes de Gouvernemens ſubſiſtent
encore, ſous une forme ſimple ou diverſe-
ment compoſée de la combinaiſon de ces
trois premiers. Mais quelles que puiſſent
être ces formes d'autorités ſouveraines, elles
ne ſont point la baſe du Droit naturel des

hommes réunis en société, & ne décident
point de son essence ; « car les loix varient
» beaucoup sous chacune de ces formes. Les
» loix des Gouvernemens qui décident du
» Droit des sujets, ne sont presque jamais
» que des loix positives ou d'institution hu-
» maine ; or, ces loix ne sont pas le fon-
» dement essentiel & immuable du Droit
» naturel ». Elles ne devroient être qu'une
explication des loix naturelles ; mais comme elles s'en écartent quelquefois, ou qu'elles
leur sont contraires, elles ont trop peu de
stabilité, « pour qu'il soit possible d'exa-
» miner l'état du Droit naturel des hommes
» sous ces loix. *En effet*, là où les loix &
» la puissance tutélaire n'assurent point la
» propriété & la liberté, il n'y a ni Gouver-
» nement ni sociétés profitables ; il n'y a
» que domination & anarchie sous les appa-
» rences d'un Gouvernement, *parce que* les
» loix positives & la domination y protegent
» & assurent les usurpations des forts &
» anéantissent la propriété & la liberté des
» foibles ». Il faut donc pour connoître l'é-
tendue du Droit naturel des hommes réu-

nis en société, remonter aux loix naturelles constitutives du meilleur Gouvernement possible. Ce Gouvernement consiste dans l'ordre naturel & dans l'ordre positif les plus avantageux à ceux qui lui obéissent; car pour jouir de la plénitude de leur Droit naturel, les hommes doivent être soumis dans la société à des loix naturelles & à des loix positives qui en dérivent.

ARTICLE V.

Des Loix naturelles.

LES loix (a) naturelles instituées par l'Être Suprême, comme les meilleures loix

(a) Les loix naturelles sont ou physiques ou morales. La loi physique est, selon moi, le cours réglé des choses de ce monde par la force active que Dieu y répandit & qu'il y entretient; la loi morale, est la connoissance des droits & des devoirs résultans du Droit naturel fondé sur la loi physique. Les loix physiques ou morales, les plus avantageuses aux hommes réunis en société, sont

poſſibles, ſont néceſſairement la baſe du Gouvernement le plus parfait & doivent ſervir de regles aux loix poſitives ; car celles-ci ne ſont que des promulgations des premieres, ou des loix de manutention relatives à l'ordre naturel évidemment le plus avantageux au genre humain (*a*).

celles qui operent le plus grand bien des ſociétés. Dans l'ordre phyſique, par exemple, ce ſont les loix productives des ſubſiſtances ; dans le moral, celles qui font réſulter notre bien & notre mal, du bien ou du mal que nous faiſons aux autres. Les Gouvernemens & les particuliers ſont plus heureux en raiſon de ce qu'ils ſont plus fideles à les obſerver. Ces loix, & ſur-tout les loix phyſiques, ont une ſanction inévitable pour ceux qui les mépriſent.

(*a*) Les loix naturelles de l'ordre des ſociétés, ſont les loix phyſiques même de la réproduction perpétuelle des biens néceſſaires à la ſubſiſtance, à la conſervation & à la commodité des hommes. Or, l'homme n'eſt pas l'inſtituteur de ces loix qui fixent l'ordre des opérations de la nature & du travail des hommes, *travail* qui doit concourir avec celui de la nature à la réproduction des biens dont ils ont beſoin. Tout cet arrangement eſt de conſti-

Les loix naturelles sont établies à perpétuité, pour la réproduction & la distribution continuelle des biens qui sont nécessaires aux besoins des hommes réunis en société, & assujettis à l'ordre que ces loix leur prescrivent.

Ces loix irréfragables forment le corps moral & politique de la société, par le concours régulier des travaux & des intérêts particuliers des hommes, instruits par ces loix mêmes à coopérer avec le plus grand succès possible au bien commun, & à en assurer la distribution la plus avantageuse à toutes les classes de la société.

Enfin, ces loix fondamentales qui ne font point d'institution humaine (a), &

───────────────

tution physique, & cette constitution forme l'ordre physique qui assujettit à ses loix les hommes réunis en société, lesquels, par leur intelligence & leur association, peuvent obtenir avec abondance en observant ces loix naturelles, les biens qui leur sont nécessaires.

(a) Il n'y a point à disputer sur la puissance législative quant aux premieres loix constitutives des

auxquelles toute puiffance humaine doit être affujettie, conftituent le Droit naturel des hommes, dictent les loix de la juftice diftributive, établiffent la force qui doit affurer la défenfe de la fociété, contre les entreprifes injuftes des puiffances intérieures & extérieures dont elle doit fe garantir, & fondent un revenu public pour fatisfaire à toutes les dépenfes néceffaires à la fûreté, au bon ordre & à la profpérité de l'Etat.

ARTICLE VI.

Des Loix positives.

LES loix pofitives font des regles authentiques établies par une autorité fouveraine, pour fixer l'ordre de l'adminiftration du

fociétés, car elle n'appartient qu'au Tout-Puiffant, qui a tout réglé & tout prévu dans l'ordre général de l'univers : les hommes ne peuvent y ajouter que du défordre, & ce défordre, qu'ils ont à éviter, ne peut être exclus que par l'obfervation exacte des loix naturelles.

Gouvernement ; pour maintenir ou réformer les coutumes & les usages introduits dans la Nation ; pour régler les droits particuliers des sujets, relativement à leur état ; pour déterminer décisivement l'ordre positif dans les cas douteux réduits à des probabilités d'opinion ou de convenance ; pour asseoir enfin les décisions de la justice distributive. Mais nous avons vu que le droit *légitime* ne peut avoir d'autre base ni d'autres principes, que les loix naturelles mêmes qui constituent l'ordre essentiel de la société ; ainsi, les loix positives qui déterminent dans le détail le Droit naturel des citoyens, étant indiquées & réglées par ces loix primitives, ne doivent être introduites dans la Nation qu'autant qu'elles sont conformes & rigoureusement assujetties à ces premieres loix ; elles ne doivent donc pas être arbitraires, & le Législateur, soit le Prince soit la Nation, ne peut les rendre justes qu'autant qu'elles sont justes par essence (*a*).

_____

(*a*) « Souvent le droit légitime restreint le Droit
» naturel, parce que les loix des hommes ne sont

Le domaine de chacune des deux législa-
tions *naturelle* & *positive* se distingue évidemment par les lumieres de la raison ; car les loix
de part & d'autre sont établies & promul-
guées par des institutions & des formes (a)

» pas aussi parfaites que les loix de l'Auteur de la
» Nature, & parce que les loix humaines sont quel-
» quefois surprises par des motifs, dont la raison
» éclairée ne reconnoît pas toujours la justice ; ce
» qui oblige ensuite la sagesse des Législateurs d'a-
» broger des loix qu'ils ont faites eux-mêgres. La
» multitude des loix contradictoires & absurdes,
» établies successivement chez les Nations, prouve
» manifestement que les loix positives sont sujettes
» à s'écarter souvent des regles immuables de la
» justice , & de l'ordre naturel le plus avantageux
» à la société.

Trait. du Droit nat. du Doct. Quesnay. p. 7 & 8.

(a) Les loix naturelles renferment la regle & l'é-
vidence de l'excellence de la regle. Les loix positives ne manifestent que la regle ; celles-ci peuvent
être réformables & passageres , & se font observer
littéralement & sous des peines décernées par une
autorité coactive : les autres sont immuables & perpétuelles , & se font observer librement & avec discernement, par des motifs interessans qui indiquent

fort différentes. Les unes font confignées dans le grand Livre de la nature intelligible à tous ceux qui veulent l'étudier fans préoccupation, & leur étude forme une doctrine qui fe divulgue fans formalités légales ; ces loix font obligatoires indépendamment d'aucune contrainte & par leur feule évidence. Les loix pofitives ou littérales font annoncées par les ordonnances du fouverain : comme leur principal objet eft d'oppofer une fanction redoutable, aux déréglemens de l'homme pervers & aux attentats de l'homme injufte, elles font obligatoires à raifon de la peine attachée à leur tranfgreffion, quand même elles ne feroient connues que par la fimple indication énoncée dans l'ordonnance.

Les loix pofitives ne peuvent fuppléer que fort imparfaitement à la connoiffance des loix de l'ordre ; « auffi la premiere loi » pofitive, la loi fondamentale des autres

---

eux-mêmes les avantages de s'y conformer : celles-ci affurent des récompenfes, les autres fuppofent des punitions.

» loix positives, c'est *l'institution de l'ins-*
truction publique & privée des loix de l'or-
dre naturel, » qui est la regle souveraine de
» toute législation humaine, de toute con-
» duite civile, politique, économique &
» sociale; car sans la connoissance des loix
» naturelles qui doivent servir de base aux
» loix positives & de regles souveraines à
» la conduite des hommes, il n'y a nulle
» évidence de juste & d'injuste, d'ordre phy-
» sique & moral, nulle évidence de la dis-
» tinction essentielle de l'intérêt général &
» de l'intérêt particulier, de la réalité des
» causes de la prospérité & du dépérisse-
» ment des Nations; nulle évidence enfin
» des droits sacrés de ceux qui comman-
» dent, & des devoirs de ceux à qui l'ordre
» social prescrit l'obéissance.

» Plus une Nation s'appliquera (*a*) à les

―――――――――――――●―――――――――――――

(*a*) Chez une Nation où les loix de l'ordre naturel sont oubliées ou méprisées, l'altération du
Gouvernement, les vices de l'administration opé-
rant un changement rapide & considérable dans les
fortunes, les propriétés se trouvent bientôt accumu-

» connoître, plus l'ordre naturel dominera
» chez elle, & plus l'ordre pofitif y fera

---

lées fur un petit nombre de têtes, le refte des citoyens vit comme il peut de fon induftrie & de fon
travail ; & comme parmi les riches, la bizarrerie,
le luxe prodigieux , la dépravation des mœurs dif-
pofent de leurs revenus en chofes de fantaifie ou
de vaine curiofité, la circulation qui devoit ramener ces revenus à la terre, eft interrompue ou dé-
tournée de fon objet. Ces exemples fréquens in-
fluent fur les chefs, augmentent les erreurs & les
folles dépenfes. L'Agriculture languiffante opprimée par des impôts de toute efpece, négligée par
l'incurie des propriétaires, décline à vue d'œil, &
ne donne plus que de foibles produits, le nombre
des hommes diminue ; & cependant une partie du
peuple eft fans falaires, & cette partie eft encore
de trop, puifqu'on ne peut la nourrir. Alors l'extrême néceffité, née de l'extrême inégalité, emploie
tous les poffibles, pour fe fatisfaire. Bientôt elle
produit avec l'incertitude, l'aftuce, la baffeffe, la
mendicité, l'égarement & le crime ; elle jette la
fociété dans le trouble & le malheur, quelquefois
dans des convulfions violentes, & enfin dans des
crifes qui ne peuvent avoir de terme qu'une révolution. Au contraire, dans une fociété bien ordonnée,
il n'y a rien de trop, parce que tout y eft à fa place.

» régulier. On ne propoſeroit pas chez une
» telle Nation une loi déraiſonnable ; car
» le Gouvernement & les Citoyens en ap-
» percevroient auſſi-tôt l'abſurdité. Il n'y au-
» roit que l'ignorance qui pût en favoriſer
» l'introduction ; mais ſi le flambeau de la
» raiſon y éclaire le Gouvernement , toutes
» les loix poſitives , nuiſibles à la ſociété
» & au ſouverain, ne tarderont pas à y diſpa-
» roître.

  » Il eſt donc évident que le Droit naturel
» de chaque homme s'étend à raiſon de ce

Tout y proſpere , parce qu'on y ſuit les loix éternelles de la juſtice, que chacun y jouit pleinement
de ſes droits & remplit ſes devoirs. L'inégalité y
devient un avantage en donnant plus de reſſort &
d'activité aux relations ſociales , & l'accroiſſement
rapide de la population, effet de la proſpérité générale, en eſt bientôt une nouvelle cauſe. Un grand
revenu *diſponible* retombant ſans ceſſe ſur la terre,
y fait germer les richeſſes & les ſalaires qui, répandus abondamment de tous côtés, ſont l'ame d'un
commerce & d'une circulation immenſes , & multiplient les hommes à l'infini en les rendant toujours
utiles.

» que l'on s'attache à l'obſervation des meil-
» leures loix poſſibles, qui conſtituent l'or-
» dre le plus avantageux aux hommes réunis
» en ſociété » (a).

ARTICLE VII.

Du Droit des Gens ou des Nations.

DE même que chaque particulier eſt le maître de ſes propriétés juſtement acquiſes, chaque Nation a la juſte poſſeſſion du terri-toire qu'elle occupe; ſoit que la ſociété l'ait mis en valeur, ſoit qu'elle le tienne par droit de ſucceſſion, ſoit enfin que les Na-tions voiſines (qui ont droit d'établir en-tr'elles & avec elles les limites de leurs territoires, par les loix poſitives qu'elles ont admiſes ou par les traités de paix qu'elles ont conclus) ayent reconnu par des conven-tions la juſtice de ſon domaine. Tels ſont

---

(a) Phyſiocratie, page 34, 35, &c.

les titres naturels & légitimes qui établis-
sent le Droit de propriété des Nations. Mais,
comme les Nations forment séparément des
puissances particulieres & distinctes qui se
contrebalancent, elles ne peuvent être assujetties à l'ordre général que par la force
contre la force. Chaque Nation doit donc
avoir une force suffisante & réunie, telle
que sa puissance le comporte, ou une force
suffisante, formée par confédération avec
d'autres Nations, qui pourvoyent réciproquement à leur sûreté.

La force propre de chaque Nation doit
être seule & réunie sous une même autorité; car une division de forces, appartenant
à différens chefs, ne peut convenir à un même Etat, à une même Nation; elle divise
nécessairement la Nation en différens Etats
ou Principautés étrangeres les unes aux autres, & souvent ennemies. Ce n'est plus
qu'une force confédérative, toujours susceptible de division entr'elle-même, comme les Nations féodales qui ne forment
point de véritables Empires par elles-mê-
mêmes, mais seulement par l'unité d'un

Chef fuzerain d'autres Chefs qui comme lui jouiſſent des Droits régaliens (a).

Ces Puiſſances confédérées & ralliées ſous un Chef de ſouverains, qui lui ſont égaux en domination chacun dans leurs principautés, ſont eux-mêmes en confédération avec leurs vaſſaux feudataires, ce qui ſemble former plus réellement des conjurations qu'une véritable ſociété réunie ſous un même Gouvernement. Cette conſtitution précaire d'Empire confédératif, formée par les uſurpations des grands propriétaires, ou par le partage de territoires envahis par des Nations brigandes, n'eſt donc pas la conſtitution naturelle d'un Gouvernement parfait, dont la force & la puiſſance appartiennent indiviſiblement à l'autorité tutélaire d'un même Royaume. C'eſt, au

(a) Les Droits régaliens ſont les Droits d'impôts, de la guerre, de la paix, de monnoie, de juſtice, & d'autorité immédiate ſur les ſujets, d'où réſultent ces Droits qui aſſurent également à tous ceux qui en jouiſſent, l'exercice & la propriété de l'autorité ſouveraine.

contraire, une conſtitution violente & contre nature, qui livre les hommes à un joug barbare, & le Gouvernement à des diſſentions & des guerres intérieures, déſaſtreuſes & atroces.

La force d'une Nation doit conſiſter dans un revenu public, qui ſuffiſe aux beſoins de l'Etat en temps de paix & de guerre. Elle ne doit pas être fournie en nature par les ſujets, & commandée féodalement, car elle favoriſeroit des attroupemens & des guerres entre les grands de la Nation qui romproient l'unité de la ſociété, déſuniroient le Royaume, & jetteroient la Nation dans le déſordre & dans l'oppreſſion féodale. D'ailleurs, ce genre de force eſt inſuffiſant pour la défenſe de la Nation contre les Puiſſances étrangeres, elle ne peut ſoutenir la guerre que pendant un temps fort limité & à des diſtances fort peu éloignées, car elle ne peut ſe munir pour long-temps des proviſions néceſſaires & difficiles à tranſporter ; cela ſeroit encore plus impraticable aujourd'hui que la groſſe artillerie domine dans les opérations de la guerre.

guerre. Ce n'eſt donc que par un revenu
public, qu'une Nation peut s'aſſurer une
défenſe conſtante contre les autres Puiſſances, non-ſeulement en temps de guerre,
mais auſſi en temps de paix : pour éviter la
guerre, qui en effet doit être très-rare dans
un bon Gouvernement, puiſqu'un bon Gouvernement exclut tout prétexte abſurde de
guerre pour le commerce, & toutes autres
prétentions mal entendues ou captieuſes,
dont on ſe couvre pour violer le Droit des
gens en ſe ruinant & en ruinant les autres.
Car, pour ſoutenir ces entrepriſes, injuſtes,
on fait des efforts extraordinaires par des
armées ſi nombreuſes & ſi diſpendieuſes,
qu'elles ne doivent avoir d'autres ſuccès
qu'un ... également ignominieux, qui flétrit
l'héroïſme des Nations belligérantes, & dé-
concerte les projets ambitieux de conquête (a).

_____

(a) Ce morceau eſt tiré du Deſpotiſme de la Chine, ... célèbre Docteur Queſnay, ... que de quinze
... Chapitre du Droit ..., ... beaucoup, tant
par l'eſprit qui y règne, que par ... ... de
ſes autres ouvrages que j'y ai inſérés.

Ceux qui n'ont jamais bien réfléchi sur l'importance des objets que nous venons de parcourir dans nos derniers Chapitres, & qu'on n'a point encore fait entrer dans un Traité d'Éducation, ne sauroient concevoir combien leur connoissance va étendre les vues d'un jeune homme, donner de solidité à son jugement, & rendre ses actions conformes à la justice. Connoître ses droits, c'est connoître ceux des autres & ses devoirs. Un jeune cœur imbu de la nécessité d'être juste, même pour son intérêt, & convaincu qu'attaquer la propriété d'autrui, c'est permettre tacitement d'attaquer la sienne, se fait pour l'avenir des principes d'une probité invariable ; il porte au-dedans de lui-même une règle sûre qui lui donnera les moyens de tous apprécier à sa juste valeur. Il voit le vrai des choses, sans que l'opinion des faux systêmes puisse lui en imposer ; & soit en économie, soit en politique ou en morale, il a dès-lors un guide assuré pour se conduire. Tout ce qui est conforme au Droit naturel de l'homme, est juste & convenable ; tout ce qui s'en écarte est injustice & faux calcul.

Delà, s'il veut paſſer à l'étude particuliere
des loix de ſon pays, s'il va diſcuter chez
l'Etranger les affaires de ſa patrie, les principes généraux de droit qu'il poſſede lui
donneront le moyen d'en pénétrer l'eſprit,
de ſe les rendre familieres, & de s'en occuper à l'avantage de chaque Citoyen & de
la choſe publique (a).

(a) Le Droit Romain érigé en oracle, d'abord par
la néceſſité, puis par l'ignorance, enfin par l'habitude & la puſillanimité, n'eſt aux yeux de la ſaine
Philoſophie qu'un vrai cahos, où la lumiere & les
ténebres, la juſtice & l'iniquité, le bien & le mal
ſont confondus pêle & mêle, ſans ordre & ſans
diſcernement. Ce ſeroit un excellent ouvrage à
faire, que le débrouillement de ces loix ſi long-
temps révérées. En les comparant avec celles de
la nature, avec les vraies regles de l'ordre, on
diſtingueroit ce qu'elles ont de vraiment conforme
au droit primitif, de ce qu'elles renferment d'arbitraire, d'inconſéquent, de vicieux.

R ij

CHAPITRE XVII.

DES VOYAGES.

ARTICLE PREMIER.

Des causes & de l'utilité des Voyages.

L'HOMME qui a des desirs sans mesure, & dont les forces sont si bornées, s'élance sans cesse vers tous les objets qui lui promettent des jouissances flatteuses, qui offrent à son imagination des moyens d'agrandir ses facultés & d'étendre son existence; delà cette ardeur immodérée de connoître, cette ambition de s'instruire, & ce penchant à chercher au loin ce qu'il n'a pas où il est. Telle dut être sans doute la cause de ses courses, l'insuffisance de l'homme & l'envie d'y suppléer donnerent lieu aux premiers Voyages. La Philosophie les a depuis rendus plus utiles, le commerce

& l'hiſtoire en ont fait leur profit. Rien de plus naturel que cette marche. En effet, ne voyons-nous pas tous les jours qu'un homme ennuyé de lui-même ou de ſa ſituation, & qui croit pouvoir trouver au loin un ſoulagement à ſes peines, & parvenir à un changement favorable, cede ſouvent au deſir confus de voir de nouveaux objets, de nouveaux hommes, de nouveaux pays, ou meilleurs, ou plus agréables, quitte ſon domicile & ſa Patrie pour aller parcourir d'autres régions. C'eſt cette envie de voir & de s'inſtruire, ce deſir né dans l'ame de quelques hommes hardis ou inquiets, qui, venant à s'étendre par l'exemple & les récits des premiers voyageurs, a fait le bien de tous les peuples, a établi les communications mutuelles, & porté le flambeau des connoiſſances d'un pole à l'autre. Combien de Nations éclairées & puiſſantes ſeroient encore dans l'ignorance & la groſſiéreté de la première nature, ne connoîtroient pas les bienfaits de l'Agriculture, les ſecours des Arts & les lumieres des Sciences ? combien d'hommes qui ſont la gloire de l'humanité, par leurs talens & leurs vertus, qui ne feroient que des fauvages ftupides, fi l'homme n'eut pas voyagé ?

Qui pourroit donc méconnoître l'utilité des Voyages ? ils ont été avantageux, ils peuvent l'être encore, & l'on eft affez perfuadé de leurs heureux effets; mais tout le monde ne les regarde pas du même point de vue. Les Voyages d'ailleurs ne conviennent pas indifféremment à tout le monde, & tous ceux qui voyagent ne fauroient en tirer le même profit. Un œil foible ne voit qu'à peu de diftance; un œil louche voit de travers, l'ignorance obfcurcit les yeux de l'ame : quels avantages trouveroit un ignorant à voyager, fi ce n'eft de promener au loin fon impéritie, & de mal juger des chofes qu'il verroit mal.

ARTICLE II.

Les Voyages demandent des connoissances préalables.

Pour rendre les Voyages aussi utiles qu'il est possible, il ne suffit pas de pouvoir se procurer dans la route toutes les commodités de l'aisance, de trouver dans les lieux où l'on séjourne d'habiles correspondans, d'avoir des guides sûrs & instruits pour se conduire; ce sont de bons accessoires, mais ce n'est pas le principal. Si l'utilité des Voyages tenoit à ces circonstances, les hommes riches & puissans trouveroient seuls du profit à voyager; les autres en retireroient peu d'avantage; ce qui seroit à peu près le contraire de ce qu'on voit tous les jours. Avant de partir pour les pays lointains, il faut avoir fait tous les préparatifs, il faut avoir amassé toutes les provisions nécessaires; par-là je n'entends point seulement les choses usuelles, comme l'argent, les lettres de change, de recommandation; je veux

R iv

parler des connoiffances indifpenfables pour ceux qui veulent rapporter d'heureux fruits de leurs Voyages.

Si l'on voyage pour s'inftruire, il faut être bien inftruit pour voyager ; il le faut encore fi on ne veut pas laiffer de foi une mauvaife idée, & nuire à la réputation de fes compatriotes dans l'efprit des autres Nations. « Il femble qu'on n'a droit d'aller » demander aux Étrangers compte de leurs » monumens & de leurs lumieres, que » quand on peut leur donner en échange » quelques idées claires de l'induftrie de fa » propre Nation, de fes mœurs, des pro» priétés de fon climat, des productions de » fon territoire & des principes de fon » Gouvernement ».

Ainfi l'inftruction doit précéder les Voyages ; mais les Voyages font néceffaires pour completter l'inftruction. On fait rarement bien ce qu'on n'a lu que dans nos petits livres faits de main d'homme ; mais la leçon prife dans le grand livre de la Nature, s'imprime dans notre tête & fur notre cœur ; elle ne s'oublie jamais : c'eft ce dont étoient bien perfuadés tous les fages de l'antiquité, les Thalès, les Solon, les Pythagore, les Platon, &c. En allant folliciter au loin les connoiffances que d'autres avoient acquifes, ils étudioient en même temps le modele dans lequel ceux-ci les avoient puifées. Ils avoient du refpect pour la doctrine des Philofophes de l'Inde & de l'Egypte qu'ils alloient confulter; mais les préceptes du grand livre ouvert à tous les yeux, fe gravoient encore mieux dans leur mémoire, parce qu'il parloit fans cefle à leurs feus le même langage dans tous les lieux & dans tous les climats.

Si l'honnêt a porté l'homme aux barrieres de l'univers ; fi la fimple curiofité, moins puiffante fur fon cœur, lui a fait cependant parcourir toutes les mers & toutes les terres connues ; pourquoi la noble émulation de profiter des lumieres des hommes qui vivent loin de nous, pourquoi le zele, plus noble encore de les inftruire & de les fecourir, ne nous feroient-ils pas aller jufqu'à eux? Tel a été le but de quelques Miffionnaires, indépendamment des motifs de Re-

R v

ligion ; telle a été la caufe à jamais louable
des derniers Voyages des Anglois autour
du Monde (a). Il eft bon d'imiter du moins
en petit, ce que ceux-ci ont fait en grand.
Un Voyage entrepris au profit de l'humanité, éclairé par la fcience & conduit par la
fageffe, s'il n'eft pas toujours fortuné, ne
peut manquer d'être toujours honorable.

(a) Les Anglois ont entrepris, depuis quelques années, un Voyage autour du Monde, non-
feulement pour découvrir & connoître de nouvelles terres, mais pour porter aux peuplades fauvages & ftupides qui les habitent, les fecours de
l'Agriculture, c'eft-à-dire, des grains de toute efpece, des inftrumens propres à les cultiver, & l'inftruction néceffaire pour en perpétuer la culture.
Que ce grand trait d'humanité paroîtra beau à
toute ame fenfible ! qu'il honore l'Angleterre ! que
fe nomment pas les Auteurs de ce projet, & M.
Banks qui l'exécute ! Bacchus & Triptolémé
déifiés par l'antiquité, n'ont pas fait davantage.

ARTICLE III.

Quel doit être le premier but d'un Voyageur?

VOILA qui est bien, me dira-t-on; mais, dans le dessein que forme un Voyageur de s'instruire & d'instruire les autres, parcourra-t-il le monde à l'aventure? doit-il avoir pour but un objet fixe ou indéterminé? sera-ce en Peintre ou en Architecte qu'il verra les monumens étrangers, en Politique ou en Physicien qu'il observera les Nations & leur territoire? Embrassera-t-il dans ses recherches toutes les connoissances relatives entr'elles, ou se bornera-t-il à quelques-unes? enfin, se conformera-t-il en voyageant, au caractere & aux coutumes de la Nation, ou suivra-t-il son humeur particuliere? Questions qui se présentent d'elles-mêmes, qui semblent demander un examen & mériter une réponse.

Le Voyageur qui ne s'occupe que d'un objet, sans en observer ni la liaison, ni la dépendance, en écartant les objets qui pourroient éclairer celui-ci, se met dans le cas de ne rien voir ; celui qui veut, au contraire, les saisir tous à la fois & d'une seule vue, mais sans avoir sous les yeux un plan qui lui en montre l'ordre, sans connoître le point d'où il faut partir pour en suivre les relations, ne peut se faire qu'une idée confuse de l'ensemble ; il n'apperçoit jamais le vrai des choses, & ne sauroit discerner par conséquent ce qu'elles ont de plus utile, c'est-à-dire, de plus nécessaire au bonheur de l'humanité.

Ce n'est donc pas en Amateur, en Artiste, ni même en savant, comme simplement savant, qu'il faut voyager ; mais en homme social pénétré de l'importance de ses droits & de ses devoirs de Citoyen, en homme zélé qui cherche à connoître dans les faits & dans les polices des hommes, tout ce qui peut contribuer au bonheur de ceux qui les ignorent ; en homme instruit qui, portant avec lui une règle certaine, fait en faire l'application à tout ce qu'il voit, & déduire de cette mesure tout ce qu'il convient de faire pour le bien des hommes réunis fous une autorité légitime. Il ne faut pas induire delà néanmoins qu'on doive, comme un barbare qui n'a nul goût, nul fentiment du beau, dédaigner les chefs-d'œuvres des Arts. Tout ce qui eft marqué au coin du génie, tout ce qui porte l'empreinte d'un talent rare, tout ce qui agrandit l'imagination & éleve l'ame, mérite l'attention & les louanges d'un homme fage & aimable, qui fait que les plaifirs fimples, qui en font la fuite, contribuent aux douceurs de la vie, & fervent à embellir la fociété. Mais pour fe faire une idée jufte de ces fruits vantés de l'induftrie d'une Nation, pour les eftimer tout ce qu'ils valent, & ne pas admirer avec un fol enthoufiafme les morceaux de Sculpture, de Peinture, d'Architecture, &c. qui attirent l'œil du voyageur, il faut connoître s'ils font à leur place, il faut les voir dans leur vrai point de vue & dans le jour qui leur convient, c'eft-à-dire, qu'avant de juger de leur mérite, il faut s'affurer s'ils fe trouvent en rapport avec la puiffance, la richeſſe & le bonheur de cette Nation, & ne ſont pas plutôt un luxe (*a*) pour elle qu'une décoration bien ordonnée; car dans un pays où les arts d'agrément proſperent au détriment des arts d'utilité, où leurs progrès ſont une ſuite des fantaiſies de l'homme riche & déſœuvré; les chefs-d'œuvres qu'ils enfantent, doivent être moins regardés, comme les marques infaillibles de l'abondance, comme les fruits de l'aiſance publique, que comme des fleurs ſtériles qui n'ont qu'une fauſſe apparence de fécondité. Ils ſont alors moins propres à nous donner une haute idée d'un Gouvernement, qu'à nous faire ſentir l'illuſion des principes d'après leſquels il ſe conduit.

(*a*) J'entends par luxe la dépenſe déplacée faite par la molleſſe & la fantaiſie, en choſes de pur agrément & de commodités ſuperflues.

Les économiſtes le définiſſent *l'interverſion de l'ordre naturel eſſentiel des dépenſes nationales, qui augmente la maſſe des dépenſes non productives, au préjudice de celles qui ſervent à la production, & de la production elle-même.*

ARTICLE IV.

Comment & par quels moyens on peut parvenir à bien connoître une Nation, chez laquelle on voyage.

CE sont les principes que suit un Gouvernement dans son administration, qui peuvent seuls nous donner de justes idées de la richesse & du bonheur des peuples qui lui obéissent, qui nous apprennent quelle doit être la durée de l'État, ce qu'on doit penser des Arts & des Sciences qu'on y cultive, & des mœurs qui y regnent. Ainsi ces principes dévoilés aux yeux d'un habile observateur, éclairant toutes ses recherches, & lui apprenant les ressorts du corps politique, lui fournissent les moyens d'apprécier la Nation qu'il étudie, d'en remarquer le caractère, & de noter jusqu'aux nuances qui la distinguent des autres peuples.

Mais, comment sera-ce-il possible à un

Voyageur, quelque génie qu'il ait, quelque
science qu'il possède, de démêler ces principes à travers leur obscurité? Comment,
en ne faisant que passer dans des contrées,
dont la langue & les mœurs lui sont étrangeres, parviendra-t-il à connoître l'esprit &
la sagesse, les défauts & les vices qui carac-
térisent leur Gouvernement? quelle lumiere éclairera sa marche, & où prendra-t-il
une échelle dont il puisse faire l'application à tous les objets qui le frappent? Sera-
ce l'influence du climat sur une Nation,
le progrès que les lettres ont fait chez elle,
l'étendue & l'activité de son commerce,
ses forces militaires ou son crédit, qui lui
serviront de renseignement? Non, leurs in-
dications trompeuses ne pourroient que l'é-
garer. Il doit remonter à une cause générale, dont celles-ci ne sont que les effets.
Heureusement qu'il est une voie sûre pour
arriver à ce but, & c'est l'Agriculture qui
nous la montre; car l'état de l'Agriculture
chez une Nation, est la marque certaine du
cas que l'on y fait des propriétés foncieres;
& l'estime où sont les propriétés, la juste

mesure de respect que le Souverain a pour
elles, & de la protection qu'il leur accorde;
& enfin cette protection bienfaisante, une
preuve manifeste de la conformité des principes du Gouvernement avec les loix éternelles de l'ordre & de la justice par essence.
Ainsi dans tout pays où l'Agriculture est
honorée, où l'on fait pour elle de grandes
avances & de grands travaux, où elle est
enfin prospere & florissante, tout tend au
bien & à l'amélioration en raison de cette
prospérité, & l'on peut voir alors que le
Gouvernement est plus exact à suivre ces
loix sublimes; au contraire par-tout où il
s'en éloigne, il est visible que l'Agriculture
déchoit & la prospérité diminue. L'état de
l'Agriculture est donc le thermometre le
plus assuré de la prospérité de chaque Nation, & lui seul peut nous apprendre comment ses succès sont nécessairement liés
avec la sagesse du Gouvernement, comment l'Agriculture ne peut fleurir qu'à l'ombre des bonnes loix, comment elle est effet
& cause de la richesse des peuples, des établissemens & des plaisirs louables, de la

douceur de la vie, & de la simplicité des mœurs (a).

(a) Il n'est pas de moyen plus court, dit un Voyageur Philosophe, pour se former une idée générale de la Nation chez laquelle on se trouve, que de jetter les yeux sur les marchés publics & sur les campagnes. Si les marchés abondent en denrées, si les terres sont bien cultivées & couvertes de riches moissons, on peut en général être assuré que le pays est bien peuplé, que les habitans sont policés & heureux, que leurs mœurs sont douces, que leur Gouvernement est conforme aux principes de la raison. « Lorsqu'au contraire j'ai » abordé chez une Nation qu'il falloit chercher au » milieu des forêts & au travers des ronces qui » couvroient ses terres; lorsqu'enfin, arrivé à quel- » ques peuplades, je ne voyois dans le marché pu- » blic que quelques mauvaises racines, alors je ne » doutois plus d'être chez un peuple malheureux, » féroce & barbare. Il ne m'est jamais arrivé d'être » dans le cas de réformer cette première idée, » excepté à la seule inspection de l'état de l'A- » griculture, chez les différentes Nations que j'ai » vues ».

Voyages d'un Philosophe. (M. Poivre, ci-devant Intendant des Isles de France & de Bourbon.)

ARTICLE V.

La théorie des Voyages prouvée par les faits consignés dans l'Histoire.

NOUS venons d'établir, 1°. qu'un peuple n'est heureux que sous un Gouvernement juste; 2°. qu'un Gouvernement n'est juste qu'autant qu'il se conforme aux loix de l'ordre naturel; 3°. qu'on ne peut connoître cette conformité que par l'état de l'Agriculture. Ces propositions qui s'enchaînent & s'appuyent mutuellement, sont fécondes en vérités lumineuses. S'il est vrai que par-tout où fleurit l'Agriculture, tout s'améliore, tout prospere; que là où elle décline, tout déchoit, il doit être vrai également que là où elle est précaire, la société n'est pas stable, & que où elle est nulle, il n'y a ni peuple, ni gouvernement: c'est ce dont on peut se convaincre par l'exemple de toutes les Nations. Les bornes que nous nous sommes prescrites dans cet ouvrage, ne nous permettent pas d'en offrir ici le tableau, trop vaste pour notre cadre, nous nous contenterons d'en choisir quelques traits frappans dans le précis d'un Voyage fait pour connoître la vérité de nos principes; & l'on verra par l'application des regles simples qu'il nous offre, à l'état de divers peuples connus, que les faits justifient notre théorie & en démontrent la solidité. Mais avant de porter nos regards sur les Nations modernes, jettons un coup-d'œil rapide sur les annales du genre humain; les témoignages que nous en tirerons serviront toujours à prouver davantage la certitude de cette maxime : que l'Agriculture est la vraie mesure d'après laquelle on peut comparer tous les Gouvernemens.

Quelles ont été les Nations de l'antiquité les plus remarquables par leur nombreuse population, par la durée de leur Empire, par l'utilité de leurs inventions, par la grandeur & la solidité de leurs monumens; nous voyons que ce furent celles qui fonderent leur puissance sur le soc de la charrue; en Asie, les Assyriens & les Perses; en Afrique, les Egyptiens; en Eu-

rope, les Grecs & les Romains. Les soins
particuliers qu'ils eurent de l'Agriculture,
indiquent qu'ils choisirent d'abord la bonne voie de l'administration ; si ces Nations
s'en écartèrent ensuite ; si depuis long-temps
elles ne sont plus, c'est qu'elles ne travail-
lèrent point à leur perpétuité en établis-
sant l'instruction des loix naturelles, l'enseignement des droits & des devoirs ; c'est
que l'ignorance & la cupidité y firent naître les passions déréglées & les abus, la dépravation & le désordre, & causèrent enfin
leur ruine.

On croit communément que les Grecs &
les Romains ne furent qu'Orateurs, Poëtes
ou Soldats, que ces derniers n'aimoient qu'à
faire des conquêtes ; c'est une erreur causée
par l'admiration peu réfléchie que les récits
de leurs faits héroïques & les chefs-d'œuvres
des arts qu'ils ont laissés, font naître encore
dans l'esprit de ceux qui nourrissent leur
curiosité aux dépens de leur jugement ;
mais pour ceux qui, habitués à voir le vrai
des choses, prennent les événemens à leur
base, il est évident que les inventions les

plus brillantes de la Grece furent autant les
suites de l'abondance & des loisirs que produit l'Agriculture, que de son heureuse situation. A la vérité nul peuple ne fut à cet
égard plus favorisé que les Grecs; un ciel
pur, un doux climat, des sites pittoresques,
des campagnes riantes, la mer embrassant
presque toutes les parties de leur territoire, & joignant par-tout à la commodité de
la navigation l'aspect étendu d'une scène
variée, où les promontoires, les isles & les
canaux forment une peinture à souhait pour
le plaisir des yeux; tout cela étoit bien propre à flatter & à embellir l'imagination d'un
peuple naturellement sensible. Ainsi les habitans de ces isles & des terres adjacentes,
jouissant des dons presque spontanés de la
nature & des avantages d'un climat délicieux, s'attacherent aux arts agréables, & à
tout ce qui peut enfanter des prestiges &
les décorer; mais de puissans génies avoient
déja posé les fondemens de leur grandeur.
Bacchus & Triptolème, déifiés comme in-
venteurs des arts principaux de l'Agriculture, les établissemens des exercices gym-

naftiques propres à exciter l'émulation &
le courage & à exercer les forces, & plufieurs autres inftitutions des premiers âges
de la Grece, montrent que fi cette Nation
ingénieufe finit par être frivole, elle avoit
commencé par être fage & jufte diftribu-
trice de fon eftime.

Quant au Peuple Romain, il a été fage
& heureux, mais dans un temps où l'on ne
place guère fa grandeur ni fa profpérité;
il n'eut d'exiftence véritablement folide &
glorieufe, que fous le regne de *Numa Pom-*
pilius. Avant le regne de ce Prince, les Romains avoient bien compris, malgré l'efprit
de brigandage qui étoit leur mobile univerfel, qu'une Nation ne peut pas toujours
fubfifter des dépouilles des autres peuples;
ils s'étoient en conféquence tournés vers
l'Agriculture; mais elle avoit fait peu de
progrès, parce qu'elle n'avoit pas de bafe,
c'eft à dire, de bonnes loix; mais quand ils
eurent placé fur le trône ce Prince Philofophe, les principes d'adminiftration qu'il
adopta, & les loix juftes qu'il établit, firent
des Romains un nouveau peuple. Pour

adoucir la férocité de leur caractere, il en-
tretint dans Rome la paix & la piété, il
honora les vieillards, il épura les mœurs
par le travail; le travail par l'honneur, &
l'honneur par l'amour de la Patrie; enfin,
mettant une grande différence entre les habitans de la ville & ceux de la campagne,
il donna aux cultivateurs le premier rang,
la prépondérance dans les décisions publiques, & sur-tout leur attribua exclusivement
l'honneur de défendre la Patrie; institution
qui tant qu'elle dura, fit la gloire de Rome
& la grandeur des Romains. Si les choses
s'altérerent depuis, & perdirent en réalité
ce qu'elles sembloient gagner en apparence, c'est que l'esprit de justice, introduit par
Numa dans le Gouvernement, s'éteignit faute d'enseignement des loix de l'ordre; c'est
que l'orgueil de Rome dévasta ses propres
champs, en ne les faisant plus cultiver que
par des esclaves; c'est que l'amour de la patrie y dégénéra en fureur d'opprimer ses voisins, fureur qui se tournant contre elle-même
embrasa ensuite la République, & causa sa
destruction.

Que

Que si nous remontons à l'état de l'Agriculture chez les Assyriens, chez les Perses, chez les Egyptiens, nulle part nous ne la verrons plus florissante; & qu'on n'imagine pas que les peuples ne se livroient aux travaux qu'elle demande, que pour céder en quelque sorte à l'attrait qu'ils trouvoient à cultiver des terres d'une prodigieuse fécondité. Cette fécondité n'étoit pas seulement l'ouvrage de la nature, puisque les mêmes contrées, sous une domination tyrannique, sont aujourd'hui comme frappées de stérilité; c'est qu'alors les loix & l'esprit du Gouvernement, les dogmes & les rites de la Religion s'accordoient à favoriser l'Agriculture, & la faisoient regarder comme la source du bonheur des peuples; non-seulement en la protégeant comme une profession belle & innocente, mais en l'honorant comme celle pour qui les Dieux avoient plus de complaisance, & qu'ils récompensoient plus largement (a). En effet, d'un côté les

_____

(a) La terre la plus propre à rendre l'homme heureux, est celle que l'on unit (c'est-à-dire que

Tome III. S

loix sacrées ordonnoient la culture des terres, les arrosemens, les plantations, la
multiplication des animaux utiles, comme

---

l'on défriche) & dans laquelle on plante des grains,
de l'herbe, des arbres, & sur-tout des arbres frui-
tiers; celle à laquelle on donne de l'eau quand elle
n'en a pas ou que l'on desseche quand elle en a
trop.... Si l'on a soin de remuer cette terre de
gauche à droite & de droite à gauche, elle portera
l'abondance de toutes choses..... La terre dira à
cet homme, qui aura soin de la remuer ainsi : que
tes villages soient nombreux & abondans, que tes
terres portent avec profusion tout ce qui est bon à
manger..... S'il n'a pas soin de la remuer ainsi,
elle dira : que les mets purs & sains s'éloignent du
lieu que tu habites, que le mauvais génie te tour-
mente.... Le point le plus pur de la loi, est, dit
Ormuzd, de semer sur la terre de forts grains. Celui qui seme des grains, & le fait avec pureté, remplit toute l'étendue de la loi. Celui qui pratique
ainsi cette loi, est aussi grand devant moi, que s'il
avoit célébré dix mille *Izhesnés* (pratiques de Religion); celui qui donne du grain à l'indigent, brise
les démons; donnez-en encore davantage, ils pleu-
reront de dépit.

Traduction de la Liturgie des Parses, par M.
Anquetil.

l'œuvre la plus agréable à la Divinité ; de l'autre, l'exemple des Souverains, les mandemens qui en émanoient, les polices, les inftitutions & les monumens, n'avoient pour but que le plus grand bien de l'Agriculture (*a*). Les ouvrages que la plupart d'entr'eux firent conftruire dans cette vue, & dont l'hiftoire & les débris qui en ref-

(*a*) Tels furent en Affyrie, les canaux & les réfervoirs faits pour étendre l'inondation du Tigre & de l'Euphrate dans les plaines de la Méfopotamie, & pour recevoir & reprendre le fuperflu des eaux ; en Egypte, cet immenfe lac Mœris, creufé de main d'homme, & les canaux innombrables au moyen defquels le Nil étoit forcé à dépofer chaque année fur les campagnes les principes de la fécondité qu'il roule dans fon fein ; en Perfe, ces aquéducs fouterrains qui, partant des montagnes, vont arrofer au loin les champs arides de fes contrées, lefquelles en jouiffent aujourd'hui fans qu'on fache de qui elles tiennent ces bienfaits, ni d'où partent précifément ces eaux falutaires. Plus de trente fiecles du defpotifme le plus ignorant & le plus barbare, n'ont pu détruire encore dans ces deux derniers Etats, cette fource immenfe de richeffes.

tent, ne nous laiſſent pas douter, étonnent
nos petites têtes, par leur grandeur, par les
difficultés qu'ils nous préſentent, & ſur-tout
par les dépenſes énormes qu'ils durent oc-
caſionner; mais prouvent en même temps
le cas infini qu'on faiſoit de l'Agriculture,
le grand reſpect qu'on avoit pour elle, &
la vive perſuaſion où l'on étoit qu'elle rendoit avec uſure toutes les avances que l'on
conſacroit à ſes progrès.

C'eſt ſur ces loix agricoles, c'eſt ſur l'appui que leur donnoit l'autorité Souveraine (a), que s'éleverent avec tant de rapidité

_____

(a) Point de Roi de Perſe qui ne ſe fît un devoir
de veiller à l'obſervation de ces loix, qui n'établît
des Magiſtrats pour y préſider en chaque lieu, &
qui ne célébrât au commencement de chaque année la Fête de l'Agriculture, en donnant un repas
magnifique aux principaux Laboureurs, *comme à
ceux qui étoient l'appui du trône & la ſource de ſes
richeſſes*, ainſi qu'il le diſoit lui-même.

« Le Roi de Perſe, dit Xénophon, convaincu de
» l'égale utilité de l'Agriculture & de l'art militaire
» fait allier l'un à l'autre.... S'il voit une province
» bien cultivée, bien enſemencée, bien décorée de

ces Empires célebres ; ce font elles qui en
firent la force, tandis qu'elles fubfifterent
avec éclat. Auffi par-tout où elles fe font
flétries, on ne voit plus que l'ombre de ces
fociétés (a) floriffantes, tandis que la Chine,

» plantations ; en un mot, rapportant tout ce que
» le terroir peut produire, il augmente le départe-
» ment de l'Intendant qui la gouverne, il lui fait
» un fort avantageux & lui donne une place diftin-
» guée parmi les Seigneurs du Royaume. Voit-il
» au contraire un pays mal tenu, mal-habité, & que
» ce foit par la négligence de l'Intendant ou à cau-
» fe de fa dureté & de fes vexations, il le condam-
» ne à une groffe amende, & en met un autre à fa
» place.... En quelque lieu que le Roi de Perfe fé-
» journe, il a foin d'y faire planter de ces jardins
» délicieux, que les Perfes appellent Paradis, &
» où fe trouve abondamment ce que la terre peut
» porter de plus beau & de meilleur en fruits. Sou-
» vent même, quand la faifon le permet, il ne dé-
» daigne pas de mettre la main à l'ouvrage ».

Traduction de M. Dumas.

(a) Les réflexions du célebre Voyageur Chardin,
fur la différence étonnante que l'on obferve entre l'é-
tat actuel de la Perfe & celui où elle fe trouva, tant
que la Religion de Zoroaftre y fut refpectée, fervira

où elle ne se sont pas altérées, est encore dans la verdeur de la prospérité au milieu des ruines de tous ces Empires.

à nous faire connoître ce qu'est un même pays, selon que l'Agriculture y est en honneur ou méprisée.

Les Guebres, dit-il (& c'est la même chose que les Parses), sont tous laboureurs ou ouvriers en poil : ils font des tapis, des bonnets & des étoffes de laine très-fine. Nos chapeaux de castor ne sont pas plus fins & plus lustrés. Je n'ai pas vu un seul homme parmi eux qui vécût sans rien faire, ni aucun aussi qui s'appliquât aux Arts libéraux ou au commerce. Leur grande profession c'est l'Agriculture, c'est-à-dire, le jardinage, le vignoble & le labour. Ils croient que c'est la première de toutes les vocations, & celle pour qui la Divinité a plus de complaisance. Cette opinion tournée en créance parmi eux, fait qu'ils se portent naturellement à travailler à la terre, & qu'ils s'y exercent le plus : leurs Prêtres leur enseignant, que la plus vertueuse action est d'engendrer des enfans, & après, de cultiver une terre qui seroit en friche, & de planter un arbre..... J'ai fait cent fois réflexion sur ce que ces bonnes gens me disoient à ce sujet, en considérant d'un côté la sécheresse & la stérilité présente de la Perse en général, combien peu elle est peuplée, combien est médiocre l'abondance d'un si vaste Empire, & me souvenant d'ailleurs de ce que les

Toutes les autres Nations de l'antiquité, barbares ou brigandes, furent sans exception plus ou moins foibles & malheureu-

---

anciennes histoires nous racontent de sa puissance, de sa fertilité & de son grand peuple : car, enfin il n'y a rien de plus éloigné de la vraisemblance, ni rien qui s'accorde moins, que ce qu'on dit qu'étoit autrefois la Perse, & ce qu'elle est aujourd'hui.... Il m'est venu en pensée que cela venoit de ce que les anciens habitans de la Perse étoient laborieux & appliqués, au lieu que les nouveaux habitans sont voluptueux, fainéants & spéculatifs; secondement, de ce que ces premiers se faisoient une religion de l'Agriculture, & qu'ils croyoient que c'étoit servir Dieu que labourer; au lieu que les derniers ont des principes qui les éloignent du travail, car ils disent que la vie étant si courte, il faut s'y comporter comme dans un pays de conquête ou dans un quartier d'hiver.

C'est ainsi qu'on fait dans la plupart des Etats très-corrompus de notre Europe moderne, lorsque l'on dit, *après nous le déluge*. Remarquons en passant, que cette idée des Perses, *labourer*, *c'est servir Dieu*, paroit si profondément gravée dans toute l'antiquité, que chez les Latins eux-mêmes, on n'a qu'un seul mot (*colere*) pour exprimer ces deux choses.

S iv

ſes, en raiſon de ce qu'elles ignorerent &
négligerent l'Agriculture. Chétives & précaires, tant qu'on les vit habiter les bois
& les marais, tant qu'elles ne ſubſiſterent
que des fruits de leurs chaſſes, de leurs pê-
ches ou de leurs rapines; à peine l'hiſtoire
en fait mention. On peut obſerver qu'elle
ne s'en occupe qu'à meſure qu'elles prennent des forces & de l'accroiſſement, c'eſt-
à-dire, à meſure qu'elles rendent la terre
productive, & qu'elles s'attachent au ſol
par les dépenſes & le travail.

ARTICLE VI.

Voyage en Amérique.

GRACES à nos ſoins, le jeune homme que
nous conduiſons, autrefois notre éleve, aujourd'hui notre camarade, eſt déja muni de
toutes les connoiſſances utiles à un Voyageur. Il en poſſede les vrais principes, il ſait
en faire l'application. Ainſi donc, s'il veut
juger des hommes & des Empires des tems
paſſés, s'il veut connoître ceux qui l'entou-

rent, s'il va obferver quelque jour ceux qui
font loin de lui, il ne le fera pas à l'aventure.
Penfez-vous que comme la plupart de nos
jeunes gens, il ait appris l'hiftoire en perro-
quet, & qu'il foit le finge de la mode? non,
il ne croit pas à crédit, & ne juge pas fur
parole. Il ne cede pas à la multiplicité des
témoignages, mais à leur poids, à la fréquence & à la célébrité de l'exemple, mais
à fon importance.

Le voila donc pourvu de tout ce qui
lui eft néceffaire pour un long Voyage:
fortune, correfpondance, connoiffances effentielles, âge convenable, car il a vingt
ans; il lui manquoit un guide, nous le lui
avons trouvé: il va bientôt fe mettre en
route; mais quels font les pays vers lefquels nous dirigeons notre courfe? où pré-
tendons-nous la borner? allons-nous faire
un tour d'Europe? Defcendons-nous en Angleterre, pour étudier fur les lieux cette
conftitution politique fi vantée, qui n'étant
ni Monarchique, ni Ariftocratique, ni Dé-
mocratique, eft tout cela à la fois, & n'en
vaut peut-être pas mieux; ou comme les

S v

gens du bel air, pour voir les célebres courses de Newmarquet ? Voulons-nous apprendre le Droit public en Allemagne, observer les mœurs des peuples du Nord, &
visiter les ruines de l'Italie ? nous verrons
tout cela, sans doute; mais, pour le moment, rien ne presse; tous les peuples de
l'Europe ont à peu près la même attitude
& le même air. Avant d'en examiner les
différences, nous nous empressons de voir
l'homme & la société sous des traits plus
marqués, & qui contrastent davantage avec
ce qui nous environne. Nous cherchons à
connoître les peuples qui tiennent de plus
près à la nature, & ceux qui s'en éloignent
le plus, ainsi nous devons aller bien loin
pour trouver ces deux extrêmes, dont le
premier sur-tout ne nous avoisine pas.

Nous partons d'abord pour l'Amérique ;
où l'œil d'un Philosophe a de si grandes
choses à considérer. Nous arrivons à cette
nouvelle terre. La nature y paroît sous de
nouveaux aspects ; un nouveau Ciel, de
nouveaux climats, des productions nouvelles, des arbres, des plantes, des animaux

inconnus à l'ancien continent y surprennent les regards & l'attention; mais ce qui la mérite davantage, ce qui doit sur-tout y frapper l'homme, c'est l'homme lui-même. En effet, quel spectacle pour les yeux d'un voyageur instruit & sensible ! D'un côté, l'humanité sauvage, féroce, indisciplinée, vivant précairement dans l'indépendance des loix, & dans la privation de l'Agriculture & des Arts : de l'autre, l'humanité affaissée par la servitude, abbrutie & gémissante dans les chaînes de l'esclavage, où la force l'a jettée, où la cupidité la retient au mépris des sentimens naturels, de la justice, & de l'intérêt bien entendu (a). Enfin la liberté, changeant par sa puissante

(a) Il est prouvé, par un calcul très-évident, que chaque negre coûte à son maître par an, environ 450 livres de France, ou 630 livres argent des Isles, il lui seroit plus avantageux d'employer des ouvriers Européens, & sur-tout des bestiaux, & il auroit en outre de moins les dangers & les pertes qu'entraîne nécessairement l'esclavage. Voyez à ce sujet le tome VI des Ephémérides du Citoyen, de l'année 1771, page 133.

S vj

influence, les déferts marécageux de l'A=
mérique feptentrionale en contrées déli-
cieufes & fécondes, où les hommes multiplient, comme les grains qu'on y feme,
repouffant d'une main le defpotifme qui
veut s'y introduire, & ouvrant de l'autre
un afyle à tous les malheureux qu'il pour-
fuit ailleurs.

De tous les peuples qui habitoient le vaſte
continent du nouveau monde, lorfqu'on en
fir la découverte, il n'y en avoit proprement
que deux, les Mexiquains & les Péruviens,
qui formoient un vrai corps de Nation, qui
reconnoiſſoient une autorité fouveraine, des
loix permanentes, & l'organiſation intérieure d'un état civilifé; enfin chez qui la population & les arts avoient fait des progrès
fenfibles, parce qu'ils étoient les feuls qui
admettoient les propriétés foncieres, & qui
pratiquoient l'Agriculture. Il eſt vraiſembla-
ble que les fages inſtitutions, qu'ils avoient
faites à ce fujet, auroient porté leurs Empires
à un très-haut point de profpérité, fi l'a-
veugle fureur de leurs conquérans n'en avoit
détruit la bafe, en maffacrant fans pitié ces

malheureux pour s'emparer de leur or. Le
reſte de l'Amérique, depuis le Groenland
juſqu'aux terres de Feu, ne voyoit que des
peuplades miſérables, éparſes dans les ſo-
litudes de ſes contrées, & vivant du jour
au jour (*a*) des fruits ſpontanés de la terre
ou des produits de leurs recherches.

_____

(*a*) Dans les contrées incultes, tous les vallons
ſont des marais fangeux, tous les côteaux reſtent
preſque ſtériles, tous les fruits y ſont ſauvages,
médiocres pour le nombre, pour le volume, pour
la ſaveur, pour la ſalubrité; l'air même qu'on y
reſpire eſt plus groſſier, plus froid & plus humide.
Les travaux iſolés & paſſagers d'une culture annuelle, ne peuvent s'exercer que ſur un petit nombre d'endroits diſperſés, qu'une expoſition plus
favorable rend propres à la production, ſans exiger de plus grands & pénibles ouvrages prépara-
toires. Tout le reſte n'eſt utile que pour la chaſſe,
pour la pêche, pour la recherche des productions
ſpontanées, toujours très-inférieures pour la quantité, comme pour la qualité, à celles qu'on cultive.
La loi phyſique eſſentielle & irréſiſtible condamne donc à la diſette les peuples ſauvages qui ſe
bornent aux ſoins d'une culture annuelle; leur
nombre eſt néceſſairement très-borné, & leur vie

Les Espagnols, aujourd'hui possesseurs d'une grande partie du nouveau monde, n'en ont pas remplacé les premiers cultivateurs. Leur petit nombre trop insuffisant pour tirer parti de leurs conquêtes, d'ailleurs plus occupé de l'exploitation des mines d'or & d'argent qui consument leur population, qu'à féconder la terre qui pourroit l'augmenter, y néglige l'Agriculture & ses vraies richesses; sans intérêt à cet égard, ils ne montrent pour le travail, ni industrie, ni activité, & vivent dans l'incurie d'une molle indolence, comme s'ils ignoroient quels en seront les effets. Aussi leur Etat est-il foible & languissant dans ces régions lointaines, leur Gouvernement sans force, & leur puissance dont les moyens ne répondent pas aux fonctions, plus ostensible qu'efficace.

---

très-misérable; aussi parmi les Nations ambulantes de l'Amérique, dont la pêche & la chasse sont encore l'occupation la plus ordinaire, les villages, composés de simples cabanes, changent tous les ans de place, & se transportent souvent à plus de vingt lieues de distance.

Les autres peuples originaires de l'Amérique, les Esquimaux, les Hurons, les Abénaquis, les Iroquois, les Chilinois, les Patagons, &c. sont encore les mêmes qu'ils étoient du temps de la découvere ; disons mieux, ils ont baissé, ils se font affoiblis : resserrés par les Colonies agricoles de l'Europe qui, en diminuant les friches, s'étendent toujours de plus en plus, la plupart ont contracté nos vices & nos maladies, sans avoir pris nos bonnes qualités. La vie errante qui a des charmes pour eux, l'horreur du travail qui leur est comme naturelle, la paresse & l'ignorance qui en font la suite, enfin les guerres atroces qu'ils se font, les privent du bénéfice des loix, des soins du Gouvernement, des avantages de l'Agriculture & des douceurs de l'union sociale. Sans précaution pour l'avenir, ils subsistent comme ils peuvent ; aussi leur existence est précaire & leur bonheur presque nul. La population se mesurant partout aux moyens des subsistances, on sent que la population de ces peuples ne sauroit faire de progrès. Les produits d'une

chaſſe ſans ceſſe renouvellée dans les mêmes cantons, doivent y rendre le gibier
plus rare; il faut une étendue immenſe de
terrein pour la nourriture d'un petit nombre d'hommes, & une centaine de cabanes
vivent à peine, où des millions de familles
trouveroient à ſe nourrir. Tel eſt le ſpectacle que nous ont préſenté toutes les hor-
des vagabondes du nouveau continent,
ſpectacle qui, par les diminutions de toute
eſpece qu'éprouvent ces peuplades, par les
lumieres de la civiliſation qui augmentent
chaque jour dans leur voiſinage, manquera ſans doute aux races futures, qui n'en
trouveront plus de traces que dans l'hiſtoire. En attendant, l'état malheureux de
ces ſauvages, que des hommes à paradoxes
ont pris plaiſir à vanter, doit contribuer à
démontrer cette vérité qui ſert de baſe à
la théorie des Voyages ; que *l'état de l'A-
griculture eſt la vraie meſure du pouvoir
& du bonheur des Nations, & que là où
elle eſt nulle, il n'y a ni Gouvernement,
ni ſociété.*

Un exemple d'un autre genre, mais non

moins intéreſſant & plus conſolant, ſans doute, vient encore à l'appui de cette maxime; il ſe tire de l'état actuel des Colonies Européennes agricoles, qui touchent aux déſerts ſauvages que nous venons de parcourir. Sur plus de vingt-cinq degrés de latitude, qui font près de ſept cens de nos lieues, on les voit s'étendre & proſpérer avec une rapidité qui étonne. Quoique la plupart ne comptent guère plus d'un ſiecle depuis leur fondation, la bonté de leur Gouvernement qui y fait jouir les hommes de tous leurs droits, y a porté l'Agriculture & les Arts à un tel point d'accroiſſement, & tellement multiplié l'eſpece humaine, que ces nouveaux Américains forment déja un peuple nombreux & reſpectable, & qu'ils ſeront peut-être un jour un des plus puiſſans de la terre (a).

_____

(a) Par le dénombrement fait l'année derniere 1774, de tous les habitans des Colonies Angloiſes de l'Amérique Septentrionale, il eſt avéré qu'elles contiennent plus de trois millions deux cens mille perſonnes des deux ſexes.

C'eſt un ſpectacle raviſſant que celui que
préſentent ces pays vivifiés par la liberté.
Il donne une ſatisfaction qu'on n'éprouve
point ailleurs. Quand on y arrive, l'œil at-
triſté par la vue des miſeres de la vie ſau-
vage, ou des horreurs de la ſervitude, on
en promene plus délicieuſement ſes regards
ſur ces campagnes embellies par la culture,
& qui prennent de plus en plus une face
riante & fertile; ſur ces jolies maiſons ruſ-
tiques qu'habitent les cultivateurs, & qu'on
voit de toutes parts; enfin ſur ces villes
floriſſantes qui augmentent journellement
par la vivification des campagnes. Mais ce
qui charme davantage, ce ſont les mœurs
ſimples & modeſtes de leurs habitans, leur
courage ferme & éclairé, & ſur-tout l'eſprit
d'indulgence, d'union & de fraternité qui
regne parmi eux (a).

_____

(a) La Capitale de la Penſylvanie eſt appellée
Philadelphie, c'eſt-à-dire, *Amour des Freres*, &
ce beau nom eſt juſtifié par les ſentimens & la conduite de ſes heureux habitans. L'eſprit d'humanité
qui les anime s'eſt particuliérement manifeſté dans

L'intolérance Européenne a fait les principaux frais de la population de l'Amérique Angloise (*a*). La *haute commiſſion* des Épiſcopaux ſous Charles I, donna la chaſſe à une multitude de *non-conformites Anglois & Ecoſſois* , de différentes ſectes qui allerent fonder la nouvelle Angleterre , vers l'an 1628.

La même inquiſition proteſtante occaſionna une ſemblable émigration de Catholiques qui , ſous la conduite du Lord Baltimore, fonderent le Maryland en 1631.

---

la liberté que les Quakers de cette province viennent d'accorder à leurs negres eſclaves , par une Délibération unanime du mois d'Août 1769. Il faut eſpérer qu'un ſi bel exemple , qui fait honneur à leur caractere d'homme & de chrétien , ſera peu-à-peu ſuivi par leurs voiſins, & enfin par tous les propriétaires qui ont le malheur d'avoir des eſclaves , & qui ont en même temps une ame & des entrailles.

(*a*) Préface de la Traduction des Lettres d'un Fermier de Penſylvanie (*M. Dickinſon*), par M. Barbeu du Bourg, Docteur en Médecine de la Faculté de Paris , publiée en 1769.

La Penfylvanie, aujourd'hui fi floriffante, ne fut fondée qu'en 1681, par *Guillaume Pen*, à la tête de cinq cens Quakers perfécutés dans leur patrie, & qui furent bientôt fuivis d'environ deux mille autres (*a*).

Vers le même temps un grand nombre de Proteftans, réfugiés d'Allemagne & furtout du Palatinat, trouverent un afyle à la nouvelle Yorck : & la Virginie la plus ancienne de ces Colonies, fut pareillement

(*a*) Le Lord Baltimore, avec fes Catholiques, donna le premier à l'Amérique l'exemple de la tolérance chrétienne, qui a fait la bafe de fa félicité : mais c'eft fur-tout aux *Quakers* que l'on doit l'établiffement de la pleine liberté de confcience & de la paix fraternelle qui, de leur Colonie de Penfylvanie, s'eft répandue fucceffivement dans toutes les autres Colonies Angloifes.

Eft-il furprenant que fon exemple ait fait impreffion ? Quoique fa fondation ne remonte pas encore à un fiecle, on l'eftime déja quatre fois plus riche elle feule, que ces trois fameufes conquêtes de l'Angleterre, le Canada, l'Acadie & la Floride toutes enfemble.

Ibid. Préface des Lettres d'un Fermier de Penfylvanie.

recrutée de quantité de François réfugiés après la révocation de l'Edit de Nantes, en 1685.

Indépendamment de l'affluence des nouveaux Colons que la douceur du Gouvernement de la Pensylvanie y attire tous les jours, ses plus grandes ressources sont & seront toujours en elle-même. Comme le pays est grand, le sol fertile, l'air sain, la liberté assurée, tous les hommes s'y marient & tous se marient jeunes, n'ayant aucune inquiétude sur l'établissement de leur famille, si nombreuse qu'elle puisse être; de sorte que chaque mariage produisant aisément quatre à cinq nouveaux sujets, le nombre des hommes y double au moins de vingt en vingt ans.

La plupart des autres Colonies Angloises, soit pour être moins heureusement situées, ou moins sagement régies, ne prospèrent pas autant, mais il passe pour constant que le fort compensant le foible, la somme totale des habitans de ces Colonies double tous les vingt-cinq ans.

Le continent de l'Amérique Septentrio-

nale eſt ſi vaſte, qu'avant que la terre y
manque à ſes habitans, il faudra qu'elle
ſoit beaucoup plus peuplée que n'eſt aujourd'hui l'Europe entiere. Cet événement
ne ſe fera guère attendre plus d'un ſiecle,
par le ſeul progrès de la population actuel-
le, ſans les tranſmigrations qui ne man-
queront pas de continuer, juſqu'à ce que
les Souverains d'Europe, par les ſages me-
ſures qu'ils commencent à prendre, ayent
rendu le métier d'homme auſſi bon dans
leurs Etats que ſur les bords de la riviere
Delaware, à moins que le luxe venant à
s'y introduire, ne détourne une partie des
capitaux & des dépenſes, de l'uſage le plus
profitable à l'Agriculture, & que la jalouſie de l'Angleterre contre ſes Colonies, en
y portant le trouble & la guerre, n'en ra-
lentiſſe les progrès (a).

(a) On ſait que depuis la paix, il s'eſt élevé ſucceſſivement pluſieurs conteſtations entre les Colonies Angloiſes de l'Amérique Septentrionale, &
leur Métropole, d'abord à cauſe du fameux acte
du timbre (Stamp Duty) qui aſſujettiſſoit les Colonies à un certain droit ſur le papier & le parchemin,

Cette fâcheufe perfpective, & fur-tout l'amour de la patrie, nous fait quitter ces bords heureux; nous partons pour achever de nous inftruire chez d'autres peuples; mais, avant de dire adieu à l'Amérique, nous comparons les Colonies à fucre aux Colonies agricoles; & nous voyons, par le ré-fultat des faits & la fuite de nos principes, que les premieres qui ne font proprement que des manufactures chez qui les prohibitions

---

& que la fermeté des Américains a fait révoquer; enfuite par rapport aux droits établis fur le thé, pour tenir lieu de contribution. Le Parlement pré-tend les foumettre aux impôts comme le refte des provinces d'Angleterre; ceux-ci fe défendent d'y contribuer tant qu'ils ne feront pas repréfentés dans le Parlement, ainfi que les provinces d'Europe. Ils veulent, s'il y a lieu, s'impofer eux-mêmes. Ces prétentions contraires ont amené l'aigreur & la dif-corde. On veut forcer l'Amérique à obéir, on lui interdit la pêche, on reftreint fon commerce, on a fait paffer une armée à Bofton; des flottes fer-ment fes ports & croifent fur fes parages, mais les Colonies arment de toutes parts; elles vont oppo-fer la force à la force; il n'eft pas difficile de pré-voir quelle en fera la fuite.

& la cupidité ont introduit l'esclavage &
la fraude, n'ont qu'une prospérité passagere
assujettie aux circonstances ; tandis que les
autres en sont comme indépendantes, parce qu'ayant posé leurs fondemens sur la
base des subsistances, le temps ne peut que
les consolider.

ARTICLE VII.

Voyage aux côtes d'Afrique.

UN vaisseau qui fait voile des ports de
la Pensylvanie, pour les côtes occidentales
d'Afrique & le Cap de Bonne-Espérance,
nous donne l'occasion d'aller voir cette
partie du monde trop peu connue & trop
avilie par celle que nous habitons. Nous
nous embarquons, & après un heureux tra-
jet, nous visitons les Nations qui habitent
près des côtes, & bientôt nos observations
& nos principes nous donnent le moyen
de les connoître par nous-mêmes, & de
les apprécier.

Le vaste continent de l'Afrique est couvert

vert d'une multitude de peuples , dont les Gouvernemens, les productions & les Religions différant suivant les lieux , ont nécessairement varié les caracteres. On y trouve de grandes Nations, des Empires très-étendus, des especes de Républiques. Là , les hommes ont plus de franchise & de courage; ici l'indépendance de l'anarchie, sous laquelle vivent les negres, sans chef & sans loix , les rend aussi féroces & aussi sauvages que les Hurons. Le despotisme se montre ailleurs sous toutes les formes. Il est à présumer que nulle part ses sociétés policées n'ont atteint un certain degré de perfection , du moins l'état de l'Agriculture dans tous les lieux que nous avons parcourus , ne nous a donné des idées avantageuses de ces sociétés.

Depuis les Isles Canaries jusqu'à la riviere d'Angola, & sur-tout depuis cette riviere jusqu'au Cap de Bonne-Espérance, nous n'avons vu que des sables stériles, des côtes nues, des terres arides, presque point de culture; & il n'y en a guère davantage dans l'intérieur du pays , même dans les endroits où, par ses productions naturelles, la terre annonce la plus grande fertilité; aussi dans cette immense étendue de côtes nous n'avons trouvé que des negres stupides, opprimés par un nombre infini de petits tyrans, qu'a sur-tout fait naître l'état perpétuel de guerre où se trouve chaque Peuplade, depuis que le commerce honteux des Européens sur cette côte a tourné l'intérêt de ses habitans à faire & à vendre des esclaves.

L'injure que nous faisons à l'humanité, en jettant les negres dans la servitude, en les réduisant au désespoir par la privation de tous les droits de l'homme qu'entraîne nécessairement la perte de la liberté, nous a portés à calomnier leur espece pour pallier en quelque sorte l'horrible injustice que l'on commet à leur égard; les négocians qui font la traite des negres, les Colons qui les tiennent dans l'esclavage, ont de trop grands torts avec eux pour nous parler vrai. Pour tromper la compassion qu'inspireroit leur sort, ils cherchent à les rendre odieux & méprisables; ils leur donnent un caractere général de bétise & de

méchanceté; ils les repréſentent comme inférieurs aux blancs par les qualités du cœur
& de l'eſprit, & par la figure ; mais c'eſt
une ſuppoſition gratuite qui, fût-elle fondée, ne juſtifieroit pas le crime commis envers l'humanité, en rendant le negre eſ-
clave & en le maltraitant dans ſes fers. Il
eſt méchant ! & doit-il être bon, lorſque
vous lui faites conſtamment le plus grand
mal qu'il ſoit poſſible, lorſqu'il eſt avec vous
dans un état de guerre ? Il eſt comme imbécille ! & ne ſait-on pas que c'eſt le propre de l'eſclavage, d'abrutir l'eſprit & de
flétrir le cœur ? Il eſt inepte & pareſſeux !
que lui importe de perfectionner ſes talens ?
pourquoi mettroit-il plus d'activité à faire
ſa tâche ? « La pareſſe eſt ſon unique jouiſſance, & le ſeul moyen de reprendre en
» détail à ſon maître une partie de ſa per-
» ſonne que le maître a volée en gros ». Il
a le nez écraſé, il a de groſſes levres, il eſt
noir ! ne voilà-t-il pas de belles raiſons pour
le maltraiter ? d'ailleurs il y a des negres qui
ont les plus belles proportions, & la plus
belle phyſionomie.

T ij

Ce qu'on peut alléguer en faveur du negre esclave, on peut le dire également pour celui qui vit assujetti au caprice du despote arbitraire; l'esprit & l'intelligence ne sauroient se développer sous un tel Gouvernement qui n'est que la servitude plus étendue. Si les peuples d'Afrique sont stupides, la stupidité n'est pas un caractere inhérent à leur espece. Les progrès des ne-gres qu'on a le soin de bien instruire, les arts & l'industrie des Nations Afriquaines, dont le Gouvernement est moins mauvais, comme au Congo, au Benin, au Monomotapa, sont une preuve que ces peuples sont très-perfectibles, & que la supériorité des blancs n'est guère due qu'aux circonstances.

En effet, tandis que les Européens s'é-clairoient par la communication des lumieres qu'ils tiroient de l'Asie, l'intérieur de l'Afrique séparé du monde connu, par des déserts immenses & de vastes mers, de-meuroit enseveli dans les ténebres de l'ignorance, qui elle seule produit tous les désordres moraux & politiques; & cette ignorance, rien encore n'a pu la diffiper. Ajoutons que les negres habitent un pays où la nature prodigue, demande peu d'industrie pour satisfaire les besoins; qu'il ne faut ni esprit, ni invention pour se garantir des inconvéniens de la chaleur, & qu'il en faut au contraire beaucoup pour se parer du froid; qu'ainsi on exerce moins son esprit sous l'équateur qu'en-deçà du tropique, & que tout compensé d'ailleurs, la raison doit faire moins de progrès chez les Peuples du midi, qu'elle n'en fait chez les Peuples du nord. Les negres ne peuvent donc être aussi avancés que nous, leurs qualités individuelles & sociales aussi développées, ni leurs Gouvernemens aussi bons que les nôtres. Leur Agriculture n'en laisse pas douter; elle est très-négligée chez tous ces peuples. Quelques-uns sement un peu de mays, très-peu de riz, & une petite quantité de patates; mais leurs récoltes sont si chétives que les Européens, quand ils y vont, sont obligés de porter les provisions nécessaires à leurs voyages.

Mais la cause récente & plus efficace de

l'affaissement d'une partie des Peuples negres, c'est cet esprit de division & d'injustice
que nous avons semé parmi eux, en les en-
gageant par l'appas d'un vil intérêt d'attenter à la liberté de leurs freres , & de
nous les livrer pieds & poings liés pour
en faire nos esclaves. « L'occasion de ven-
» dre ces malheureux entretient des guerres
» perpétuelles entre les divers peuples de
» la côte d'Afrique. Le sang coule depuis
» deux cens ans sans interruption, afin que
» nous puissions nous emparer pour de l'ar-
» gent, d'une partie de ceux qui survivent
» à leur défaite », & les porter dans des
boîtes infectes , à quinze cens lieues de
leurs pays , pour cultiver , sous le bâton
d'un petit despote arbitraire, des cannes
à sucre beaucoup moins belles que celles
que l'on cultive auprès de leurs cabanes (a).

_____

(a) Nous avons dévasté l'Amérique. Après en
avoir exterminé les habitans , nous avons enfin son-
gé à cultiver ce pays devenu désert par nos forfaits. Ce projet hélas trop tardif, mais sage en lui-
même , nous n'avons pu prendre sur nous de l'exé-

Après avoir été témoins du commerce affreux que l'on fait dé la liberté des hom-

---

cuter ſagement. Nos efforts ſe ſont tournés vers la
canne à ſucre qui n'y réuſſit pas auſſi bien, à beaucoup près, qu'en Afrique où elle croît ſans culture, & où nous avons été chercher nos plants.
Ces cannes, dont les plus foibles à la côte d'Afrique, ſont de la groſſeur du poignet, & dont il s'en
trouve qui ont cinq à ſix pouces de diametre, ont
tellement dégénéré dans nos Iſles, qu'à peine y
ſont-elles de la groſſeur du pouce; & c'eſt pour
cultiver ces chétives cannes, que nous allons chercher & dégrader les hommes que la nature avoit
placés à côté d'elles dans leur pays originaire.....
Perſonne ne s'eſt encore aviſé de penſer que, puiſque la nature avoit mis les cannes & les negres à
la côte d'Afrique, il ne falloit pas tant de peines,
de dépenſes & de cruauté pour avoir du ſucre;
qu'il ſuffiſoit ſeulement de faire quelques établiſſe-
mens pacifiques à la côte, d'y envoyer des arti-
ſans, des fabricateurs de moulins & des chaudieres, & de dire aux negres : *Amis, vous voyez bien*
ces cannes, coupez-en, paſſez-les entre ces deux
rouleaux que nous vous offrons, faites-en bouillir
le jus dans les chaudieres que voici, & nous vous
payerons bien le ſyrop qui en proviendra. Sans doute ils euſſent mieux aimé nous vendre le ſucre de

mes dans ces pays, nous quittons ces bords pour gagner l'extrêmité méridionale de l'Afrique, en nous écriant avec un Philosophe (a) sur les malheurs causés par la cupidité, & sur-tout par l'ignorance des droits

---

leurs cannes, que le sang de leurs freres ; sans doute il eût coûté moins cher...... La culture du sucre établie chez les negres, & par eux-mêmes dans leur pays où ils consomment peu, où la nature fait presque tous les frais de la production, n'auroit coûté que très-peu de chose, & nous aurions vraisemblablement aujourd'hui le sucre tout raffiné pour *six liards* la livre, ce qui est sa valeur à la Cochinchine, où il est cultivé par des mains libres.

Le premier Souverain qui prendra le parti de montrer aux negres à faire du syrop, & de leur en acheter au lieu d'esclaves, forcera bientôt les autres Souverains de l'imiter. Il sera le bienfaiteur de l'Europe & de l'Afrique, le réformateur des noirs & des blancs ; il sera agréable à Dieu & aux hommes ; son nom ne sera prononcé qu'avec bénédiction, ses vertus & ses lumieres attireront les récompenses du Ciel, les dons de la nature sur ses Etats & sur ceux de ses voisins.

Ephém. du Cit. année 1771, tom. VI.

(a) M. de Saint-Lambert dans *Zimeo* ; Ouvrage plein de sentiment & de raison.

de l'homme : n'enverrons-nous jamais des
apôtres de la raison & des arts, porter nos
découvertes & nos lumieres aux peuples avilis
par la barbarie ou le despotisme? Sauvages
d'Amérique ou d'Afrique, rouges ou noirs,
barbus ou imberbes, n'êtes-vous pas des
hommes? n'êtes-vous pas nos freres? « Se-
» rons-nous toujours conduits par un esprit
» mercantile & barbare, par une avarice in-
» sensée qui désole les deux tiers du glo-
» be, pour vendre fort cherement au reste
» quelques superfluités?

» O peuples d'Europe! les principes du
» Droit naturel seront-ils toujours sans for-
» ce parmi vous? Vos Grecs, vos Romains
» ne les ont pas connus. Avant le Gou-
» vernement civil de Locke, le livre de
» Burlamaqui & l'Esprit des Loix, vous les
» ignoriez encore; que dis-je, dans ces li-
» vres même sont-ils assez nettement posés
» sur la base de l'intérêt commun à toutes
» les Nations & à tous les hommes? Les
» Hobbes & les Machiavels n'ont-ils pas
» encore des partisans? Dans quels pays de
» l'Europe, les loix civiles & criminelles,

T v

» les loix eccléfiaftiques font - elles confor-
» mes à l'intérêt général & particulier? ....
» Vous n'aurez une morale, de bons Gou-
» vernemens & des mœurs, que lorfque les
» principes du Droit naturel feront con-
» nus de tous les hommes, & que vous &
» vos Légiflateurs en ferez une application
» conftante à vos loix. C'eft alors que vous
» ferez meilleurs, plus puiffans, plus tran-
» quilles : c'eft alors que vous ne ferez pas
» les tyrans & les bourreaux du refte de la
» terre : vous faurez qu'il n'eft pas permis
» aux Africains de vous vendre des prifon-
» niers de guerre ; vous faurez que les fei-
» gneurs des grands fiefs de Guinée ne
» peuvent vous vendre leurs vaffaux ; vous
» faurez que votre argent ne peut vous
» donner le droit de tenir un feul homme
» dans l'efclavage ».

Enfin, nous appercevons de loin la mon-
tagne de la Table, nous doublons la pointe
de ce continent, nous arrivons au Cap de
Bonne - Efpérance. La fcene change. L'a-
bondance dont jouit cette Colonie, comparée à la ftérilité des pays immenfes qui

l'environnent, prouve évidemment que la terre n'est avare que pour les tyrans & les esclaves ; qu'elle prodigue des trésors au-delà de toute espérance dès qu'elle est libre, cultivée par des hommes que la liberté rend intelligens, & que des loix sages & invariables protegent.

Une multitude de François, chassés par la révocation de l'Edit de Nantes, ont trouvé au Cap une véritable patrie, & dans cette nouvelle patrie la sûreté, la propriété, la liberté, seuls vrais fondemens de l'Agriculture, seuls principes de l'abondance. Ils ont enrichi cette mere adoptive des débris de la fortune qu'ils ont pu sauver d'Europe, de leur industrie & du travail inestimable de leurs bras. Ils y ont fondé des peuplades considérables, dont quelques-unes ont tiré leur nom du pays malheureux, mais toujours chéri qui leur avoit refusé le feu & l'eau (a). La peuplade de la *petite Rochelle* surpasse toutes les autres par l'industrie des

_____

(a) Nous nous servons pour cette description abrégée des propres paroles de M. Poivre, dans

Colons qui la composent, & par la richesse des terres qui en dépendent.

On cultive dans cette heureuse Colonie des graines de toute espece, & ils y rapportent ordinairement cinquante pour un; on y fait naître tous les légumes que nous connoissons, & d'autres encore que nous ne connoissons pas; on y recueille des vins délicieux & de différentes qualités, dont les plants ont été apportés d'Europe & d'Asie; des fruits excellens y sont rassemblés des quatre parties du Monde; on y voit les châtaigners, les pommiers, les autres arbres de nos climats septentrionaux, croître dans les mêmes enceintes, avec les palmiers; le muscat des Indes & le camphrier de Bornéo. Des palissades de trente pieds de hauteur, formées par de jeunes chênes plantés avec intelligence, garantissent ces rares & riches vergers de la fureur des ouragans. D'abondans pâturages ombragés de place en place, par des

_____

son Voyage _d'un Philosophe_, ouvrage dont nous emprunterons encore des passages.

bofquets touffus, y croiffent malgré la chaleur du climat par l'induftrie des habitans ;
& y nourriffent de nombreux troupeaux
de chevaux, de bœufs & de bêtes à laine.

ARTICLE VIII.

Voyage aux Indes & à la Chine. Retour en
France.

APRÈS avoir demeuré au Cap, le temps
néceffaire pour nous inftruire des particu-
larités intéreffantes que nous venons de
rapporter, nous continuons nos Voyages
fur un vaiffeau chargé pour la Chine, & qui
doit commercer aux Indes avant d'arriver
à fa deftination. Nous voyons en paffant,
Madagafcar une des plus grandes Ifles que
l'on connoiffe, dont le fol fertile & affez
bien cultivé par les peuples nombreux qui
l'habitent, le feroit encore davantage fi
les produits de la terre y avoient plus de
débouchés. Ils élevent beaucoup de bef-
tiaux de la plus grande efpece, & l'on peut
dire que fous les fimples loix de la nature,

& avec les mœurs des premiers hommes ;
l'Agriculture y est plus florissante que parmi nous, malgré nos sublimes spéculations
& nos traités sur cet art, « sans cesse op-
» primé par une foule d'abus sortis de nos
» loix mêmes ».

A deux cens lieues de Madagascar sont
nos Isles de Bourbon & de France, dont
le sol est aussi fertile que celui de Madagascar, & qui jouissent d'un climat beaucoup plus heureux. L'Isle de *Bourbon* n'a
aucun port, elle est peu fréquentée par nos
vaisseaux. Les habitans y ont conservé des
mœurs simples, l'Agriculture y est assez florissante. Les troupeaux de bœufs & de mou-
tons y prosperent, on y cultive le *fatac*, espece de gramen excellent tiré de Madagascar, le froment, le riz, le mays & sur-tout
le caffé, dont le plant a été apporté en
droiture de *Moka*.

L'Isle de *France* possede deux excellens
ports où relâchent tous nos vaisseaux qui
vont aux Indes ou qui en reviennent. Le
sol est de la plus grande fertilité. Des ruis-
seaux qui ne tarissent jamais l'arrosent dans

tous les sens. Les terres employées à la culture des grains y rapportent deux récoltes chaque année, sans jamais se reposer & sans recevoir aucun amendement ; mais on y a erré sans cesse de projets en projets, on y a tenté la culture de toutes les especes de plantes sans en suivre aucune ; on y a négligé celle des grains, aussi l'Isle est-elle presque toujours dans la disette. On y cultive depuis quelques années les épiceries précieuses, dont les Hollandois s'étoient rendus les possesseurs exclusifs. Le muscadier & le géroflier y ont été apportés par les soins du respectable & célebre M. Poivre (a) ; il faut espérer que ces germes d'une

(a) Depuis leur établissement aux Isles Moluques, les Hollandois jouissoient, par le fait du privilege exclusif, des deux épiceries qu'on appelle fines, la muscade & le giroffle, & ils en abusoient au point qu'ils brûloient souvent une grande quantité de ces épiceries, de peur que leur abondance n'en fît baisser le prix. Pour concentrer en quelque sorte dans une de ces Isles le géroflier, la plus rare des épiceries, ils ont opprimé vingt Nations & dévasté des territoires immenses & fertiles, sur

vraie richeſſe proſpéreront dans ces Iſles ;
& que, pour en répandre les avantages, le

---

leſquels ils n'avoient aucun droit de propriété. Encore actuellement ils envoyent tous les ans des
vaiſſeaux, des ouvriers, des ſoldats dans les Iſles
qui ne leur ſont point ſoumiſes, & dans d'autres
qui ſont déſertes, pour y détruire, y brûler juſqu'à
la racine, y extirper enfin, autant qu'ils le peuvent, les plants de muſcadiers & de gérofliers, que
la nature reproduit toujours malgré tous les efforts
de leur activité deſtructive.

Il étoit réſervé à un François habile & vertueux
de faire à ſa Patrie & à l'humanité le bien de détruire ce qu'il y a d'excluſif dans ce privilege, en
plantant ailleurs qu'aux Moluques les muſcadiers
& les gérofliers. M. *Poivre*, que ſon mérite diſtingue également parmi les amis éclairés du genre
humain, & dans le corps des Adminiſtrateurs,
conçue dans ſes Voyages la poſſibilité de profiter
des intervalles de la deſtruction que font les Hollandois de tous les plants de muſcadiers & de gérofliers dans les Iſles déſertes, pour en enlever
quelques-uns des rejets qui y pouſſent naturellement, ou en parcourant avec ſoin les parties les
moins fréquentées de l'Archipel, des Moluques,
de trouver quelque Iſle qui feroit échappée en to-
talité, ou du moins dans quelque coin de laquelle

Gouvernement voudra bien en étendre la culture dans les autres Colonies de la Nation, à la Guyane & aux Antilles.

---

plusieurs de ces arbres précieux seroient échappés à la destruction : de sorte qu'on pourroit s'y pourvoir abondamment de plants, de noix & de bayes. Dès qu'il fut Intendant des Isles de France & de Bourbon, il s'occupa du soin d'exécuter ce projet. Deux Voyages furent faits par ses ordres, & d'après ses instructions pour y réussir; dans le deuxiéme, qui a duré depuis Janvier 1769, jusqu'en Juin 1770, M. *Provost*, ancien Ecrivain des Vaisseaux de la Compagnie des Indes, chargé des instructions de M. *Poivre*, a enfin réussi dans l'objet de sa mission aussi utile que périlleuse. Il a trouvé dans une Isle, *entiérement indépendante des Hollandois*, tout ce qu'il pouvoit desirer, & il a rapporté à l'Isle de France, le 24 Juin 1770, 400 *plants de muscadiers*, 10000 *noix muscades toutes germées, ou propres à la germination*, 70 *plants de gérofliers, une caisse de bayes de gérofle, dont quelques-unes germées & hors de terre*, comme il est constaté par un procès-verbal authentique, dressé à cet effet devant le Conseil Supérieur de l'Isle de France, le 27 Juin 1770. On a partagé entre tous les Colons de l'Isle de France, les plants, les noix muscades & les bayes de gérofle, afin que

De l'Isle de France, nous passons à la
Côte de Coromandel, fameuse par nos
établissemens précaires & mercantiles, par
les guerres que la rivalité de commerce
nous y a fait soutenir, par la situation bril-
lante & peu solide de la Compagnie des
Indes Angloise, & par les orages qui s'élè-
vent de toutes parts sur elle. Portion d'un
Empire trop vaste qui tombe dans le délâ-
brement par le vice d'une Administration
sans lumieres & sans forces, cette presqu'Isle
de l'Inde n'est plus ce qu'elle fut autrefois. On y trouve une Agriculture beaucoup
dégénérée depuis la conquête des Mogols,
& sans l'ancienne Religion des Brachmanes
qui y regne, & qui, semblable à celle des
Parses, fait un dogme à ses Sectateurs de la
culture des terres, il est vraisemblable qu'elle
acheveroit de se dépeupler & de tomber en

---

chacun participât au bonheur général, & que l'on
pût essayer tous les terreins & toutes les exposi-
tions.

*Voyez le procès-verbal rapporté dans les Ephé-
mérides du Cit. tome VIII, année 1770.*

friche, comme tant d'autres provinces qui dépendent du même Empire.

Les Mogols en s'emparant de ces beaux pays, se sont approprié toutes les terres, & les ont divisées en plusieurs grands fiefs amovibles, que l'Empereur distribue aux grands de son Empire, lesquels les afferment à leurs vassaux, & ceux-ci à d'autres. Toute cette suite de prétendus propriétaires, de fermiers & de sous-fermiers assujettis à des caprices arbitraires, & sans cesse incertains de leur sort au milieu des révolutions & de l'anarchie du Gouvernement, ne pensent qu'à dépouiller leurs terres & ceux qui les cultivent, sans y faire jamais aucune amélioration.

Si l'Agriculture dégradée à la côte de Coromandel, nous annonce le mauvais état de l'Empire dont elle est une Province, que doit-on penser du peuple & du Gouvernement de Siam, dont le territoire le plus favorisé de la nature semble pourtant condamné à la stérilité par la mauvaise administration de ses Souverains. Nul pays au monde n'a un sol plus fertile. Le *Me-*

nam qui fe déborde réguliérement tous les ans, comme le Nil, engraiffe finguliérement les terres de ce Royaume. Les campagnes font couvertes de fruits délicieux qui n'exigent prefqu'aucune culture, tels que les ananas, les mangouftes, les mangues, le ducion, le gacca, &c. Des mines d'or, de cuivre, d'étain fe trouvent à la furface des terres; & dans ce paradis, au milieu de ces richeffes, le Siamois eft le plus miférable des peuples; parce que le defpotifme le plus abfurde & le plus tyrannique dévore ce beau pays. Tous les fujets y font efclaves du Souverain qui exige de chacun fix mois de fervices, fans falaires ni nourriture. Ils travaillent les terres du Prince & celles de fes premiers officiers, qui rapportent ordinairement deux cens pour un; à côté font des terres des particuliers fouvent abandonnées, & qui néanmoins fans être ni labourées, ni femées, depuis plufieurs années, produifent encore du riz, lequel négligemment recueilli fe feme de lui-même, & fe reproduit ainfi tout feul à l'aide des inondations du *Menam*; ce qui prouve à la

fois l'extrême fertilité du pays, & le malheur de ses habitans.

Ainsi l'Agriculture est presque nulle à
Siam, & la dépopulation telle, qu'on est
obligé de marcher par caravanes dans les
provinces, pour se défendre des tigres &
des éléphans auxquels elles sont comme
abandonnées. On fait huit journées de chemin sans trouver un hameau ; on ne voit
de terres cultivées qu'autour de la Capitale, encore est-ce par des étrangers, que
l'intérêt du Gouvernement garantit de la
tyrannie.

Nous passerons légérement sur ce que
nous pourrions dire de la Nation des Ma-
lais, gouvernée au fond de l'Asie par les
loix féodales que nous croyions particulieres à l'Europe ; & qui, sous le plus beau
ciel & dans le climat le plus délicieux,
sont agités, querelleurs, féroces & aussi
malheureux que les Siamois.

Nous ne décrirons pas non plus le nouveau royaume de Ponthiamas, fondé depuis ce siecle par un négociant Chinois,
devenu une puissance respectable pour ses

voisins, sans leur avoir jamais fait que du bien, & ne devant qu'à ses loix & à ses mœurs sa force & sa prospérité.

¶ Enfin nous laisserons à d'autres, quoiqu'à regret, à parler de la *Cochinchine*, un des Etats les plus considérables de la partie orientale de l'Asie, Etat qui n'existe que depuis cent cinquante ans. Nous aurions pu faire voir comment il est parvenu rapidement à un très-haut point de richesses & de grandeur, parce que les premiers Souverains y établirent l'empire de la loi naturelle, & qu'ils honorerent & protégerent l'Agriculture ; comment il semble vouloir décliner aujourd'hui, parce qu'on y a trop négligé l'enseignement public des droits & des devoirs, & que le Prince a commencé à oublier les siens, en écoutant les flatteurs. Mais nous nous hâtons d'aller considérer le plus ancien & le plus parfait Gouvernement qui existe sur la terre.

Quand on arriveroit à la Chine, prévenu contre son Gouvernement, par les déclamations de quelques écrivains, il seroit impossible, en abordant cet Empire, de ne

pas prendre la plus haute idée de la fageſſe
de ceux qui le gouvernent, de la multitude & du bonheur des hommes qui l'habitent. Le grand nombre de pêcheurs qui
couvrent la mer à pluſieurs journées de diſ-
tance de ſes côtes ; la riviere de *Canton*
peuplée comme la terre; l'activité, la foule, le mouvement qu'on voit dans cette
belle ville, qui renferme au moins huit
cens mille ames ; le village de *Fou - Chan*
qui n'en eſt éloigné que de cinq lieues, &
qui contient un million d'habitans ; tout
cela préſente l'aſpect de l'Empire le mieux
peuplé & le plus floriſſant, & cet Empire
eſt tel d'un bout à l'autre, & c'eſt un Empire immenſe (a).

_____

(a) L'étendue de cet Empire eſt preſque auſſi
vaſte que celle de l'Europe, & ſa population beaucoup plus conſidérable. Si on veut avoir l'exacte
dimenſion de ſon territoire, il faut compter depuis
les limites qui ont été réglées entre le Czar & le
Souverain de cet Etat, au cinquante - cinquiéme
degré ; on trouvera qu'il n'a pas moins de 900
lieues depuis l'extrémité de cette partie de la Tartarie ſujette de cet Empire, juſqu'à la pointe mé-

On divise la Chine en quinze provinces, dont la plus petite pourroit former un Etat considérable, puisqu'elle est à peu près aussi grande que la France. Il n'en est aucune, de laquelle l'industrie, la patience, le travail opiniâtre des Chinois, & sur-tout les avances de toute espece qu'ont fait sur le sol les Propriétaires & le Gouvernement, n'aient tiré tout le parti dont elles étoient susceptibles. Les provinces de *Yun-nam*, de *Quey-cheu*, de *Set-chueu*, de *Foquien*,

---

ridionale de l'Isle de *Hai-nang* au 20e degré un peu au-delà du tropique du Cancer. Pour faire connoître combien la Chine est peuplée, il suffit de dire que par le dénombrement fait en 1747, on y trouva près de 50 millions d'hommes capables de porter les armes, sans y comprendre les jeunes gens au-dessous de vingt ans, les vieillards au-dessus de soixante, les Lettrés, les Mandarins, les Bonzes qui montent certainement à plus du double. Si l'on ajoute à ce calcul le nombre des femmes, qui dans l'Asie surpasse généralement celui des hommes, on verra que la population de la Chine ne peut être moindre de deux cens millions, c'est-à-dire à peu près double de celle de l'Europe.

de

de *Tche-kiang*, sont trop montagneuses pour être cultivées en entier, il n'y a du moins d'excepté que les parties qui s'y refusent par l'aspérité insurmontable du terrein & la dénudation absolue des rochers. Par-tout ailleurs & sur-tout dans les provinces de *Honan*, de *Hou-quang*, de *Kiang-si*, de *Pet-chelli* & de *Canton*, il n'y a pas un pouce de terrein inutile.

C'est une vue charmante que celle de ces fertiles campagnes, où les terres ne reposent jamais; où les collines & les montagnes même sont cultivées jusqu'au sommet. Rien de plus admirable qu'une longue suite d'éminences entourées & comme couronnées de cent terrasses qui se surmontent les unes les autres en rétrécissant: c'est là qu'on voit avec surprise des montagnes qui ailleurs produisent à peine des ronces ou des buissons, devenir ici une image riante de fertilité, & rapporter généralement jusqu'à trois moissons chaque année.

Ce n'est pourtant pas à des procédés particuliers de culture, ni à l'excessive bonté

du fol qu'il faut attribuer cette fécondité.
Leurs terres en général ne font pas de
meilleure qualité que les nôtres ; ils en ont
comme nous de bonnes, de médiocres, de
mauvaises, de fortes, de légeres, d'argilleu-
fes, & d'autres où le fable, les pierres &
les cailloux dominent ; mais c'eft que le
Gouvernement de la Chine eft fondé fur
l'évidence des loix naturelles & fur la raifon éclairée ; que tous les citoyens y jouiffent de leurs droits de propriété & de la
liberté qu'ils ne tiennent que de Dieu même, & que les cultivateurs en particulier
y font récompenfés de leurs intéreffans &
pénibles travaux, par la confidération &
par l'aifance. Les Chinois regardent leur
Souverain comme leur pere, & l'Empereur
regarde fes fujets comme fes enfans (a),

_____

(a) La Nation Chinoife a toujours été gouvernée comme une famille, dont l'Empereur eft le
pere. Ses fujets comme fes enfans, fans autre inégalité que celle qu'établiffent le mérite & les talens. Ces diftinctions puériles de nobleffe & de
roture, d'homme de naiffance & d'homme de rien,

auxquels il doit les secours, l'exemple &
l'instruction, & il n'élude pas ces premiers
devoirs. Rien de mieux combiné que l'ordre des études qui servent à former tous
les lettrés & les mandarins ; que ce grand
nombre de tribunaux subordonnés les uns
aux autres, & dépendans de cinq autres
principaux surveillés eux-mêmes par l'Empereur, où tout ce qui regarde la Justice,
la Police, la Finance, la Guerre, se décide
avec une vigilance & une activité surpre-
nantes. Rien de plus admirable que la distribution des avances souveraines pour le
patrimoine public. Rien enfin de plus touchant pour ces peuples, & qui les intéresse davantage, que les leçons de pratique

ne se trouvent que dans le jargon des peuples
nouveaux & encore barbares, qui ayant oublié
l'origine commune, insultent sans y penser & avi-
lissent toute l'espece humaine. Ceux dont le Gouvernement est ancien & remonte aux premiers âges
du monde, savent que les hommes naissent tous
égaux, tous freres, tous nobles.

Voyages d'un Philosophe.

V ij

& les instructions que l'Empereur ne se croit pas dispensé de leur donner en personne.

Depuis Fohi (a) qui fut le chef de la Nation, & qui, en cette qualité, présidoit au labourage, tous les Empereurs, sans exception jusqu'à ce jour, se sont fait gloire d'être non-seulement les précepteurs, mais les premiers laboureurs de leur Empire........ Il n'y a pas d'autre Seigneur, d'autre décimateur, que le pere de la famille, l'Empereur........ La dîme qui n'est pas exactement la dixiéme partie du produit, mais qui est réglée suivant la nature des terres, & qui, dans le mauvais sol, n'est que la trentiéme partie, est le seul tribut connu en Chine depuis l'origine de la Monarchie.... Il ne sauroit tomber dans l'esprit de l'Empereur de vouloir l'augmenter, ni dans celui des sujets de craindre cette augmentation.

Pour opérer la prospérité de la Nation, le Gouvernement n'a pas négligé d'en éta-

_____

(a) C'est-à-dire, depuis 4000 ans.

blir la bafe, en affurant aux cultivateurs la
liberté & la propriété. Les Chinois jouiffent librement de toutes leurs poffeffions
particulieres & des biens qui, ne pouvant
être partagés, appartiennent à tous par leur
nature, tels que la mer, les fleuves, les canaux, le poiffon qu'ils contiennent, & toutes les bêtes fauvages; ainfi la navigation,
la pêche & la chaffe font libres. Celui qui
achete un champ ou qui le reçoit en hé-
ritage de fes peres, en eft feul feigneur &
maître. Les terres font libres comme les
hommes, & par conféquent point de fervices & partages, point de lods & ventes,
point de ces hommes intéreffés au malheur public, point de eux dont la profeffion deftruCtive a été enfantée dans le dé-
lire des loix féodales, & fous les pas defquels naiffent des millions de procès.

Comme fouverain Pontife de la Religion
(la Religion naturelle), & premier inftitu-
teur de fes peuples, l'Empereur de la Chine fait affembler de temps en temps les
grands Seigneurs de la Cour & les premiers Mandarins, pour leur faire une inf-

truction dont le sujet est tiré des Livres canoniques. Une loi de l'Empire ordonne que les Mandarins à leur tour instruiront le peuple deux fois par mois, & prescrit les articles sur lesquels l'instruction doit s'étendre (a).

(a) Voici quels sont ces articles, au nombre de seize :

1°. Recommander soigneusement les devoirs de la piété filiale, & la déférence que les cadets doivent à leurs ainés, pour apprendre aux jeunes gens combien ils doivent respecter les loix essentielles de la nature.

2°. Recommander de conserver toujours dans les familles, un souvenir respectueux de leurs ancêtres, comme un moyen d'y faire regner la paix & la concorde.

3°. D'entretenir l'union dans tous les villages, pour y éviter les querelles & les procès.

4°. De faire estimer beaucoup la profession du laboureur & de ceux qui cultivent les mûriers, parce qu'alors on n'y manquera, ni de grains pour se nourrir, ni d'habits pour se vêtir.

5°. De s'accoutumer à l'économie, à la frugalité, à la tempérance, à la modestie ; ce sont les moyens par lesquels chacun peut maintenir sa conduite & ses affaires en bon ordre.

Comme premier laboureur de ses Etats, chaque année, le quinziéme jour de la pre-

---

6°. D'encourager par toutes sortes de voyes les écoles publiques, afin que les jeunes gens y pussent les bons principes de morale.

7°. De s'appliquer totalement chacun à ses propres affaires, comme un moyen infaillible pour entretenir la paix de l'esprit & du cœur.

8°. D'étouffer les sectes & les erreurs dans leur naissance, afin de conserver dans toute sa pureté la vraie & la solide doctrine.

9°. D'inculquer au peuple les loix pénales établies, pour éviter qu'il ne devienne indocile & farouche à l'égard du devoir.

10°. D'instruire parfaitement tout le monde dans les regles de la civilité & de la bienfaisance; dans la vue d'entretenir les bons usages & la douceur de la société.

11°. D'apporter toute sorte de soins à donner une bonne éducation à ses enfans & à ses jeunes freres, afin de les empêcher de se livrer au vice, & de suivre le torrent des passions.

12°. De s'abstenir de la médisance, pour ne pas s'attirer des ennemis, & pour éviter le scandale qui peut déranger l'innocence & la vertu.

13°. De ne pas donner d'asyle aux coupables,

miere lune, qui répond ordinairement au premier jour de Mars, ce Prince fait en personne la cérémonie de l'ouverture des terres. Il se transporte en grande pompe à un champ-destiné à la cérémonie. Les Princes de la famille impériale, les Présidents des cinq grands Tribunaux & un nombre infini de Mandarins l'accompagnent. Deux côtés du champ sont bordés par les officiers & les gardes de l'Empereur ; le troisiéme est réservé à tous les laboureurs de la province ; les Mandarins occupent le quatriéme.

L'Empereur entre seul dans le champ ;

---

afin de ne pas se trouver enveloppé dans leurs châtimens.

14°. De payer exactement les contributions établies, pour se garantir des recherches des Receveurs.

15°. D'agir de concert avec les chefs de quartier dans chaque ville, pour prévenir les vols & la fuite des voleurs.

16°. De réprimer les mouvemens de colere, comme un moyen de se mettre à couvert d'une infinité de dangers.

se prosterne & frappe neuf fois la terre de son front pour adorer le *Tien*, c'est-à-dire, le Dieu du Ciel. Il prononce à haute voix une priere, réglée par le Tribunal des Rites, pour invoquer la bénédiction du Grand Etre sur son travail & sur celui de tout son peuple, qui est sa famille ; ensuite il sacrifie au Maître de tous les biens. Pendant le sacrifice, on amene à l'Empereur une charrue attelée d'une paire de bœufs. Le Prince quitte ses habits impériaux, saisit les manches de la charrue, & ouvre plusieurs sillons dans toute l'étendue du champ; puis d'un air aisé, il remet la charrue aux principaux Mandarins qui labourent successivement. La cérémonie finit par distribuer de l'argent & des pieces d'étoffe aux laboureurs qui sont présents, dont les plus agiles exécutent le reste du labourage avec adresse & promptitude, en présence de l'Empereur.

Quelque temps après, ce champ ayant reçu tous les labours & les engrais nécessaires, l'Empereur vient l'ensemencer ; enfin, à la récolte, ce Prince vient offrir au

Tien les prémices de ce champ cultivé par ses mains : cérémonie qui est pratiquée le même jour dans toutes les provinces de l'Empire par tous les Vicerois, tous en grand cortege, & toujours en présence des laboureurs.

Sous ce Gouvernement paternel, non moins économe que sage, le revenu public & particulier n'est pas détourné par le luxe de sa vraie destination ; les Chinois, bâtissent, se meublent & s'habillent avec simplicité. Les grands Seigneurs & le Prince lui-même ne font point de dépenses en choses d'ostentation & de fantaisie (*a*), encore moins en choses nuisibles ou dangereuses. On ne connoît pas dans cet Empire, ces parcs, ces enclos, ces allées qui dérobent les terres à la culture, & ces largesses insensées qui appauvrissent le fisc : tout au plus sacrifient-ils à la commodité & à la pro-

_____

(*a*) Cela seul peut nous faire connoître, pourquoi les arts d'agrément ont fait si peu de progrès à la Chine, tandis que les connoissances & les arts utiles y sont parvenus à une de perfection.

preté. Les récompenses se tirent du trésor
de l'honneur. Mais dans les ouvrages qui
intéressent la gloire de la Nation, c'est-à-
dire, l'utilité publique, l'économie fait place à la magnificence, & rien n'est épargné
pour les porter au plus haut point de grandeur & de solidité. Cela se voit dans ces
arcs élevés à la gloire des ancêtres, & sur-
tout dans les chemins & dans les canaux publics qui coupent en tout sens le territoire
de la Chine. Les grands chemins ont communément quatre-vingt pieds de large : des
tours placées sur les bords de demi-lieue
en demi-lieue, & qui contiennent des
corps-de-garde de soldats, servent à marquer les distances & veillent à la sûreté des
Voyageurs. Mais rien ne laisse une plus
haute idée de la bienfaisance du Gouvernement, & de l'industrie de la Nation, que
les canaux sans nombre qui servent à l'ar-
rosement des terres & au transport des
marchandises, & principalement le canal
impérial qui traverse du Nord au Sud (a)

_____

(a) La navigation qu'on fait sur ce canal, en y

une grande partie de l'Empire. L'excava-
tion de tous ces canaux dans des terreins
rudes & quelquefois à travers des rochers
efcarpés, a dû coûter des fommes immenfes, & leur entretien exige encore beaucoup
de frais; mais le Gouvernement, convaincu
des grands avantages qui en réfultent pour
l'aifance & la commodité de fes peuples,
a pourvu libéralement aux dépenfes qu'en-
traînoient ces ouvrages, & fournit avec

---

comprenant les grandes rivieres qu'il joint, n'eft
guère moindre de trois cens lieues. L'Empereur
Chi-tfou, fondateur de la vingtiéme dinaftie, ayant
établi fa cour à Pékin, comme au centre de fa
domination, fit conftruire ce beau canal pour ap-
provifionner fa réfidence de tout ce qui étoit néceffaire à fa cour, & aux troupes qu'il avoit à fa
foin; il a y toujours 9600 barques, dont plufieurs fous du port de 80, tonnequi, continuellement employées à fournir la fubfiftance de cette
grande ville. Le foin de veiller à fon entretien eft
confié à des Infpecteurs en grand nombre, qui vi-
fitent continuellement ce canal, avec des ouvriers
qui réparent auffi-tôt fes ruines.

Defpotifme de la Chine.

joye tout ce qu'il faut pour les réparer &
les entretenir.

Faut-il s'étonner après cela de l'exceſſive
population de la Chine, de l'air de vie qui
y anime tout, du nombre prodigieux de
ſes villes (a), enfin du mouvement, de la
circulation & du commerce qu'on y voit?
Si ſon Gouvernement n'eſt pas le meilleur poſſible, il faut convenir que malgré
ſes défauts (b), il eſt le meilleur que l'on

***

(a) J'ai vu, dit le Pere le Comte, ſept ou huit
villes toutes plus grandes que Paris, ſans compter
pluſieurs autres où je n'ai pas été. Il y a plus de
quatre-vingt villes du premier ordre, qui ſont comme Lyon ; plus de deux cens comme Orléans,
environ douze cens comme Dijon ou la Rochelle. Sans parler d'un nombre prodigieux de villages plus peuplés que nos villes moyennes.

(b) On reproche au Gouvernement de la Chine, avec quelque raiſon, de ne pas favoriſer un
commerce extérieur plus étendu qui auroit employé le ſuperflu de la population, & qui le dé-
termineroit à aller s'établir dans d'autres climats, auroit pû ajouter de nouvelles provinces à cet Empire. De ne pas remédier à l'expoſition des enfans.

connoisse. On ne doit donc pas être surpris de l'espece d'enthousiasme qu'il a inspiré à ceux qui l'ont observé de près (a), & du cas infini que nous en faisons.

De tolérer l'esclavage. Quoiqu'il ne soit point avilissant à la Chine, qu'il ne soit qu'une espece de domesticité assez douce qui ne prive pas de toute propriété, puisque le fils hérite de son pere esclave, & qu'ils peuvent tous les deux gagner de quoi se racheter, on peut dire que c'est toujours une atteinte à la liberté personnelle. Mais tout cela est occasionné par l'excès de la population, qui excede toujours les subsistances. Le remede seroit de l'employer ailleurs, en Tartarie par exemple.

(a) Princes, qui jugez les Nations, s'écrie M. Poivre, qui êtes les arbitres de leur sort, venez à ce spectacle, il est digne de vous! Aspirez-vous à la gloire d'être les plus puissans, les plus riches, les plus heureux Souverains de la terre? venez à Pékin, voyez le plus puissant des mortels sur le trône à côté de la raison. Il ne commande pas, il instruit; ses paroles ne sont pas des arrêts, ce sont des maximes de justice & de sagesse. Son peuple lui obéit, parce que l'équité lui inspire seule les volontés qu'il annonce. Il regne sur les cœurs de la plus nombreuse société d'hommes qu'il y ait au monde, & qui est sa famille. Il est le plus riche de tous

Mais nous bornerons ici nos Voyages, l'on ne voit rien de mieux ailleurs. Vainement nous cherchérions une Nation plus heureuse & plus respectable; un Gouvernement plus sage & plus excellent. Frappés des grands exemples que nous y avons puisés, & pénétrés de l'importance des droits & des devoirs réciproques qui lient toute la société, de l'harmonie ravissante qui en résulte, quand tout le monde y est instruit, quand chacun y fait sa tâche & y jouit librement de ses biens, nous repassons dans notre Patrie plus assurés que jamais de la vérité de nos principes, & dans la ferme résolution d'y conformer notre conduite pour notre propre avantage, & pour celui de nos Concitoyens.

Enfin, je vois arriver le jour qui ter-

les Souverains, parce que six cens lieues de terres, du Nord au Sud, & autant de l'Est à l'Ouest, cultivées jusqu'au sommet des montagnes, lui payent la dîme des récoltes abondantes qu'elles produisent sans cesse, & parce qu'il est économe du bien de ses enfans.

mine les fonctions de mon ministere, je remets mon éleve à ses parens; & dans ce moment, je lui dis, avec un doux épanchement de satisfaction & de tendresse : « Mon cher ami, je me suis efforcé de vous » être utile, de vous donner un corps ro-» buste, une ame droite, un esprit éclairé. » J'ai partagé avec vous la fatigue des Etu-» des & des Voyages; sans vous je n'ai pas » eu de plaisirs; j'attends de vous le plus » sensible que je puisse goûter. Vous con-» noissez le bien, vous avez le courage & » la volonté de l'entreprendre. Justifiez les » pronostics de mon cœur : vous allez en-» trer dans la carriere de la vie civile, rem-» plissez-en noblement l'intervalle. Faites » qu'en vous voyant acquitter des fonctions » d'homme & de Citoyen, avec ce zèle qui » annonce la vertu, je puisse, satisfair de » mon Ouvrage, m'applaudir sur le passé » & trouver dans les œuvres de mon ami » la juste récompense de mes travaux, c'est-» à-dire, la joie de mes années & la conso-» lation de ma vieillesse ».

Fin du troisième & dernier Tome.

TABLE

DES MATIERES.

A.

E.

F.

G.

H.

*H*ISTOIRE (l') doit fuccéder à la Fable dans
l'inftruction, pag. 54. Ce qu'elle eft ; ce qu'elle
doit être, pag. 55. Bien faite, elle remonte à
la fource des événemens, & nous en fait prévoir les fuites, pag. 55, 56, 57. Les Hiftoriens anciens & modernes nous trompent fur ces
caufes, pag. 58, 59. Exemples qui le prouvent,
pag. 60, 61 jufqu'à 71. Il faut refaire l'Hiftoire
pour la rendre utile aux jeunes gens, pag. 73.
Maniere de la réformer, pag. 74, 75. Si le
Maître n'en eft pas capable, on peut employer
les Hiftoriens connus, en les élaguant, p. 75.
Néceffaire pour apprendre à connoître les hommes & la marche des paffions, pag. 77. Défauts
de l'Hiftoire telle qu'elle eft, pag. 79, 80. Utilité dont elle eft, pag. 81, 82. Hiftoriens les
moins propres à un jeune homme, quels, p. 84.
Quels les plus convenibles, pag. 85 — 90.
L'Hiftoire doit être le commencement d'un
cours de morale pour les jeunes gens, p. 92, 93,
95. Il y a deux manieres de la confidérer,
pag. 96. Examen du fentiment de ceux qui prétendent qu'il faut commencer l'étude de l'Hiftoire par celle de fon pays, pag. 98, 99. Et
de ceux qui veulent qu'on étudie l'Hiftoire moderne avant l'anciene, pag. 100. Quel eft le
préalable néceffaire à l'étude de l'Hiftoire, pag.
101. En combien d'époques on peut divifer

JUGEMENS.

J.

L.

N.

P.

Fin de la Table des Matieres du troiſiéme
& dernier Tome.

APPROBATION.

J'AI lu, par l'ordre de Monfeigneur le Garde des Sceaux, un Manufcrit intitulé : *Théorie de l'Education*, & je n'y ai rien trouvé qui puiffe en empêcher l'Impreffion. A Paris, ce 12 Mai 1775. *Signé*, TERRASSON.

PRIVILEGE DU ROI.

LOUIS, par la grace de Dieu, Roi de France & de Navarre : A nos amés & féaux Confeillers, les Gens tenans nos Cours de Parlement, Maîtres des Requêtes ordinaires de notre Hôtel, Grand Confeil, Prévôt de Paris, Baillis, Sénéchaux, leurs Lieutenans Civils, & autres nos Jufticiers qu'il appartiendra ; SALUT. Notre amé le Sieur GRIVEL Nous a fait expofer qu'il defireroit faire imprimer & donner au Public un Ouvrage intitulé : *Théorie de l'Education* ; s'il nous plaifoit lui accorder nos Lettres de Privilege pour ce néceffaires. A CES CAUSES, voulant favorablement traiter l'Expofant, Nous lui avons permis & permettons par ces Préfentes, de faire imprimer ledit Ouvrage autant de fois que bon lui femblera, & de le vendre, faire vendre & débiter par tout notre Royaume, pendant le tems de fix années confécutives, à compter du jour de la date des Préfentes : FAISONS défenfes à tous Imprimeurs, Libraires, & autres perfonnes, de quelque qualité & condition qu'elles foient, d'en introduire d'Impreffion étrangere dans aucun lieu de notre obéiffance : comme auffi d'imprimer, ou faire imprimer, vendre, faire vendre, débiter, ni contrefaire ledit Ouvrage, ni d'en faire aucuns extraits fous quelque prétexte que ce puiffe être, fans la permiffion expreffe & par écrit dudit

Expofant, ou de ceux qui auront droit de lui, à peine de
confifcation des Exemplaires contrefaits, de trois mille
livres d'amende contre chacun des contrevenans, dont un
tiers à Nous, un tiers à l'Hôtel-Dieu de Paris, & l'autre
tiers audit Expofant, ou à celui qui aura droit de lui,
& de tous dépens, dommages & intérêts. A la charge que
ces Préfentes feront enregiftrées tout au long fur le Regiftre de la Communauté des Imprimeurs & Libraires de
Paris, dans trois mois de la date d'icelles ; que l'impreffion dudit Ouvrage fera faite dans notre Royaume, &
non ailleurs, en bon papier & beaux caracteres ; conformément aux Réglemens de la Librairie, & notamment
à celui du 10 Avril 1725, à peine de déchéance du préfent Privilége; qu'avant de l'expofer en vente, le Manufcrit qui aura fervi de copie à l'Impreffion dudit Ouvrage,
fera remis dans le même état où l'Approbation y aura été
donnée, ès mains de notre très-cher & féal Chevalier,
Garde des Sceaux de France, le Sieur HUE DE
MIROMESNIL; qu'il en fera enfuite remis deux
Exemplaires dans notre Bibliothèque publique, un dans
celle de notre Château du Louvre, un dans celle de notre très-cher & féal Chevalier, Chancelier de France,
le fieur DE MAUPEOU, & un dans celle dudit fieur
HUE DE MIROMESNIL; le tout à peine de nullité
des Préfentes : du contenu defquelles vous mandons &
enjoignons de faire jouir ledit Expofant & fes Ayans-
caufe, pleinement & paifiblement, fans fouffrir qu'il leur
foit fait aucun trouble ou empêchement. Voulons que la
copie des Préfentes, qui fera imprimée tout au long,
au commencement ou à la fin dudit Ouvrage, foit tenue
pour duement fignifiée, & qu'aux copies collationnées
par l'un de nos amés & féaux Confeillers, Secrétaires,
foi foit ajoutée comme à l'original. Commandons au
premier notre Huiffier ou Sergent fur ce requis, de faire
pour l'exécution d'icelles tous actes requis & néceffaires,

fans demander autre permiffion ; & nonobftant clameur de Haro , Charte Normande & Lettres à ce contraires : CAR tel eft notre plaifir. DONNÉ à Paris, le trente-uniéme jour du mois de Mai, l'an de grace mil fept cent foixante-quinze, & de notre Regne le deuxiéme. Par le Roi en fon Confeil.

Signé, LE BEGUE.

Je cede à M. MOUTARD, Libraire de la Reine, le préfent Privilege, pour en jouir dès ce jour, comme de fa chofe propre, fous les conditions que nous avons faites entre nous. A Paris, ce 2 Juin 1775.

Signé, GRIVEL.

Regiftré le préfent Privilege & enfemble la Ceffion, fur le Regiftre XIX de la Chambre Royale & Syndicale des Libraires & Imprimeurs de Paris, N°. 2647, fol. 239, conformément au Réglement de 1723, qui fait défenfes, article IV, à toutes perfonnes, de quelque qualité & condition qu'elles foient, autres que les Libraires & Imprimeurs, de vendre, débiter, faire afficher aucuns Livres pour les vendre en leurs noms, foit qu'ils s'en difent les auteurs ou autrement, & à la charge de fournir à la fufdite Chambre Syndicale huit exemplaires, prefcrits par l'article 108 du même Réglement. A Paris, ce 16 Juin 1775.

Signé, SAILLANT, *Syndic*.

Achevé d'imprimer pour la premiere fois, en Novembre 1775.

————————

De l'Imprimerie de CHARDON, rue Galande, 1775.

Fautes qu'on prie les Lecteurs de corriger
à la plume.

PAGE 212, *lig.* 6, je ne puis en faire defcription, *mettez* la defcription

Pag. 270, *lig.* 9, *en montant,* à fe convaincre *;*
mettez à le convaincre